MEIKE HERZOG

Buddhismus und Business!

Impressum

ISBN: 978-3-00-048401-8

Autorin: Meike Herzog

Herausgeberin: Meike Herzog

Lektorat: Maike Weigelt, Pit Weigelt, Volker Anders, Dr. Ulrike Markusch

Titelfoto: Matt Balara

Fotos: S. 11, 45, 60, 137, 192, 222, 242, 249 Meike Herzog,

S. 30 Ginger Neumann, S. 215 Sebastian Jezierski, S. 216 Volker Anders;

S. 182 Audrey Hepburn in „Breakfast at Tiffany's" (Paramount Pictures)

Wandmalereien (S. 57, 115, 119, 123, 128): Dawa Lhadripa

Coverdesign & Layout www.alpsee-design.de

1. Auflage 2015 · Druck: Create Space

MEIKE HERZOG

Buddhismus und Business!

Man muss nicht ins Kloster, um mit Buddha echtes Glück zu finden...

Inhalt

Vorwort

Es gibt viele Bücher über Buddhismus und über Menschen, die durch die zeitlose Weisheit von Buddha's Lehren und durch Meditation tiefen Sinn für ihr Leben und dauerhaftes Glück fanden. Biografien von modernen, mit beiden Beinen im Leben stehenden Menschen, die nicht radikal ihr bisher aufgebautes Leben stehen und liegen ließen, um Mönch, Nonne, Aussteiger oder Yogi zu werden, sucht man dagegen bisher eher mit der Lupe.

Dabei sind es mittlerweile Millionen von Westlern, die Ihr modernes Leben mit dem Praktizieren und den Idealen des Buddhismus vereinbaren. Jeden Tag. Und es werden auch jeden Tag mehr – nicht zuletzt sicherlich deshalb, weil unseren ideellen westlichen Werte viel mit denen des Buddhismus gemein haben.

Das war der Grund, warum eine Freundin aus meiner vor-buddhistischen Zeit vor ein paar Jahren zu mir sagte: »Sag mal – Du hattest alles, wovon wir Mädels oft so träumen: Top-Job, schicke Wohnung, Traumurlaube, Prinzessinnenhochzeit, Yoga-Stunden und so weiter. Und dann hast Du das alles fröhlich durcheinandergewirbelt ohne Rücksicht auf Verluste – und heute bist Du der glücklichste Mensch, den ich kenne! Warum schreibst Du nicht ein Buch für all die Leute, die auch irgendwie merken, dass das nicht alles sein kann und die nach dauerhaftem, unbedingten Glück suchen?«

Es brauchte die Ermutigung meines buddhistischen Lehrers mich zu überzeugen, dass es gut investierte Zeit sein würde, dem Rat meiner Freundin zu folgen. Das Ergebnis haben Sie gerade in der Hand.

Man muss nicht Buddhist werden, um aus diesem Buch eine Menge mitzunehmen. Im Laufe der Jahre habe ich Viele getroffen, die Buddha's Weisheit nutzen, und doch glücklich mit gar keiner oder einer anderen friedlichen Religion oder Philosophie sind. Und das ist gut so. Der Buddhismus möchte die Menschen glücklich sehen. Was es ist, das sie dazu macht – ihre Sache! Sie können sich der Mitfreude eines Buddhisten an ihrem Glück jedenfalls sicher sein.

Viele unterschiedliche Wege zum Glück für viele unterschiedliche Menschen – das gilt auch für die unterschiedlichen buddhistischen Traditionen wie Theravada, Mahayana und Vajrayana. Buddha gab 84.000 Belehrungen. Die muss man nicht alle kennen um Erleuchtung zu erlangen. Sie sind mehr wie eine Apotheke zu verstehen: man bekommt das, was einem persönlich am Besten hilft!

In meinem Fall ist das der Vajrayana- oder auf deutsch Diamantweg-Buddhismus, der dritte und letzte der drei Lehrzyklen, die Buddha zu seinen Lebzeiten gegeben hat. Und auch hier gibt es unterschiedlichste Ausrichtungen und Wege, ihn zu praktizieren. Dieses Buch erhebt in keinem Fall Anspruch auf Vollständigkeit oder absolute Korrektheit. Denn das kann ich nicht leisten – schließlich lerne auch ich noch! Im Voraus möchte ich mich bei allen Lesern und Gelehrten für eventuelle Fehler in diesem Buch entschuldigen. Der unkonventionelle Stil dieses Buches wird nicht jedem gefallen. Er wird – und soll – auch anecken. Der Buddhismus, um den es hier gehen soll, tut nicht heiliger als die Menschen selbst sind. Er steht für Freiheit, Ehrlichkeit, Eigenverantwortung und Authentizität. Und wenn man möchte, ist er auch heilig – ohne das formell betonen zu müssen.

Meine Hoffnung ist, dass mein persönlicher Weg zu dauerhaftem Glück, für das ich meinen Lehrern jeden Tag unendlich dankbar bin, Sie für den eigenen inspirieren wird. Möge Buddhas Weisheit viele inspirieren und Ihnen ein sinn- und glückerfülltes Leben schenken. Den Weg dorthin hat er uns gezeigt – gehen müssen wir ihn schon selbst. Voller Freude. In diesen Sinne wünsche ich Ihnen natürlich auch viel Freude beim Lesen und alles Gute!

Meike Herzog,
Dezember 2014 in Kopenhagen

Widmung

In großer Dankbarkeit gewidmet

meinen buddhistischen Lehrern,

S.H. dem 17. Karmapa Trinley Thaye Dorje

und Lama Ole Nydahl.

Möge Ihre unermüdliche Aktivität alle Wesen

zu dauerhaftem Glück führen.

Da saß ich nun am australischen Pazifikstrand im Sand – wenige Stunden nach dem Fallschirmsprung. Laptop auf dem Schoß, auf die tosende Brandung schauend, auf die ich kurz vorher noch im freien Fall aus 4000 Metern luftiger Höhe zugerast war. Auf der Suche nach den ersten Worten für ein Buch, das Sie gerade in der Hand halten. Es war der perfekte Tag, um damit anzufangen.

Der Fallschirmspring-Lehrer hatte gar nicht mehr aufhören wollen zu staunen. Eine Erstspringerin, bei der nicht einmal eine Spur Nervosität oder Angst finden ließ – das hatte er offenbar ziemlich lange nicht erlebt. Vor dem Sprung hatte ich nichts anderes zu tun, als ihn mindestens dreimal zu bitten, möglichst viele Saltos mit mir zu machen und was auch immer sonst noch spannend wäre. Als wir dann in die kleine rote Propellermaschine stiegen, war ich selbst gespannt und wunderte mich etwas, dass ich zwar sehr gespannt auf den Sprung war, mich aber innerlich wie ausbetoniert im positivsten Sinne des Wortes fühlte – tiefe Ruhe. Ich schaute aus den kleinen Seitenfenstern des knatternden Flugzeuges und war hin und weg vor Begeisterung über die Schönheit der australischen Gold Coast von oben. Das türkise Wasser glitzerte wie Millionen Sterne vor der goldenen, von Hochhäusern gesäumten Strandlinie und dem dichten, grünen Hinterland voller Koalas und Kängurus – die man zugegebenermaßen aus einigen Kilometern Höhe nicht orten konnte. Ich genoss einfach nur in vollen Zügen!

Steve, der Fallschirmlehrer, schaute mich prüfend und grinsend an, ob mir mittlerweile mehr Nervosität anzusehen war – aber ich war zu beschäftigt mit der Aussicht und damit, mich mit einem Freund, der vor den Bauch des anderen Instructors gegurtet war, zu unterhalten und über seine Witze zu kichern. Dann erreichten wir 4000 Meter Höhe. An Steve's Bauch gegurtet beantwortete ich seine Frage »Okay, are you ready?« ohne zu Zögern. »Ohhh, yes!« Und schon krabbelte ich schnurstracks auf die offene Tür des Flugzeuges zu, blickte zwischen dem Gestänge der Tragflächen und dem Propeller hinab auf die Gold Coast, die zwischen ein paar Schönwetterwolken eher wie eine Satellitenkarte aussah – und sprang.

Ich wirbelte wirklich ganz ordentlich durch die Luft. Während der ersten paar Sekunden war mir vor lauter Drehungen und Überschläge nicht mehr so ganz klar, wo oben oder unten war. Dann stabilisierten wir unsere Lage und ich genoss den freien Fall. Es war unglaublich! Es fühlte sich einfach so unendlich frei und großartig an – frei von Gedanken – einfach nur große, große Freude tief in mir drin und jede Menge Raum im Geist. Und ein riesiges Gefühl von unendlicher Freiheit, dass mir niemand mehr würde nehmen können. Eigentlich hätte ich einfach die ganze Zeit quieken und schreien können vor Glück – aber das wollte ich den Ohren des armen Steve auf meinem Rücken dann doch nicht antun.

Mit einem Ruck öffnete sich der Fallschirm über mir, und ich erlebte meine erste Vollbremsung in der Luft – oder zumindest fühlte es sich an, als wären wir mitten über dem funkelnden Meer einfach stehen geblieben. Nun fiel ich nicht mehr in dem rasendem Tempo, dass mir die Haut auf dem Gesicht nach hinten zog – nun schwebten wir über dem Meer und den glitzernden Pools auf den Hochhausdächern am Strand. Plötzlich war es still um uns herum, und die Welt dort unten mit all dem Leben schien unendlich viel weiter weg als »nur« vier Kilometer. Aber ich hatte noch nicht genug. Schon fing ich an auszuprobieren was geschah, wenn ich an welchem Seil zog und ich machte noch ein paar lustige Saltos und Loopings.

Der Anblick der in der Sonne wie rechteckig geschliffene Smaragde schimmernden Pools auf den Dächern brachte mich gleich noch auf eine weitere Idee: »Steve, können wir nicht statt am Strand in einem der Swimmingpools auf den Hochhausdächern landen?« scherzte ich, und Steve bedauerte lachend, dass das leider nicht möglich sei. Na gut, mitten im goldenen Sand am Strand zu landen war ja auch nicht schlecht!

Matt, der nach uns aus dem Flugzeug gesprungen und nun am Strand glücklich gelandet war, erzählte mir später, er habe noch nie jemanden so gründlich verdutzt schauen sehen wie Steve nach dem Sprung mit mir. Der brauchte in der Tat ein paar Minuten, bis er sein Erstaunen in Worte fassen konnte: »Wow! Du warst wirklich jede Sekunde vor dem Sprung und in der Luft komplett entspannt und hast nicht ein einziges Mal aufgehört, zu lachen... das ist sehr außergewöhnlich. Wirklich beeindruckend!«. Einen alten Skydiving-Hasen mit 15.000 Sprüngen auf dem Buckel zu beeindrucken, hätte ich mir wirklich schwieriger vorgestellt!

Aber es gab jemanden, der noch viel mehr staunte als Steve – und das war ich selbst. Wie oft hatte ich meinen buddhistischen Lehrer sagen hören und gelesen, dass Meditation und buddhistische Sichtweise auf Dauer furchtlos machen und Tausende seiner Schüler gern mal Fallschirm oder Bungee springen. Hörte sich doch irgendwie immer etwas sehr euphorisch und übertrieben an, fand ich. In diesem Moment, als ich mit tiefer innerer Ruhe an Steves Bauch gegurtet aus dem kleinen Flugzeug über der atemberaubend schönen Küste Westaustraliens sprang und dadurch einfach nur jede Sekunde in vollen Zügen genießen konnte – in der Sekunde wusste ich plötzlich, dass es wirklich so ist.

Ich wollte nur noch eins – mich auf der Stelle – und »auf der Stelle« war nun ausgerechnet beim Baden in der nicht ganz ungefährlichen Meeresbrandung des Pazifiks – bei demjenigen zu bedanken, dem ich diese Furchtlosigkeit zu verdanken hatte – meinem Lama! Das ist der tibetische Begriff für einen buddhistischen Lehrer. »Jeden Tag bin ich Dir dankbar – aber heute noch mal doppelt so sehr, falls das überhaupt möglich ist!« Mehr Worte brauchte es nicht. Es wäre auch gar keine Zeit für mehr gewesen. Statt zu antworten lachte er, griff er einfach meine Hand und wir stürzten uns in den Sog der nächsten meterhohen Welle.

Wozu denn bitte ein Lama?

Was ist also ein Lama? Kurz gesagt ein buddhistischer Lehrer – aus Ost oder West. Das Wort »Lama« weist auf dessen Mitgefühl hin, das so stark ist wie das einer Mutter für ihr einziges Kind. Im Vajrayana Buddhismus, dem höchsten der drei von Buddha weitergegeben buddhistischen Wege, ist der Lama der Schlüssel für die tiefgründigen Unterweisungen.

»La Ma« bedeutet auf Tibetisch so viel wie »Höchstes Prinzip«. In Sanskrit deutet der Ursprung des leider im Deutschen aufgrund von Erfahrungen mit Möchtegern-Gurus mittlerweile recht negativ gefärbten Wortes »Guru« auf dessen Unerschütterlichkeit hin. Durch Meditation und das Anwenden der buddhistischen Lehre ist sein Geist so stabil geworden, dass er die Dinge nicht mehr persönlich nimmt, ihre wahre Natur weitgehend erkannt hat und daher keine emotionale Achterbahn mehr erlebt. Er kann die Dinge demnach unverfälscht wahrnehmen – wie sie wirklich sind – und entsprechend sinnvoll handeln und anderen helfen, auch diese Ebene der »Verwirklichung« zu erreichen. Das ist mit Unerschütterlichkeit gemeint. Im Tibetischen Buddhismus ist der Lama derjenige Lehrer, der einen mit den Belehrungen Buddhas und Meditation in Berührung gebracht hat und sie einem Stück für Stück erklären kann – in seiner Bedeutung für die Entwicklung der Schüler schlicht nicht zu überschätzen. Warum?

Der Buddhismus lehrt, dass an sich jedem Wesen die sogenannte Buddhanatur innewohnt. Alle perfekten, erleuchteten Qualitäten sind schon seit anfangsloser Zeit in jedem Menschen, jedem Tier und jedem anderen Lebewesen vorhanden. Doch unsere Vorstellungen und Konzepte davon, wie die Welt sein sollte, und störende Gefühle wie Zorn, Gier oder Neid , die aufkommen, wenn sie das in den meisten Fällen nicht ganz ist, haben über die Zeit dazu geführt, dass wir diese erleuchteten Qualitäten unseres Geistes nicht mehr erkennen können und dementsprechend verwirrt fühlen, denken und handeln. Dies zum Besten aller wieder zu entdecken indem man sozusagen die angesammelten Schmutzschichten mit buddhistischen Mitteln und sinnvollem Handeln wieder von dem Diamanten, den sie bedecken, entfernt, ist das Ziel. Man kann dem Geist nichts hinzufügen, um ihn perfekt und glücklich zu machen. Alles ist schon da – es muss nur wieder ausgegraben werden. Der Geist ist wie ein Auge, das alles außen Liegende wahrnimmt, aber sich selbst nicht sehen kann. Man erlebt die Dinge – aber man kann nicht erkennen, was es eigentlich ist, das diese Dinge erlebt.

Um diese Qualitäten und die Strahlkraft des eigenen Geistes wiedererkennen zu können, ist es notwendig jemanden zu haben, der einem diese Qualitäten zeigen und Vertrauen in das eigene Potential geben kann. So kann man diese Qualitäten dann voll entwickeln. Es braucht jemanden, der einem sozusagen einen Spiegel für den eigenen Geist vorhalten kann. Dieser jemand ist im Buddhismus der Lama. Da er selbst weitgehend die wahre Natur der Dinge erkannt hat, kann er einem klarer und weniger gefärbt und verzerrt von persönlichen Präferenzen als die meisten unserer Mitmenschen diesen Spiegel vor die Nase halten, in dem wir sehen können, wer wir eigentlich sind. Der Lama gibt einem das Vertrauen, in das eigene Potenzial, die Belehrungen und Mittel, wie z.B. die Meditation, um das Ziel zu erreichen – die Erleuchtung. Und er hat auch eine Schutzfunktion, um den Schüler vor falschen Vorstellungen und damit verbundenen Umwegen auf dem Weg zur Erleuchtung zu schützen.

Was bedeutet nun eigentlich dieses viel gehörte und viel missbrauchte große Wort Erleuchtung? Und was ist Befreiung? Buddhistische Lehrer beschreiben es so oder ähnlich: Befreiung ist die Erkenntnis, dass Körper, Gedanken und Gefühle in ständiger Veränderung sind und deswegen kein wirkliches »Ich« bilden können. Dadurch erlebt man sich nicht mehr als Zielscheibe seiner Umgebung und dessen, was einem passiert und begegnet – was die Ursache alles Leidens auflöst. Erleuchtung ist der weitere, letztendliche Schritt. Hier besteht keine Trennung mehr zwischen dem, der erlebt, dem Erlebten und dem Erlebnis. Der Geist zeigt in jedem Augenblick seine ursprünglichen, unzerstörbaren Eigenschaften – Furchtlosigkeit, selbstentstandene Freude und Mitgefühl – und seine selbstentstehenden Fähigkeiten, und ist in allem mühelos und spontan. Erleuchtung ist also eigentlich nichts anderes als die vollständige »Aktivierung« der perfekten Eigenschaften, die einem sowieso schon innewohnen – frei von emotionalen oder intellektuellen Schleiern, die einem die Fähigkeit verbauen, die wahre Natur der Dinge zu erkennen. Die Identifikation mit dem Lama als Spiegel des eigenen Geistes ermöglicht eine Entwicklung auf der Überholspur. Aufgrund dessen und der tiefgreifenden, hochwirksamen Meditationen ist es im Vajrayana Buddhismus möglich, Erleuchtung in nur einer Lebenszeit zu erreichen – wie es zum Beispiel erst vor wenigen Jahrhunderten der große Yogi Milarepa in Tibet verwirklichte. Der Tibetische Buddhismus unterteilt sich in die sogenannten Drei Wege oder Drei Fahrzeuge: im Theravada oder Hinayana (»Kleiner Weg«)

arbeiten die Menschen mit dem Prinzip von Ursache und Wirkung, um Befreiung von ihren eigenen Leiden zu erfahren. Im Mahayana Buddhismus (»Großer Weg«) wird durch das Entwickeln von Weisheit und Mitgefühl Erleuchtung zu Besten aller Wesen angestrebt. Der Vajrayana (deutsch: »Diamantweg«) Buddhismus beinhaltet diese beiden Wege, geht aber noch einen Schritt weiter. Man identifiziert sich mit der einem jeden innewohnenden Buddhanatur und verhält sich bestmöglich wie ein Buddha, bis man so auf schnellstem Wege zum Besten aller Wesen Erleuchtung erlangt. Durch sehr kraftvolle, wirksame Meditationen und die Identifikation mit dem Lama als Spiegel des eigenen Geistes entwickelt man sich auf der Überholspur Richtung Erleuchtung.

Zurück an den Strand. Wo war ich hier überhaupt?! In nur zwölf Tagen quer durch Australien und Neuseeland. Hauptwohnsitz auf einem einsam gelegenen, denkmalgeschützten Gut in den bayerischen Voralpen. Hätte mir jemand vier Jahre zuvor prophezeit, dass ich mein bisheriges Leben fast komplett aufgeben würde... ich hätte vermutlich schallend über den guten Witz gelacht.

Tagsüber Karrierefrau in Designerklamotten und hochbezahlter Führungsposition, abends Ehefrau mit Hang zu superteuren Restaurants und luxuriösen Wellnesshotels, Vorzeige-Gastgeberin und Lieblingsschwiegertochter, glamouröses Penthouse-Apartment in der glitzernden Elbmetropole Hamburg und ein paar ehrenamtliche Engagements dazu – ich hatte für eine Anfang Dreißigjährige viel erreicht. Wer würde das schon aufgeben wollen? Wofür? Und vor allem: warum? Antwort: Um ein mindestens hundert- und tausendmal glücklicherer Mensch zu sein, als ich es mir zu dieser Zeit jemals hätte vorstellen können – eine ganz andere Art von Glück, mit anderen Prioritäten, das mir nichts und niemand mehr würde nehmen können. Klingt übertrieben und rosa bebrillt? Weiß ich. Macht nichts. Ist trotzdem so. Und bestimmt verstehen Sie im Laufe dieses Buches warum. Ich wünsche es Ihnen jedenfalls sehr.

Unsere schöne glitzernde, moderne westliche Luxuswelt. Wir verbringen unser Leben damit, nach so genannten bleibenden Werten zu streben, die uns von Kindesbeinen an von der Gesellschaft als solche beigebracht werden. Ich erlaube mir mal, hier ein bisschen zu übertreiben. Im Extremfall gehen wir jahre- und jahrzehntelang zur Schule und zur Uni und opfern unser Privatleben den Überstunden im Büro, um Karriere zu machen und dann möglichst viel Geld zu verdienen. Und warum? Damit wir uns eine tolle Wohnung, schöne Klamotten, ein schnelles Auto und ab und zu Traumurlaube in tollen Hotels an exotische Plätzen leisten können. Nebenbei versuchen wir noch ein bisschen Geld zur Seite zu legen, damit wir uns das und andere nette Dinge wie schöne Reisen und ein schönes Heim hoffentlich auch im Alter noch leisten und im Krankheitsfall die Chefarztbehandlung im Zweibettzimmer bekommen können.

Natürlich hoffen wir auch die große Liebe zu treffen, vielleicht eine Familie zu gründen und damit dauerhafteres Glück und »bleibende« Werte in unserem Leben zu verankern. Damit wir uns selbst in unserer Haut wohlfühlen und andere uns weiterhin attraktiv finden, geben wir uns mehr oder weniger große Mühe, unseren Körper und unser Aussehen »in Schuss« zu halten. Und dann arbeiten die meisten den Rest unseres Lebens mehr oder weniger hart daran, dass das Erreichte nicht wieder abhanden kommt. »Schaffe, schaffe, Häusle baue, Steuer zahle, sterbe« – wie die Schwaben es so charmant auf den Punkt bringen.

Gleichzeitig haben wir als intelligente und gebildete Menschen aber halt doch meist die Ahnung, dass sich all das schon am nächsten Tag oder wann auch immer wieder in Luft auflösen könnte – und das letzte Hemd bekanntlich keine Taschen hat, in die man all das mühsam Verdiente hineinstecken könnte.

Klingt sehr schwarzmalerisch und Sie sind gerade dabei, die Lust am Weiterlesen zu verlieren? Bitte noch ein klein wenig Geduld – ich bin noch nicht ganz fertig und am Ende werden Sie merken, dass es vielleicht doch gar nicht so schwarzmalerisch ist, wie's klingt…

Denn schließlich könnte ebenso gut der Job der nächsten Wirtschaftskrise zum Opfer fallen und die Arbeitslosigkeit uns damit finanziell und gesellschaftlich einschränken. Oder es kommt jemand, der jünger ist oder den der Chef für qualifizierter hält, unseren Job zu machen. Früher oder später ist das in den meisten Berufen so, oder? Die schöne Wohnung muss man sich erst mal leisten können – und hoffentlich verbaut uns niemand die weite Sicht von unserem mühsam finanzierten Traumhaus. Die Inflation könnte unsere angesparte Rente fressen. Das beste Fitnesstraining und die teuerste Antifaltencreme werden kaum verhindern können, dass wir trotzdem irgendwann krank und gebrechlich werden. Die große Liebe könnte sich »aus Versehen« unsterblich in die Nachbarin verlieben und mit ihr durchbrennen, und selbst Kinder sterben leider manchmal noch vor ihren Eltern.

Selbst wenn all das glücklicherweise nicht eintreten sollte – und ich wünsche Ihnen, dass Ihnen möglichst viel davon erspart bleibt! – wir leben mal mehr, mal weniger bewusst in der ständigen Angst, dass irgendetwas davon eintreten könnte. Gestorben ist jedenfalls bisher noch jeder, soweit bekannt! Die Angst vor dem Tod oder zumindest die Frage, was beim Sterben und nach dem Tod passiert, lässt sich zwar in jungen Jahren gut verdrängen – irgendwann aber nicht mehr so leicht. Noch nicht einmal die Dauerhaftigkeit von Freundschaften oder Liebe würde uns irgendjemand auf dieser Welt garantieren können – bei aller Liebe.

Natürlich ist es sehr sinnvoll, sich um seinen Körper zu kümmern und vorsichtig mit ihm umzugehen. Mit einem gesunden Körper und einem entsprechend langen Leben lässt sich deutlich mehr Erfüllendes erleben, man kann viel besser anderen nützen. Ein attraktives und gepflegtes Äußeres inspiriert und erfreut die Mitmenschen – und seien wir mal ehrlich – wer freut sich nicht, wenn man einen bewundernden Blick oder ein nettes Kompliment bekommt – für beide Seiten etwas Schönes! Es kann zudem auch nützlich sein, weil die Menschen attraktiven Zeitgenossen unbewusst und automatisch mehr Aufmerksamkeit schenken – das ist wissenschaftlich klar belegt. Und dadurch entstehen viel mehr Möglichkeiten, ihnen vielleicht mit einem guten Ratschlag oder einfach nur einem offenen Ohr, dass sie gerade brauchen, helfen zu können. Gleichzeitig ist es gesund, sich bewusst zu sein, was für ein Glück man mit diesem zumindest halbwegs gesunden Körper hat – und der Tatsache, dass er trotz aller Mühe irgendwann vielleicht krank wird und auf jeden Fall früher oder später sterben muss. Und dass es allen so geht und so nun mal der Lauf der Dinge ist. Dann kann man auch viel souveräner damit umgehen, wenn die ersten grauen Haare oder Fältchen auftauchen oder man doch mal krank wird.

Und natürlich macht es auch Sinn, sich vernünftig anziehen und unsere Wohnungen hübsch für Gäste halten. Denn wir leben schließlich in dieser Gesellschaft und es kann auch nützlich sein, sich ihren Normen zumindest teilweise bewusst unterzuordnen. Denn schließlich kann man auch Geld verdienen, um damit sehr nützliche Dinge zu tun – und um einen solchen Job zu bekommen, muss man in den meisten Fällen auch den Dresscode befolgen. Es kommt also immer auch auf die Motivation an, aus der heraus man sich gewissen gesellschaftlichen Normen und Konzepten bewusst fügt – auf das Ziel bzw. das, was man langfristig damit erreichen möchte.

Eigentlich wissen wir ja auch, dass all diese Werte nur bedingt bleibend sein können. Und so entsteht in vielen Menschen, die vieles erreicht haben, früher oder später häufig der Wunsch, eine Art Glück oder einen Sinn im Leben zu finden, den einem tatsächlich nichts und niemand wegnehmen kann. Sie fangen an, ihre Fähigkeiten, Ihre Freizeit oder ihr Geld zum Wohle anderer einzusetzen und hinterfragen die oberflächlichen Werte der modernen kapitalistischen Gesellschaft. Sie übernehmen Ehrenämter in wohltätigen Organisationen, kämpfen für all die wirklich großartigen Werte und Menschenrechte, die die Grundpfeiler unsere glücklicherweise freien westlichen Gesellschaft sind und versuchen, diese Rechte und Privilegien auch anderen zu ermöglichen. Sie helfen ihren Nächsten oder fassen den Entschluss, einen Beruf zu ergreifen, der anderen nützt – obwohl sie vielleicht in einem anderen mehr Geld verdienen oder bessere Arbeitsbedingungen haben könnten, wie z.B. Wissenschaftler, Ärzte, Krankenschwestern,

Lehrer, Sozialarbeiter und viele mehr. Und viele von diesen Leuten möchten auch nicht mehr tauschen. Es erfüllt sie, etwas für andere Sinnvolles zu tun – und das macht einfach glücklich. Aus buddhistischer Sicht sind viele dieser Menschen Bodhisattvas. Sie stellen das Wohl anderer vor ihr eigenes.

Selbst wenn man in einem »normalen« Bürojob arbeitet, der vielleicht nicht auf den ersten Blick sehr gemeinnützig ist, hat man doch in fast jedem Beruf die Möglichkeit, anderen zu nützen – mit Unterstützung ihrer Arbeit, einem offenen Ohr und einem aufmunternden Wort in der Kaffeepause, oder einer Nackenmassage für die von der Computerarbeit Geschädigten. Kennen wir alle, was für ein schönes Gefühl es ist, anderen etwas Gutes getan zu haben, nicht wahr? All diese kleinen Gesten und großen Taten können im Dominoeffekt so viele positive Auswirkungen haben. Das macht sie alle sehr wertvoll und unser Leben wirklich reicher.

Doch je besser es uns materiell, gesundheitlich und emotional geht und je beschäftigter wir sind mit alldem, desto mehr sind wir auch wahre Meister im Verdrängen. Und was sollten wir auch dagegen tun können, das sich all das Erworbene inklusive des eigenen Lebens früher oder später wieder in Luft auflösen wird, nicht wahr? Also verbringen viele von uns ihr Leben damit, es bestmöglich zu genießen, vielleicht für Andere da zu sein, und nach Werten, Zielen und Träumen zu streben, um alles Erreichte bestmöglich zu genießen und zu verteidigen, wenn nötig. Hoffentlich kann man sich zumindest über das Erreichte freuen und ist nicht allzu sehr damit beschäftigt Sorge zu haben, dass es wieder verschwindet oder frustriert, wenn sie uns »weggenommen« werden.

Bei genauer Betrachtung haben wir dieses Auf und Ab, dieses Wechselspiel von »passt mir«, »passt mir nicht« und »weiß nicht« jeden Tag ein paar hundert Mal, ohne es überhaupt zu merken. Wir werden ständig von unseren positiven oder negativen Gefühlen auf und ab geschleudert, mal nur ein kleines bisschen, mal ganz schön heftig.

Nehmen wir doch einfach nur mal einen »normalen« Morgen, wie wir ihn ähnlich sicherlich alle schon erlebt haben:
Positives Gefühl: ☺ Negatives Gefühl: ☹ . Los geht's:

Der Wecker klingelt viiiiel zu früh.

Aber zumindest scheint die Sonne zum Fenster hinein!

Schnell aus dem Bett und ins Badezimmer – das ist aber schon besetzt, obwohl wir doch soooo dringend hinein müssen.

Als wir endlich drinnen sind im Bad...

... fällt uns ein, dass wir doch gestern neues Toilettenpapier hatten kaufen wollen.

Hätten ja auch mal die anderen mit dran denken können.

Und nun prasselt auch noch der Regen an die Scheibe. Das geht ja gut los heute!

Na gut. Badezimmer ist endlich geschafft, ab in die Küche, kaum noch Zeit zum Frühstücken.

Oh, der Liebste hat uns schon Kaffee gemacht. Wie süß!

Wäre ja sooo schön, jetzt einfach noch mal eben mit ihm für ein Weilchen im Bett zu verschwinden... geht nur leider nicht. Die Arbeit ruft.

Aber auf dem Weg zum Auto treffen wir die Postbotin und die bringt uns die Lieferung vom Modeversand, auf die wir schon seit Tagen gewartet haben, hurra. Tag gerettet.

Später beim Anprobieren im Büro stellen wir dann leider fest, dass das lang herbeigesehnte Kleid nicht gerade für unsere Figur geschneidert wurde oder wir schon wieder mindestens zwei Kilo zugenommen haben müssen...

... was den Kollegen, der uns mal eben ein nettes
Kompliment macht, aber nicht zu stören scheint,
und unser Stimmungsbarometer doch gleich wieder
deutlich nach oben befördert.

Und so weiter... Sie dürften längst eine gute Vorstellung haben, was
ich meine. Achterbahn ist eigentlich gar kein Ausdruck für das, was
wir da die ganze Zeit emotional durchmachen. Wir sind ununterbrochen damit beschäftigt zu versuchen, angenehme Umstände und
Bedingungen zu erhalten und unangenehme zu vermeiden. Doch das
können wir auf Dauer nicht. So ist das Leben nun mal: wir werden weder das Wetter davon abhalten können, sich bis an unsere Lebensende
ständig zu ändern, noch andere Menschen davon, ihre eigenen Vorstellungen vom Leben zu haben und sich nicht immer ganz so zu verhalten, wie uns das recht wäre. Wir sind aber alle sehr gut darin, jede
Menge Zeit und Energie damit zu verschwenden, uns von diesen und
all den anderen Dingen immer wieder die Laune verderben zu lassen.
Diese Kunst habe ich über dreißig Jahre lang hervorragend beherrscht!

Kein Sex, kein Drink, kein gar nichts im Buddhismus?

Wider der allgemeinen Vorstellung gab es immer schon unterschiedliche Arten, Buddhismus zu praktizieren. Es gibt
den monastischen, also klösterlichen Buddhismus – Mönche und
Nonnen in ihren weinroten und gelben Roben, die durch Verspre-

chen, bestimmte Dinge nicht zu tun, störende Gefühle und damit einhergehende schädliche Taten, Worten und Gedanken weitmöglichst vermeiden.

Dann gibt es bis heute die »wilden« Verwirklicher und Verwirklicherinnen – in Sanskrit Yogis und Yoginis –, die isoliert und asketisch in ihren Felsenhöhlen Richtung Erleuchtung meditieren und oft über beeindruckende spirituelle Fähigkeiten und Kräfte verfügen, die sie durch die Meditation entwickelt haben.

Und es gibt den sogenannten Laienbuddhismus für Menschen, die Buddhas Lehre in ihr normales Leben integrieren möchten. Im Westen ist diese Form des praktizierten Buddhismus heute wahrscheinlich am weitesten verbreitet. Das Wort »Laie« hat im Deutschen einen etwas negativen Beigeschmack – so als ob jemand etwas nicht wirklich kann aber gerne möchte oder es nur sehr halbherzig betreibt. Hier ist aber das Gegenteil der Fall – genau diese Form des Buddhismus ist es, die ihn so komplett und für den modernen Westen so annehmbar macht – die Lehren sind praktisch anwendbar. In jeder Situation und an jedem Ort.

Der Buddhismus im Westen richtet sich an selbstbewusste und weltoffene Menschen die mit beiden Beinen im Leben stehen. Moderne Buddhisten stehen in der Mitte der freien westlichen Gesellschaft. Sie haben Karrieren, Beziehungen, Familien – und vor allem jede Menge Spaß im Leben! Es ist wichtig, dass so klar heraus zu stellen. Zu viele Leute denken noch immer, dass Buddhisten den ganzen Tag »OM!« sagen, selig vor sich hin lächeln und meditieren – und sich aus jedem Konflikt mit »positivem Denken« raushalten. Aber in der heutigen Welt Buddhist zu sein bedeutet auch kritisch zu sein, durchzugreifen wenn es nötig ist und die Werte und grundlegenden Menschenrechte der freien westlichen Gesellschaften zu verteidigen. Denn erst durch diese ist es überhaupt möglich, Buddhismus zu praktizieren. In politischen Systemen wie China oder Tibet ist dies bekanntlich leider nicht mehr der Fall – genauso wenig in Ländern, die von Religionen geprägt sind, die unter ihren Anhängern den Hass auf andere Religionen schüren und freie moderne Weltanschauungen sogar unter Strafe stellen.

Viele moderne, nicht-monastische Buddhisten im Westen können Alkohol trinken, Nächte mit ihren Partnern genießen, Fleisch essen wenn sie möchten – sie sind wirklich keine Nonnen und Mönche. Das würde einfach nicht in unsere moderne, schnelle westliche Welt passen. Statt dessen stehen sie mitten im Leben und machen aus jeder modernen Alltagserfahrung einen Schritt auf dem Weg zu Befreiung und Erleuchtung – denn man kann aus allem lernen, wenn man genug Wissen über die buddhistischen Lehren hat und meditiert, um sie anwenden zu können, wenn es mal brenzlig wird.

Wenn die unzähligen gespeicherten Eindrücke aus vergangenen und dem jetzigen Leben dazu führen, dass jemand eine Offenheit für die buddhistische Lehre entwickelt, dann wird er oder sie auch selbst Wege finden, mit dieser in Berührung zu kommen. So wie der ältere Herr und seine Freunde vom Turnverein oder andere von einem Vortrag eines buddhistischen Lehrers hören und dort hingehen. Oder so wie Sie selbst zum Beispiel gerade dieses Buch in den Händen halten, weil Sie sich für Buddhismus interessieren. Um an diesen Punkt zu kommen, müssen aus buddhistischer Sicht aber 18 sehr spezielle Bedingungen zusammenkommen. Nicht viele Menschen haben das Glück dieser Umstände.

Es ist aus buddhistischer Sicht ein großes Glück, verbunden mit einer riesigen Chance, als Mensch geboren zu werden und damit die Möglichkeit zu bekommen, mit der buddhistischen Lehre in Berührung zu kommen und sie zu nutzen, um sich und andere aus dem seit anfangsloser Zeit bestehenden Endloskreislauf von zwangsläufigen Wiedergeburten befreien zu können. Bei genauerer Betrachtung dieser 18 Bedingungen, die zusammenkommen müssen, wird später in diesem Buch sicherlich eines klarer: wie wertvoll und sehr, sehr selten diese Gelegenheit ist, die wir gerade hier und jetzt haben. Wenn man sich den rasanten Wachstum des Buddhismus im Westen innerhalb der letzten Jahrzehnte anschaut, wird deutlich, dass heute viele Menschen im Westen diese seltene Chance durch ihr gutes Karma haben.

So wie der Buddhismus vor 1000 Jahren von Indien ins damals spirituell und kulturell hochentwickelte Tibet »wanderte«, als 1500 Jahre nach dem Tod Buddhas die günstigen Bedingungen für seine Lehren dort abnahmen – so gelangt der Buddhismus heute von Tibet in den Westen. Und er sieht hier auf den ersten Blick ganz anders aus, als wir ihn vielleicht bisher kannten. Kritische und selbstständige, voll im Leben stehende Menschen mit Karriere und Familie statt Ordensgemeinschaften, helle moderne Architektur in buddhistischen Zentren und Meditationsräumen statt traditionell tibetischer Klosteratmosphäre mit Räucherstäbchenduft. Wobei Räucherstäbchen sehr nett sein können und ganz bestimmt nicht verboten sind – sie sind aber kein kulturell unbeeinflusster Teil der Essenz der buddhistischen Lehre.

Man kann die buddhistische Lehre gut mit einem Diamanten vergleichen. Wenn man ihn auf unterschiedlich farbige Untergründe legt, bleibt er in seiner Essenz doch immer und unveränderlich das, was er ist. Er scheint in der Farbe des Untergrundes, intensiviert sie sogar und strahlt in dieser Farbe in die Welt. Genauso ist es mit der jeweiligen Kultur, in der der Buddhismus blüht. Er nimmt ihre Farbe und ihre Eigenheiten an. In seiner Essenz bleibt er aber unveränderlich. Es ist wichtig, die reine buddhistische Lehre weiterzugeben und sorgfältig zwischen dieser und landeskulturellen Traditionen zu unterscheiden. Was in Tibet perfekt für die dort lebenden Leute unter den dort herrschenden Bedingungen war, würde im Westen aufgrund der völlig anderen Bedingungen nicht funktionieren. Mein buddhistischer Lehrer Lama Ole Nydahl und seine Frau Hannah erkannten das durch den Rat des 16. Karmapa, die Lehre den westlichen Menschen zugänglich und verständlich zu machen, sehr früh. Sie waren sehr achtsam damit, die Lehren Buddhas vollständig in den Westen zu übertragen und nur das aus Tibet und Indien zu übernehmen, was wirklich buddhistisch relevant und für den Westen annehmbar war. Es war sehr wichtig und sicherlich eine große Herausforderung, das Kind nicht mit dem Badewasser auszuschütten – die vollständigen Belehrungen Buddhas – ohne Kulturkolorit. Das ist hervorragend gelungen – sonst wäre der Buddhismus wenige Jahre später nicht so groß geworden im Westen, weil er den Menschen hier zu fremd gewesen wäre. Aber es war ein Lernprozess.

Schaut man sich heute das erste im Westen gegründete Zentrum an, findet man sich in einem prachtvollen, traditionell-tibetisch in Rot und Blau gehaltenen Meditationsraum mit opulenten Wandgemälden wieder. Die später gegründeten Zentren erinnern nur sehr wenig an Asien. Edle, dezente Einrichtung in von Licht durchfluteten Räumen und moderner Architektur aus Glas und Stahl – aber dennoch mit einer Atmosphäre, die Wärme vermittelt. Natürlich unterscheiden sich die Zentren weltweit in ihrer individuellen Einrichtung und Bauweise. Sie spiegeln immer auch ein wenig die jeweilige Kultur des Landes wieder und sollen das natürlich auch tun.

Wie die Buddhas von Tibet in den Westen kamen

Nach einer recht turbulenten Jugend und wilden Hippie-Jahren, in denen sie auch so einige Drogen probierten, um ihren Geist zu erforschen, wurden mein heutiger buddhistischer

Lehrer Lama Ole Nydahl und seine Frau Hannah nach ihrer Hochzeitsreise ins unbekannte Nepal 1969 die ersten westlichen Schüler seiner Heiligkeit des 16. Karmapa Rangjung Rigpe Dorje.

Der Karmapa ist das Oberhaupt und der Hauptlehrer einer der vier Hauptschulen des Tibetischen Buddhismus, der Karma Kagyü Tradition. Der 2. Karmapa war der erste bewusst wiedergeborene Lama Tibets im 12. Jahrhundert. Er wurde von Buddha Shakyamuni vor 2500 Jahren als der Mann mit der schwarzen Krone, die Verkörperung der mitfühlenden Aktivität aller Buddhas, vorhergesagt. Nach mehreren bedeutenden Leben als Yogi in Indien wählte der Karmapa all seine späteren Wiedergeburten nördlich des Himalaja. Der 16. Karmapa Rangjung Rigpe Dorje brachte die Lehren der Kagyü Tradition in den Westen, der 17. Karmapa Trinley Thaye Dorje ist das derzeitige Oberhaupt der Karma Kagyü Linie.

Drei Jahre lang lernten Ole und Hannah intensiv buddhistische Philosophie und Meditation direkt von Karmapa und von anderen bedeutenden Lamas in Tibet, u.a. später sogar die Übertragung für eine sehr wichtige, aber selten gelehrte buddhistische Meditationspraxis, das »Phowa« oder »Bewusste Sterben«. Ich werde später noch mehr über diese Meditation erzählen. Es ist nicht übertrieben zu behaupten, dass sie das Leben der Menschen, die sie auch nur einmal praktiziert haben, grundlegend und dauerhaft verändert.

Nach ihrer Meditationsausbildung bat Seine Heiligkeit Karmapa die beiden, den Buddhismus in die moderne westliche Welt zu bringen und dort buddhistische Zentren zu gründen, so dass die modernen westlichen Menschen eine Möglichkeit bekommen könnten, über Meditation und Buddhas Lehren zu lernen, wenn sie offen genug dafür waren. Das Hippiepaar hatte eigentlich vor, soviel Zeit wie möglich in Asien zu verbringen und zu meditieren. Doch seine Heiligkeit versprach ihnen, dass die Arbeit im Westen ihrer spirituellen Entwicklung auf dem Weg zur Erleuchtung genauso nutzen würde. Lama Ole und Hannah begannen also, den Buddhismus in Europa und Amerika zu lehren. Seit über 40 Jahren haben dadurch nun interessierte Menschen auf der ganzen Welt die Möglichkeit, der buddhistische Lehre und dem Segen der tibetischen Lamas in öffentlichen Vorträgen und Meditationskursen näher zu kommen.

Es ist in diesem Zusammenhang sicherlich wichtig zu erwähnen, dass im Buddhismus nicht missioniert wird. Schon allein wegen des grundlegenden Prinzips von Karma – Ursache und Wirkung – würde es aus buddhistischer Sicht überhaupt keinen Sinn machen, Menschen die Lehren Buddhas aufzuzwingen. Die Leute könnten dann sowieso nichts damit anfangen, würden sie nicht verstehen oder auf ihr Leben anwenden können. Da jeder Buddhist das Bestmögliche für alle möchte und eine fruchtbare Begegnung mit den Lehren Buddhas als das größte Geschenk sieht, dass ein Mensch bekommen kann, macht Missionieren wirklich keinen Sinn. Man könnte damit das Gegenteil erreichen und den Menschen eine Tür zum buddhistischen Weg versperren. So würde auch sicherlich kein Buddhist seine Kinder drängen, zu meditieren. Bei vielen Kindern und Teenagern entsteht allerdings früher oder später das Bedürfnis und die Neugier von allein. Ich weiß nicht von vielen, die probeweise meditiert haben und dann nicht weitermachen wollten – weder

Erwachsene noch Kinder. Es gibt den weisen Vergleich vom Buddhismus mit einem See: wenn es einen schönen See gibt, dann kommen die Schwäne von allein herbeigeflogen. Und so ist es.

In den Worten eines über 70 Jahre alten Herrn, der neulich in dem internationalen buddhistischen Zentrum, in dem ich heute wohne, Erklärungen zum Buddhismus bekam und gerade die erste Meditation seines langen Lebens hinter sich hatte: »Jetzt verstehe ich, warum Sie nicht missionieren! Das müssen sie ja gar nicht – es ist alles so selbst erklärend und logisch – und ausprobieren ist viel einfacher als viele Worte darüber zu verlieren. Hätte mir jemand diese Dinge vor Jahrzehnten erklärt – ich hätte mein Leben anders gelebt!« Er hatte Tränen der Rührung in den Augen, als er das sagte.

S. H. der 17. Karmapa Trinley Thaye Dorje

Mein Vater äußerte sich ähnlich, nachdem er ein Buch über Buddhismus gelesen hatte. »Diese buddhistische Weisheit ist gesunder Menschenverstand – und so viel mehr. Hätte ich das vor 40 Jahren gelesen, hätte ich sicherlich ein anderes Leben geführt!«

Weltweit gibt es über 600 buddhistische Zentren, die von Lama Ole Nydahl auf Bitte des 16. Karmapa gegründet wurden – davon über hundert in Deutschland. All diese Zentren stehen unter der spirituellen Leitung des 17. Karmapa Trinley Thaye Dorje und werden ehrenamtlich getragen – Freundschaft und Idealismus zum Besten aller bilden dafür die Grundlage. Die Zentren gehören zur bald eintausend Jahre alten Tradition der Karma Kagyü Linie, die den Diamantweg oder Vajrayana Buddhismus lehrt und eine der vier großen buddhistischen Schulen Tibets ist. Als Linie der direkten mündlichen Überlieferung legt sie besonderen Wert auf Meditation und die unmittelbare Verwirklichung der Natur des Geistes durch die Übertragung des Lehrers. Ihr Angebot richtet sich an »Laien-Buddhisten«, die Methoden der Vajrayana-Tradition nutzen wollen, um in Familie und Beruf durch mehr Klarheit und Mitgefühl nützlich handeln zu können.

Das Ziel ist letztendlich, jede Verwirrung im eigenen Geist zu entfernen und dadurch seine ursprünglichen Eigenschaften – unbegrenzte Freude, Tatkraft und Liebe – erfahren zu können. Buddha lehrt, dass der Geist eines jeden klares, strahlendes Licht ist, wenn man seine Schleier entfernt. Die buddhistischen Zentren stehen jedem unverbindlich offen, der sich für den Tibetischen Buddhismus interessiert oder nur mal reinschnuppern möchte. Es gibt einführende Erklärungen, geleitete Meditationen, Vorträge und Seminare.

So erblühte also der Dharma im Westen. Dharma – so nennt sich die buddhistische Lehre auf Sanskrit – tibetisch »Chö«. Wörtlich übersetzt bedeuten beide Begriffe schlicht »Wie die Dinge sind.« Buddhistische Zentren der Karma Kagyü Tradition gibt es hauptsächlich in Westeuropa, Nord- und Südamerika, aber auch in Asien, Australien und Russland. In den Anfängen waren es nur wenige Zuhörer – heute sind es Tausende, die durch den zeitgemäßen und unkonventionellen Lehrstil und die tiefgreifenden Kenntnis der Jahrtausende alten buddhistischen Lehre ihre Verbindung zum Buddhismus entdecken, weltweit an Meditationskursen teilnehmen und später oft selbst Meditationsgruppen gründen und buddhistische Zentren bauen – einfach aus dem tiefen Bedürfnis heraus, mehr Menschen, die offen genug dafür sind, eine Möglichkeit zu bieten, ihrem Leben soviel Sinn zu geben.

An der Nordseeküste...

Keine Ahnung, wie viele Zollbeamte und Einwohnermeldebeamte beim Anblick meines Personalausweises schon ein bewunderndes, manchmal auch leicht ironisches »Oh, Sie sind auf Sylt geboren worden!« von sich gegeben haben. Warum, habe ich nie so recht verstanden – zumal ich mich an meine Geburt und das folgende Jahr wie wohl die meisten nicht wirklich so richtig gut erinnern kann und auch nicht bewusst an der Entscheidung beteiligt war, das Licht der Welt auf der nobelsten aller deutschen Nordseeinseln, die einen etwas snobistischen Ruf genießt, zu erblicken. Dennoch scheint es manche Leute ungemein zu beeindrucken.

Sylt ist landschaftlich tatsächlich ein Juwel in Deutschland. Die rauhe Nordsee, die friesische Dünenlandschaft und die Liebe zu beidem haben mich sehr geprägt. Warum wurde ich nun ausgerechnet an diesem nördlichsten Fleck Deutschlands geboren? Mein Vater war Marinesoldat. Nachdem er in zweiter Ehe meine Mutter geheiratet hatte, tauschte er die berufliche Seefahrerei gegen das Büro, um mehr

Zeit mit uns verbringen zu können. Er wurde in unregelmäßigen Abständen von einer Dienststelle zur nächsten versetzt – unter anderem eben auf die Nordseeinsel. Und so schoben meine Eltern meinen Kinderwagen dann ein Jahr lang die Sylter Strandpromenaden entlang, bevor wir von der dänischen Grenze an die niederländische zogen – nach Ostfriesland. Flach, flacher – Ostfriesland. Nahezu unendliche, grasgrüne Weite mit schwarz-weiß gefleckten Kühen darauf, ab und zu unterbrochen von ziegelroten Bauernhöfen. Die Stadt Aurich hatte immerhin 40.000 Einwohner und gab sich Mühe, ihren Bürgern etwas zu bieten. Ich war aber eh schon ganz glücklich mit meinem Kinderdasein dort. Viel älter als vier Jahre kann ich nicht gewesen sein, als ich das erste Mal auf ein Pony gesetzt wurde. Wie die meisten kleinen Mädchen war ich Feuer und Flamme fürs Reiten und hatte viele Jahre lang nicht allzu viel anderes im Kopf. Ein Angsthase war ich damals jedenfalls auch schon nicht. Kopfüber an einem Fuß in der Schlinge von einem galoppierenden Pferderücken zu baumeln oder auf dem selben einen Kopfstand zu machen – großartig. Ganz mein Fall. Man nennt das auch Voltigieren, sieht es sonst nur bei den Kosaken und im Zirkus – und aus heutiger Sicht möchte ich gar nicht wissen, was meine armen Eltern da an Ängsten ausstehen mussten. Aber sie gönnten mir das Vergnügen und ich hatte meine erste große Leidenschaft.

Aus heutiger Sicht war ich tatsächlich damals schon eher unerschrocken. Auf dem Rücken galoppierender Pferde Kopfstand machen, auf die höchsten auffindbare Bäume klettern, und irgendwie schien ich schon als Kind besser als die meisten meiner Freunde in der Lage, zu sein, mit dem Thema Tod umzugehen. So, als ob ich mir ziemlich schon damals sicher war, dass es da etwas in uns gibt, das zeitlos und unzerstörbar ist. In Situationen, die für andere hart an der emotionalen Erträglichkeitsgrenze waren, »funktionierte« ich meistens einfach nur, bis alles Notwendige erledigt war, statt mich groß mit meiner eigenen Trauer oder meinen eigenen Ängsten zu beschäftigen.

Mein erster direkter Kontakt mit dem Sterben fand ebenfalls im Reitstall in Aurich statt. Meine Grundschul-Liebe war natürlich der Tierarzt unseres Reitstalls, wie es sich in einem ordentlichen Mädchen-Pferderoman gehören würde. Die Liebe beschränkte sich natürlich auf Einbahnstraßen-Bewunderung meinerseits – bei mindestens 40 Jahren Altersunterschied keine so große Überraschung! Eines Tages hatte nun eines der Pferde aus Privatbesitz eine Darmverschlingung – was so ziemlich das dramatischste ist, was diese Tiere an Krankheiten haben können. Sie dürfen sich auf gar keinen Fall hinlegen, und der Tierarzt versucht rektal oder durch eine Operation, die Darmstränge wieder in ihre richtige Ordnung zu bringen. Viel Zeit hat er dafür nicht. Nachdem er eine halbe Stunde mit seinem Arm bis zur Schulter in dem Pferd verbracht hatte, musste er resignieren.

Wir wurden zwar weggeführt, aber den Knall der Pistole hörten wir einige Minuten später dennoch. Meine Freundin, brach schon vorher in Tränen aus, was ja auch vollkommen verständlich war für ein kleines Schulmädchen. Meine blieben irgendwie weg. Stattdessen tröstete ich sie und versuchte, ihr zu erklären, dass das arme Tier doch nun aber erlöst und ganz bestimmt im Pferdehimmel oder so sei. Als später eine meiner sehr geliebten Patentanten und meine Großeltern starben, war ich zwar traurig, aber auch damals in der Vorpubertät doch sehr gefasst und fühlte mich innerlich irgendwie in einem gesunden Abstand dazu.

Im Tibetischen Buddhismus ist das Sterben eine halbe Wissenschaft für sich. Der Zeitpunkt des Todes ist der Moment, in dem man erleuchtet werden kann, statt zum x-ten Mal eine unfreiwillige Wiedergeburt beispielsweise als Mensch oder Tier oder einem der niederen Daseinsbereiche anzusteuern. Der Tod ist sozusagen die beste Chance unseres Lebens. Kein Witz!

Der beste Moment, unzählige Leben voller gemischter Gefühle und verwirrender Ideen in Körpern, die früher oder später Ärger machen, zu stoppen, ist tatsächlich der Moment des Sterbens. Wenn man es schafft, diesen Moment zu erwischen und ihn zu nutzen – und eben das lernt man mit der schon erwähnten Phowa Meditation – dann ist man befreit aus dem ewigen Kreislauf der unfreiwilligen Wiedergeburten – auf Sanskrit Samsara genannt – und kann ab dem Moment unendlich viel für unendlich viele tun.

Ich weiß wohl, dass das ein bisschen sehr abgedreht und esoterisch klingt. Aber das ist nun mal die Jahrtausende alte buddhistische Lehre.

Und das Schönste an der ist für mich – verglichen mit anderen Religionen – dass ich an kein einziges Dogma glauben muss ohne es nachprüfen zu können. Man kann das alles selbst erfahren – vieles davon habe ich sogar bereits erfahren. Egal, wie unglaublich und abgehoben es mir vorher erschien. Und darüber bin ich sehr, sehr glücklich. Denn es ist Wissen und Sicherheit, die mir nichts und niemand mehr wegnehmen kann.

Es gibt im Vajrayana Buddhismus die »Sechs Lehren Naropas«. Sechs spezielle und nur mündlich überlieferte alte Meditationen, mit denen man Erstaunliches erreichen kann. Eine davon ist das sogenannte Phowa – die Meditation des bewussten Sterbens. Nur sehr wenige buddhistische Lehrer können diese Meditation an Andere weitergeben. Dabei ist sie unendlich wertvoll aus buddhistischer Sicht. Man lernt, das Bewusstsein aus dem Körper heraus in das Herz des Buddhas des Grenzenlosen Lichtes zu schicken und bereitet sich so auf den späteren Tod vor. Die Wirkung einer erfolgreichen Meditationspraxis ist, weniger Furcht zu haben und beim Sterben in das sogenannte »Reine Land« der Großen Freude zu gehen – das Bewusstseinsfeld des Buddhas des Grenzenlosen Lichtes Amitabha. Es heißt Dewachen. Von dort aus kann man sich zur Erleuchtung weiterentwickeln. Man kann sogar anderen durch Phowa zu einer besseren Wiedergeburt verhelfen. Das macht es noch viel, viel wertvoller für mich. Ich weiß, dass ich meinen Eltern beim Sterben und nach ihrem Tod werde helfen können. Das ist im Vergleich zu der Hilflosigkeit, die häufig erfahren wird, wenn die Eltern sterben, ein riesiges Geschenk. Und es nimmt einem auch davor die Angst – wenn ich auch natürlich meinen Eltern von ganzem Herzen ein langes Leben voller Gesundheit wünsche und ihr Tod wohl noch Jahrzehnte entfernt ist.

Meinen ersten Phowa-Kurs machte ich schon wenige Monate, nachdem ich zum Buddhismus gefunden hatte, mit. Warum so eilig? Ganz einfach. Weil ich morgen tot sein könnte und schlicht niemand weiß, wie viel Zeit ihm noch bleibt. Und weil ich wirklich keine Lust hatte, diese einmalige Chance ungenutzt vorbeigehen zu lassen. Es ist aufschlussreich, Tibeter zu fragen, was sie tun würden, um Erklärungen für die Phowa Praxis zu bekommen. Sie würden eine Menge

Unannehmlichkeiten und gern auch monatelanges Reisen dorthin auf sich nehmen. Eine solche seltene und wertvolle Gelegenheit ist aus buddhistischer Sicht das Non plus ultra und ein riesiges Geschenk.

Es gibt nur sehr wenige Lamas, die diese Meditationspraxis gelernt haben und sie im Rahmen eines mehrtägigen Kurses an Andere weitergeben dürfen. Die harten landschaftlichen und klimatischen Bedingungen in Tibet und Nepal machen es auch heute noch zusätzlich schwierig, eine solche seltene Gelegenheit zu bekommen. Unsere Bedingungen hier im Westen sind dagegen der pure Luxus – und daher umso mehr ein großes Geschenk. Ole und Hannah Nydahl lernten die Meditation Anfang der 70er Jahre in Indien. Später bekam Lama Ole die Erlaubnis und den Auftrag, diese kostbare, wegen ihrer beeindruckenden Wirksamkeit geheim gehaltene Meditationspraxis zu lehren. Manche Lehren oder Meditationen im Tibetischen Buddhismus sind »geheim«. Die Methoden sind – von einem erfahrenen Lehrer gelehrt – so effektiv, wie sie in den falschen Händen und mit zu wenig Wissen gefährlich sein können. Von 1987 bis heute haben so im Westen viele Tausende von Menschen die Meditationspraxis des Bewussten Sterbens gelernt.

Beim Phowa meditiert man auf Amitabha, den Buddha des Grenzenlosen Lichtes. Es gibt äußere Zeichen, an denen man erkennen kann, dass jemand erfolgreich die Phowa Meditation praktiziert hat. In den mir bekannten Kursen im Westen sind diese Zeichen meist so überzeugend und deutlich, dass schon sehr hohe tibetische Lamas beeindruckt und anerkennend die Augenbrauen hochgezogen haben, als sie die Köpfe der Teilnehmer inspizierten. Nach einer erfolgreichen Phowa Praxis haben die Teilnehmer ein winziges, fast unsichtbares Loch oben auf dem Kopf. Häufig tritt auch ein Tröpfchen Blut oder Sekret aus und die Stelle ist sehr druckempfindlich. Dieser Punkt oben auf dem Kopf ist der Ausgang des zentralen Energiekanals, mit dem bei der Phowa Meditation gearbeitet wird. Ein Phowa Kurs ist übrigens vollkommen ungefährlich, wenn es auch immer abenteuerlich und dramatisch klingt, dass man sich ein Loch in den Kopf meditiert.

Das für mich Überzeugendste aber war nicht dieses in der Tat auch sehr beeindruckende physische Zeichen, sondern das Aha-Erlebnis einige Monate später. Zu merken, dass ich plötzlich in Situationen, in denen mir früher die Beine geschlottert hätten, noch nicht mal einen erhöhten Pulsschlag hatte. Und innerlich einfach deutlich mehr Ruhe verspürte. Dahinter steckt die tiefe und beim Phowa selbst erfahrene Sicherheit, dass es etwas in mir gibt, dass nicht eines Tages mit meinem menschlichen Körper sterben wird.

Gott? Mensch? Wer ist denn nun eigentlich Buddha?

Das tibetische Wort »Sangye« für Buddha bedeutet direkt übersetzt »Der Erwachte«. »Sang« bedeutet »vollkommen gereinigt« von allen die Klarheit des Geistes verdunkelnden Schleiern. »Gye« bedeutet »vollkommene Entfaltung« aller Qualitäten, die dem Geist innewohnen. Dazu gehören Furchtlosigkeit, unendliche Freude, grenzenloses Mitgefühl, Weisheit und Tatkraft zum Besten der Wesen. Der Name »Buddha« in Sanskrit bezeichnet den erleuchteten Geisteszustand.

Buddhaformen oder Buddhaaspekte – tibetisch »Yidam« – sind Formen aus Licht und Energie, durch die perfekte Eigenschaften des erleuchteten Geistes ausgedrückt werden. Indem man sich mit ihnen in der Meditation und im täglichen Leben identifiziert, erwecken sie die jedem innewohnende Buddhanatur. Das ist die Natur des Geistes, das Potenzial der Erleuchtung, das allen Wesen innewohnt. Um auf solche Buddhaformen wie den Buddha des Grenzenlosen

Lichtes Amitabha meditieren zu können, benötigt man die Übertragung von einem Lama.

Die fantastisch gearbeiteten goldenen Statuen und die farbenfrohen tibetischen Rollbilder mit vielen unterschiedlichen Buddhas darauf sind nicht etwa Abbildungen von Göttern. Sie sind auch nicht dazu da, angebetet zu werden.

Der Buddha unserer Zeit ist der historische Buddha Shakyamuni, der vierte von insgesamt 1000 Buddhas, die erscheinen werden. Jeder historische Buddha leitet eine neue Dharma-Periode ein – eine neue Zeit, in der die buddhistische Lehre auf unterschiedliche Weise und von unterschiedlich vielen Menschen genutzt werden kann.

Buddhas werden in unterschiedlichen Farben, Positionen und mit unterschiedlichen Attributen oder Gegenständen in den Händen dargestellt. Sie alle haben eine bestimmte Bedeutung und spiegeln dem Betrachter unterschiedliche, an sich vollkommene Aspekte seines eigenen Geistes. Der eben erwähnte Buddha des Grenzenlosen Lichtes (tib.: Öpame, skt. Amitabha), der Buddha der unterscheidenden Weisheit, ist zum Beispiel leuchtend rot wie ein Berg funkelnder Rubine im Licht von tausend Sonnen und sitzt, mit den Händen im Schoß ruhend. Er hält eine Schale mit dem Nektar der höchsten Erfüllung. Sein Bewusstseinsfeld ist das schon erwähnte »Reine Land« Dewachen, dass man aufgrund von Amitabhas Versprechens an die Wesen, sie alle in dieses Kraftfeld aufzunehmen, wenn sie es wollen, mit starken Wünschen erreichen kann.

Es gibt im Buddhismus einfach nicht diesen erhobenen moralischen Zeigefinger, wenn man Fehler gemacht hat. Wir tun alle Dinge, die wir leicht »Fehler« nennen, solange wir nicht erleuchtet sind. Und sicherlich ist es auch empfehlenswert zu vermeiden, anderen Leid zuzufügen, in welcher Form auch immer. Keine Frage. Aber passieren tun diese Dinge eben doch. Mein Lehrer, Lama Ole, hat da aber eine deutlich langfristigere und höhere Sicht der Dinge:

»Wir machen keine Fehler, sondern Erfahrungen, aus denen wir lernen können.« Aus buddhistischer Sicht gibt es nicht eine einzige Charaktereigenschaft, nicht eine einzige negative Tendenz, die man in sich hat, die nicht für die Erleuchtung genutzt werden könnte. Denn unterschiedliche Störgefühle werden in unterschiedliche Weisheiten umgewandelt – sie sind sozusagen der Rohstoff, mit dem man erleuchtet wird. Wenn man die Gründe ihres Entstehens versteht und entsprechend mit ihnen arbeitet. Deswegen gibt es auch niemanden, der nicht die Möglichkeit hätte, durch die Phowa-Meditation und den starken Wunsch, in dieses Kraftfeld des roten Buddha Amitabha zu gehen, dort hinzugelangen. Auf ihn meditiert man also, wenn man die Meditationspraxis des Bewussten Sterbens lernt.

Der vielleicht bekannteste Buddha heißt »Liebevolle Augen« (tib.: Chenresig, skt.: Avalokiteshvara). Er ist das Mitgefühl aller Buddhas und steht für nicht unterscheidende Liebe. Er wird im Freudenzustand dargestellt, weiß und mit vier Armen. Die rechte äußere Hand hält eine Mala aus Kristall, eine Meditationskette, die alle Wesen aus der bedingten Welt befreit. Die beiden mittleren Hände umschließen das Juwel der Erleuchtung vor seinem Herzen. Die linke äußere Hand hält eine Lotusblüte, die seine vollkommen reine Einstellung symbolisiert. Seine Augen sehen jedes Wesen.

Zu jedem Buddha gehört auch mindestens ein Mantra, der Ausdruck einer erleuchteten Eigenschaft auf Schwingungsebene. Ein Mantra aktiviert das Kraftfeld eines Buddhas, sobald man es ausspricht oder auch nur denkt. Das Mantra von »Liebevolle Augen« oder »Chenresig« »OM MANI PEME HUNG« findet sich in Tibet fast auf jedem zweiten Stein. Es weht auf den bunten Mantrafähnchen im Wind und wird auf den allgegenwärtigen Gebetsmühlen von jedem Vorbeigehenden gedreht, um den Wesen Glück zu wünschen.

Viele Leute verwenden dieses Mantra einfach, weil es sich gut anfühlt und verhindert, dass die eigenen Störgefühle einen zu unüberlegtem und dummem Verhalten in brenzligen Situationen verleiten. Das ununterbrochende Rezitieren eines Mantras – am besten gesprochen, aber nur gedacht geht auch – schützt zum Beispiel vor Zorn- oder Eifersuchtsattacken. Es funktioniert wirklich! Mein Lama vergleicht ein Mantra oft mit einer Teflonbeschichtung oder einem Ölfilm, der vor Wasser und Schmutz schützt – sie perlen einfach daran ab und hat keine Chance Fuß zu fassen. Das kann jeder für sich ausprobieren, Buddhist braucht man dafür gar nicht zu sein. Man sagt es einfach so oft wie man möchte oder bis die brenzlige Situation vorbei ist, vor sich hin – oder denkt es einfach nur in Situationen, in denen es sonst für Andere vielleicht komisch aussehen würde. Es ist gut, Mantras mit der Motivation zu sagen, anderen Wesen durch ihre Schwingung zu nutzen – nicht nur sich selbst.

Den Sinn des jeweiligen Mantras zu kennen, verstärkt noch die positive Wirkung auf Körper, Rede und Geist. Am Beispiel des Mantras »OM MANI PEME HUNG«: die Schwingung der Silbe OM entfernt Stolz, MA Eifersucht, NI entfernt Anhaftung, PE durchschneidet Unwissenheit, ME löst Geiz auf, und das HUNG, das gesprochen den Brustkorb schwingen lässt, formt Zorn um. Es gibt auch anders geschriebene Versionen des Mantras »OM MANI PADME HUM«. Wichtig ist aber die Motivation, mit der das Mantra gesprochen wird – nicht die Schreibweise. Dadurch, dass diese Mantras seit Jahrhunderten gebraucht werden, tragen sie großen Segen. Effekt und Wirksamkeit der Varianten des Mantras sind aber gleich.

Der im Buddhismus sehr wichtige Begriff »Mitgefühl«, für den der Buddha »Liebevolle Augen« steht, wird oft mit »Mitleid« verwechselt. Es gibt aber einen riesigen Unterschied. Wenn man mit jemandem Mitleid hat, dann tut er einem eben einfach nur leid. »Ach, Du armes Hascherl«. Man fühlt mit dem oder der Leidenden und leidet ein bisschen mit – in der besten Absicht. Besser macht es das für den Leidenden aber meist nur sehr begrenzt und kurzfristig. Und es macht den Betroffenen dazu auch noch unselbstständig statt stark, damit er wieder auf die eigenen Beine kommen kann. Man traut ihm so nicht wirklich zu, sich selbständig wieder aus der Situation herauszukämpfen und baut ihn oder sie nicht gerade aktiv wieder auf. Mitgefühl hilft da mehr.

Wenn man mit jemandem Mitgefühl statt Mitleid hat, dann sieht man in erster Linie dessen Potential, wieder aufzustehen und weiterzugehen und versucht, ihm dieses Potential aufzuzeigen. Man sieht, dass er sich selbst in eine schwierige Lage gebracht hat, aber auch, dass er trotzdem die ihm innewohnenden Möglichkeiten hat, wieder aus dieser Lage herauszukommen. Man handelt aus dem Wissen heraus, dass er – genau wie alle anderen Wesen – aus buddhistischer Sicht sogar das Potential hat, erleuchtet zu werden. Deswegen hilft man ihm mit aktivem Mitgefühl und Tatkraft, wieder auf die eigenen Beine zu kommen und selbstständiger und stärker aus der problematischen Situation herauszukommen.

Mein großer Bruder war für mich – wie alle ihre kleine Schwestern triezenden großen Brüder – sicherlich auch ein gutes Training, um sich später zur Wehr setzen zu können. Eigentlich war er gar nicht mein richtiger Bruder, sondern »nur« mein neun Jahre älterer Halbbruder aus der ersten Ehe meines Vaters. Ich liebte meinen »Brudi« sehr – trotz oder gerade wegen des relativ großen Altersunterschiedes. Ich gab mir größte Mühe, genauso laute Trompetengeräusche beim Nase putzen und genauso riesige Schritte zu machen wie er und brauchte dann später Jahre, um mir wieder eine etwas femininere Gehweise anzueignen!

In der Grundschule war ich sehr gut. Ich ging gern zur Schule und es machte mir Spaß, zu lernen, da es mir leicht fiel. Vier Jahre lang hatten wir eine fantastische Klassenlehrerin. Sie verstand es hervorragend uns zu motivieren und dadurch zu interessierten und engagierten Schülern zu machen. Nach der Grundschule zogen wir zurück Richtung Nordfriesland – dieses Mal nach Flensburg direkt an die dänische Grenze. Für seine mittlere Größe eine lebendige und weltoffene Stadt.

Das Reiten, meine große Leidenschaft, fand hier bald ein tränenreiches Ende, denn ich kam seit Jahren mit Allergieschnupfen und Neurodermitis von den Reitstunden heim. Wenn ich mich richtig erinnere, habe ich mehr oder weniger drei Tage am Stück durchgeheult – aber es gab gesundheitlich wirklich keine Wahl.

Kurz bevor ich das Reiten aufgab, hatte ich allerdings noch eine weitere Erfahrung mit dem Tod. In der Nähe unseres Hauses gab es einen kleinen Bauernhof, auf dem der Sohn des Besitzers einige Trabrennpferde züchtete. Dort hatte ich mich seit dessen Geburt um ein niedliches Hengstfohlen gekümmert, das seinen ersten Sommer zusammen mit seiner Mutter auf den saftigen grünen Weiden des Hofes verbrachte. Als der Winter kam, zog »True Boy« in den warmen Stall. Er antwortete jeden Tag schon mit einem fröhlichen Wiehern, bevor ich ihn überhaupt sehen konnte, sobald ich am Eingang des Stalles nach ihm pfiff. Es war eines unserer vielen kleinen Rituale. Doch eines Morgens kam ich auf den Hof, pfiff zur Begrüßung... doch seine gewohnte Antwort blieb aus. Es musste etwas passiert sein. Ich ging wie in Zeitlupe den großen Stallungsgang entlang, zu seinem Stall. Das langbeinige Fohlen lag regungslos im Stroh – tot.

Es stellte sich heraus, dass er von Geburt an einen Herzfehler hatte – bei hochgezüchteten Rennpferden leider nicht so ungewöhnlich. Und wieder trug ich dieses einschneidende Ereignis für mein Alter mit erstaunlicher Fassung und Vernunft. Ich war froh, dass das Fohlen ein zwar kurzes, aber dennoch fröhliches und schönes Leben und einen schnellen, schmerzlosen Tod gehabt hatte. Dieses Erlebnis führte sicherlich auch dazu, dass es mir einige Monate später leichter fiel, mich ganz vom Pferdesport zu verabschieden. Zu diesem Zeitpunkt ritt ich bereits seit über zehn Jahren. Wäre die Allergie nicht gewesen – wahrscheinlich wäre ich Pferdewirtin geworden – weit weg von dem aufregenden Leben, das ich stattdessen die nächsten Jahre führen sollte.

Zu dieser Zeit rutschte ich gerade in die Vorpubertät und fing natürlich an, mich auch für andere Dinge als Reiten zu interessieren. Das machte sich auch an meinen Schulnoten bemerkbar. Lernpensum und Leistungsdruck auf einem Gymnasium in Schleswig-Holstein waren kaum mit meinen wohlbehüteten und verspielten Grundschuljahren bei der netten Klassenlehrerin zu vergleichen. Dank der Unterstützung und des wenn nötig sanften Druckes meiner Eltern hielt ich mich also notentechnisch immerhin im oberen Mittelfeld und verbrachte meine freie Zeit außerhalb der Schule mit meinen Freundinnen – wahlweise mit Shopping und »Jungs gucken« in der Flensburger Fußgängerzone oder abends auf Beachparties.

Nach drei Jahren war es mal wieder Zeit für meinen Vater, beruflich an einen anderen Militärstandort versetzt zu werden. Doch dieses Mal sollte es ein deutlich größerer Sprung als von Ost- nach Nordfriesland werden – nämlich einer »über den großen Teich«. Meinem Vater war angeboten worden, drei bis vier Jahre im Stützpunkt der deutschen Marine in Washington D.C. zu arbeiten. Dieser Schritt erschien meinen Eltern so groß, dass sie tatsächlich ihre dreizehnjährige Tochter die Entscheidung für die ganze Familie fällen ließen. Ich fand die Idee, ins aufregende, glitzernde Amerika zu ziehen und Englisch – eines meiner wenigen Schulfächer mit beachtlich guten Leistungen zu dem Zeitpunkt – zu lernen, schlicht großartig. Die Bedenken meiner Eltern, ich könne Schaden daran nehmen, schon wieder aus meinem gewohnten Klassen- und Freundesverband gerissen zu werden, teilte ich nicht. »Wann geht's los?« war alles, was ich wissen wollte!

Es ging los im Herbst 1987. In meinem kritischen Teenageralter war es vermutlich eine vernünftige Entscheidung meiner Eltern, mich statt auf eine amerikanische Highschool mit ihren teils etwas zweifelhaften Ritualen und Traditionen auf die Deutsche Schule Washington D.C. zu schicken – wohlbehütet und ziemlich elitär. In erster Linie wurde sie von den Kindern der in Washington tätigen Diplomaten, Wirtschaftsbossen und Militärs besucht. Das brachte ein ständiges Kommen und Gehen von Gesichtern mit sich – Anschluss und Freunde zu finden, die nicht nach ein paar Monaten wieder irgendwo anders hin auf der Welt verschwanden, machte das nicht gerade leichter.

Den ersten Schock bekam ich gleich an meinem ersten Schultag. Ich hatte mich riesig darauf gefreut, endlich meine Englischkenntnisse zu verbessern und das, was ich in Deutschland schon gelernt hatte, anzuwenden. Und so meldete ich mich eifrig gleich in der ersten Englischstunde zum Vorlesen, durfte auch lesen – und kaum dass ich fertig war, blickt ich in das mitleidig amüsierte, runzeliges Gesicht mit hochgezogenen Augenbrauen Gesicht meines Professors. Er vertrat nur an diesem Tag unseren Lehrer und hatte nur einen Satz als Anmerkung zu meiner in Deutschland bisher hoch benoteten Lesekunst: »Oh. You just arrived from Germany, right?«

Wuuusssch!!! Der saß. Ich hatte einen starken deutschen Akzent, und ich las noch nicht mal halb so schnell wie alle anderen in der Klasse, wie ich bald herausfinden sollte. Das versetze meinem Stolz dann doch einen derben Schlag, und ich hielt die nächsten Wochen erstmal den Mund und beschloss ganz schnell mein Englisch zu verbessern.

Was mich allerdings wirklich schockierte, war etwas außerhalb des Unterrichts. Zwar hatten die allermeisten der Schüler Deutsch als Muttersprache und auch die Unterrichtssprache war Deutsch, aber die Schüler untereinander sprachen Englisch, sobald sie das Klassenzimmer verließen. Denn natürlich war das die »coolere« Sprache. Doch ich war »neu«. Und mit Neuen sprach man nicht Englisch. Die hatten sich diese »Ehre« anscheinend erst einmal zu verdienen. Man konnte tatsächlich jemandem eine Frage auf Englisch stellen – und bekam von einigen Klassenkameraden ohne ein Wimperzucken konsequent die Antwort auf Deutsch. Selbst wenn fünf Leute in den Gruppe standen und alle bisher ununterbrochen englisch miteinander geredet hatten. Ich fand es wirklich absurd, kindisch und ziemlich unfair. Mein Gerechtigkeitssinn war schon als Kind sehr ausgeprägt. Und so ging mir das gewaltig gegen den Strich. Ich schwor insgeheim, mit jedem Neuankömmling, der das gern wollte, Englisch zu sprechen. Das tat ich, und ich denke, es wurde mir auch gedankt von einigen neuen Mitschülern. Eigentlich hätte das ja sowieso selbstverständlich sein sollen. In dem internationalen buddhistischen Zentrum, in dem ich heute wohne, gibt es eine ähnliche Situation – aber ohne »böse« Absicht dahinter natürlich. Für mich ist es einfach nur gesunder Menschenverstand die

Sprache zu sprechen, die alle am Tisch verstehen, statt jemanden auszuschließen, nur weil viele am Tisch deutsch oder tschechisch oder
welche Sprache auch immer sprechen und es einfacher ist, die eigene
Sprache zu sprechen. Man verbaut sich selbst damit völlig unnötig so
viele nette Kontakte und Möglichkeiten – und schließt andere aus.

Die sinnvollen Dinge hatte die deutsche Schule von den amerikanischen Highschools übernommen: riesige moderne Sportanlagen mit großem Swimmingpool,
jeweils einzelne Spielfelder für
American Football, Baseball, Basketball und Volleyball, Nachmittagsunterricht und jede Menge
anspruchsvolle Kulturprojekte. Ich
fand mich mit dem Schulchor bei
einer Einweihungszeremonie für den
damaligen Bundeskanzler und ein anderes Mal für die »Maria« im Musical
»West Side Story«. Und Sport hatte vorher mit Sicherheit noch nie so viel Spaß
gemacht wie in diesen Anlagen!

Doch das glamouröse und vielseitige Drumherum in Amerika konnte auf Dauer auch nicht darüber
hinweghelfen, dass die Ehe meiner Eltern völlig zerrüttet war. In den
achtziger Jahren und besonders in den elitären Kreisen, in denen meine Eltern sich in Washington bewegten, war es schon fast ein Skandal,
als mein Vater seine zweite Ehe endgültig verloren gab und zu seiner
neuen Freundin, einer schwarzen Amerikanerin, zog. Mit tränenüberströmtem Gesicht entschuldigte er sich wieder und wieder bei mir,
dass er einfach nicht mehr mit meiner Mutter zusammen sein könne
und es für uns alle das Beste sei, dass er auszog.

Zwanzig Jahre später fand auch ich mich in einer recht ähnlichen
Situation – litt aber viel weniger als sie. Ich war noch gar nicht Buddhistin, als ich wenige Wochen nach einer Eileiterschwangerschaft
herausfand, dass mein Ehemann eine Affäre hatte. Aber scheinbar

hatte ich doch schon unbewusst das grundlegendste und vielleicht auch nützlichste aller buddhistischen Prinzipien erkannt. Das Prinzip von Ursache und Wirkung – Karma. Die Lehre davon, dass wir selbst für all das verantwortlich sind, was uns geschieht. Wie mein Lama es manchmal formuliert – dass wir die Kakteen, in denen wir sitzen, vorher selbst gesät haben – wenn man das auch besonders in solchen unangenehmen Situationen natürlich sehr ungern hört und es leicht als Humbug abtun und verdrängen kann.

Und eigentlich ist das auch nicht nur buddhistisch, sondern schlicht gesunder Menschenverstand. Ich fiel jedenfalls in kein Loch, nachdem ich meinen in eine Andere verliebten Ehemann aus unserer Wohnung warf. Obwohl alle um mich herum das scheinbar erwarteten – wenn nicht sofort, dann doch zumindest mit leichter Zeitverzögerung. Ich war umgeben von mich bemitleidenden Menschen, die ehrlich gesagt manchmal schon fast enttäuscht oder zumindest ungläubig zu sein schienen, dass es mir Tage nach der Trennung bereits wieder erstaunlich gut ging und ich noch nicht einmal negative Worte über meinen untreuen Mann verlor. Stattdessen fiel es mir leicht, anderen zu erklären, was vermutlich zu dieser Trennung geführt hatte – und dass ich daran mit Sicherheit nicht unbeteiligt und mein zukünftiger Exmann damit auch nicht der »böse Bube«, der an allem schuld ist, sein konnte.

Zum Einen lag meine Stabilität sicherlich daran, dass der tatsächlichen Trennung Monate und Jahre der Krise vorausgegangen waren. Frauen haben für solche Tendenzen ein sehr gutes Gespür, wohingegen Männer tatsächlich oft aus allen Wolken fallen, wenn sie zum Beispiel »plötzlich« vor den Scherben ihrer Ehe stehen.

Zum Anderen ging mir auch der Gedanke nicht aus dem Kopf, dass dieser Seitensprung meines Mannes eigentlich etwas war, was ich Jahre zuvor selbst jemandem anderes angetan hatte: ihn vermeintlich unsterblich verliebt mehr oder weniger direkt anzuflirten, obwohl er eine feste Freundin hatte und sich redlich bemühte, ihr treu zu sein. Könnte das vielleicht doch so etwas wie das berühmte Karma gewesen sein? Heute bin ich mir sicher, dass mich nur genau der Boomerang am Kopf traf, den ich Jahre zuvor selbst losgeschickt hatte – wenn nicht sogar Leben zuvor.

G leich nach »Erleuchtung« ist der buddhistische Begriff, mit dem die meisten Menschen etwas anfangen können, das Wort »Karma«. Was das aber genau bedeutet, wissen dann vielleicht doch nicht alle.

Es bedeutet »Ursache und Wirkung«– nicht etwa Schicksal! Schicksal ist etwas, das unabänderlich ist und dem man sich fügen muss – und das gibt es im Buddhismus nicht. Das grundlegende Prinzip der Kausalität bedeutet, dass jeder für sein eigenes Leben verantwortlich ist. Eine bestimmte Handlung führt zu einem bestimmten Ergebnis. Immer. Wer Äpfel sät, erntet Äpfel, und wer Zitronen sät, erntet nichts anderes als Zitronen. Eine positive Handlung wird zu einem Resultat von positiver Natur führen – also zu Freude und Glück. Auf der anderen Seite wird eine schädliche Handlung unausweichlich ein geistig oder körperlich schmerzhaftes Resultat –also Leiden – bewirken. Wir erleben in unserer heutigen Welt die Resultate früherer Gedanken, Worte und Handlungen, und mit unseren jetzigen Handlungen von Körper, Rede und Geist bestimmen wir unsere Zukunft. Dieses Verständnis hilft, künftige negative Erlebnisse zu vermeiden und ermöglicht den bewussten Aufbau von positiven Eindrücken, die zu Glück führen.

Natürlich basiert dieses Verständnis von Ursache und Wirkung auf dem Prinzip der Wiedergeburt, dass für uns Westler auf den ersten Blick manchmal etwas schwer vorstellbar ist. Nicht zuletzt deswegen, weil wir uns normalerweise schlicht nicht an unsere vorherigen

Leben erinnern können. Welche karmischen Eindrücke aus welchen Leben in Zusammenhang mit welchen anderen und in welcher Intensität in einer Lebenssituation jeweils wirksam sind, lässt sich – so heißt es – nur von den Buddhas genau beantworten.

Karma ist der buddhistischen Vorstellung entsprechend aber nicht mit Schicksal gleichzusetzen, sondern ist ein dynamisches Modell. Unser Leben ist zum Teil als karmische Wirkung festgelegt, zum Teil ist es aber frei gestaltbar. Was wir erleben ist zu einem Teil direktes Karma und entspringt zu einem Teil unserem Umgang mit den damit einhergehenden Begleitumständen. Als allgemeine Regel kann auf jeden Fall gesagt werden: Möchte man wissen, wie man im letzten Leben gehandelt hat, blicke man auf sein jetziges Leben, denn man erlebt gerade die Resultate früherer Handlungen. Möchte man wissen, wie man in Zukunft sein wird, schaut man ebenfalls auf sein jetziges Leben, denn man setzt gerade die Ursachen für spätere Erlebnisse und Erfahrungen. Daher haben wir nicht gestern und auch nicht morgen, sondern immer nur hier und jetzt die volle Freiheit, zu tun, was zu dauerhaftem Glück und Freiheit führt.

Auch in unserem Alltag lassen sich bei bewusstem Hinschauen natürlich schnell Beispiele dafür finden, dass es aus dem Wald herausschallt, wie wir hineinrufen. Oder noch eine schöne Metapher: das wir die Kakteen oder Blumen gesät haben, in denen wir jetzt sitzen. Den Film, in dem wir die Hauptrolle spielen, suchen wir uns selbst aus und haben die Wahl, ob wir die positiven Szenen bevorzugen oder die sinnlosen, Zeit und Glück verschwendenden Dramen. Komödie oder Tragödie – unsere eigene Wahl. Wir sind nicht das hilflose Opfer, das mitspielen muss. Das sind doch ziemlich gute Nachrichten, oder? Wir sind der Regisseur in unserem eigenen Film, in unserem eigenen Leben. Denn Probleme haben nur die Macht und Energie, die Du ihnen gibst!

Wir haben unser Glück also selbst in der Hand – Ursache und Wirkung! Das lässt sich im Kleinen schnell feststellen. Wenn wir gut gelaunt durch die Gegend laufen, begegnen uns doch ständig so viele nette Menschen, lächeln uns an und tun uns Gefallen, nicht wahr? Wenn wir selbst mit frustriertem Gesichtsausdruck herumlaufen, sehen auch die Reaktionen der anderen meist entsprechend weniger rosig aus. In genau diesem Moment zu bemerken, dass man das vielleicht ja tatsächlich selbst verursacht – das ist nicht so einfach. Meist ist man schon dabei, wütend oder traurig über das Verhalten der Anderen zu sein und ist dadurch nicht mehr in der Lage, die Situation wirklich souverän zu meistern. Man reagiert schnell unüberlegt und setzt damit wieder neue negative Eindrücke durch unreflektierte und grobe Worte, Taten oder auch nur durch seinen Gesichtsausdruck und seine Gedanken in die Welt. Die laden dann diese sowieso schon angespannte Situation noch mehr auf und so befindet man sich in einer Abwärtsspirale, in der man mit Sicherheit meist mehr Gesicht verliert als gewinnt.

Das ist einer der Hauptgründe, warum Buddhisten meditieren. Regelmäßige Meditation ermöglicht es, diese Situationen zu beherrschen. Man kann sie dann mit gesundem, schützendem Abstand betrachten. Im Buddhismus ermöglicht Meditieren das Meistern von starken Gefühlen und anderen Störungen, die uns negativ handeln lassen würden. Die Meditationen haben das Ziel, den Geist zu beruhigen und an einer Stelle zu halten. Das bedeutet aber nicht wie viele glauben, dass man keine Gedanken haben darf. Man lernt nur, ihnen in der Meditation keine Beachtung zu schenken – dann werden sie irgendwann von selbst weniger und weniger. Man wünscht, Abstand und Raum zwischen dem, was erlebt oder sieht, und den Erlebnissen oder dem Gesehenen zu schaffen. Und wenn so die Wellen der Eindrücke im Geist zur Ruhe kommen, entsteht die befreiende Einsicht, dass das verletzliche »Ich« nicht wirklich existiert. Da ist bei genauer Betrachtung rein gar nichts, was dauerhaften Bestand hat – und damit auch nichts, was verletzt werden kann, egal, was einem passiert. Aber wir haben normalerweise nicht den Abstand zu unseren Erlebnissen und Gefühlen, um das erkennen zu können. Deswegen halten wir sie für echt und messen ihnen unglaublich viel Bedeutung und Kraft bei – obwohl sich die Welt und damit auch unsere Gefühle doch ununterbrochen verändern. Diese Probleme waren gestern noch nicht da, verändern sich heute ständig und haben sich sicherlich bald in der Zukunft wieder aufgelöst. Warum als jetzt Energie hinein geben und sie damit nur unnötig groß und mächtig machen?

Wer unter den Laborbedingungen einer Meditation solche Zustände von Freiheit und Abstand von allem erfährt, wird es dem Buddhismus nach mehr und mehr auch im täglichen Leben können. Das Plus an Gelassenheit und Weitsicht, das bei regelmäßig Meditierenden mehr und mehr offensichtlich ist, gibt die Möglichkeit, unangenehmen Erlebnissen, Menschen oder Konflikten mit mehr Bedacht zu begegnen. Man hat die nötige Distanz, um die Situation als das einzuordnen, was sie ist: Man ist nicht das unschuldige hilflose Opfer von bösen Menschen oder widrigen Umständen, sondern hat all das selbst verursacht. Und man hat in diesem Moment des Konfliktes die Wahl, diese karmischen Altlasten auf Nimmerwiedersehen aufzulösen und sogar in etwas Gutes zu verwandeln – oder noch mit zusätzlichen schlechten Eindrücken um sich zu werfen, die garantiert ebenfalls wieder zu einem zurückkommen werden. Auf den Bumerang ist Verlass!

Will man also selbst sein Leben steuern und etwas Sinnvolles und Bewusstes daraus machen – dann sollte man besser davon ausgehen, dass das Prinzip von Ursache und Wirkung immer und überall arbeitet. Und dann haben wir alle Karten selbst in der Hand. Jede Energie, die wir abgeben, kommt zu uns zurück. Deshalb kann es auch etwas grundsätzlich Böses, Schlechtes gar nicht geben – so etwas wie einen Teufel oder Satan oder ähnliches. Etwas durch und durch Negatives würde sich selbst zerstören. Unausweichlich. Noch eine gute Nachricht!

Ich finde es faszinierend und sehr nützlich, mir ab und zu klar zu machen, was für einen riesigen Effekt auch nur winzige Gesten, Taten oder auch nur Gesichtsausdrücke im Alltag haben können. Zu erkennen, dass wir ständig und meist unbewusst Kettenreaktionen wie Dominosteine auslösen, ist sehr nützlich – und macht glücklich. Es gibt den berühmten physikalischen Effekt, dass der Schlag eines Schmetterlingsflügels bereits das Wetter beeinflussen kann. Viel besser nachzuvollziehen ist allerdings – zumindest für mich – ein anderes Beispiel.

Mal angenommen, ich gehe morgens zur Arbeit. Noch ein bisschen schlaftrunken, weil die Tasse Morgenkaffee ihre Wirkung noch nicht voll entfaltet hat. Im Rushhour Getümmel der U-Bahn kommt mir ein eher mies gelaunt dreinschauender und ebenfalls noch halb verschlafener Mann entgegen.

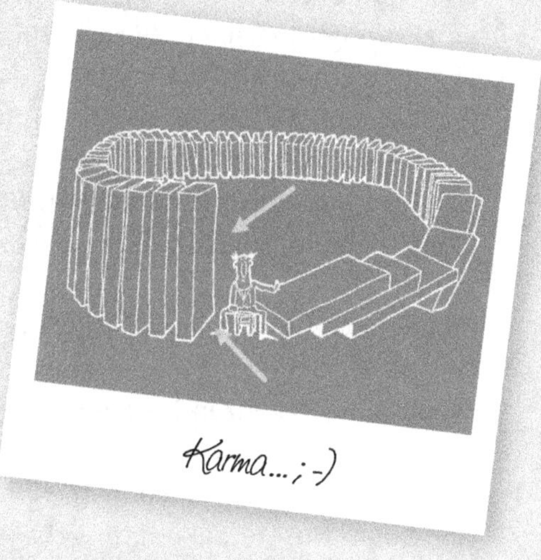

Wäre Ihre spontane Reaktion jetzt vielleicht auch, den Blick lieber weiterschweifen und sich lieber dem nächsten erfreulichen Schaufenster oder anderem positiverem zuzuwenden? Verständlich. Spannend aber, mal zu überlegen was passieren kann, wenn man stattdessen einfach mal den Griesgram »ohne Grund« im Vorbeigehen anstrahlt... Vielleicht hat der Arme nicht nur aus Mangel an Morgenkaffee so unfreundlich geguckt. Mit an Sicherheit grenzender Wahrscheinlichkeit hat noch einiges andere zu seiner Laune beigetragen – die er ja nur noch schlimmer macht, wenn er mit so einem Gesicht durch die Gegend rennt – und dementsprechend auch fast nur in Gesichter schauen wird, die ihm das widerspiegeln. Aber wir sind jetzt mal experimentierfreudig und lächeln den Mann freundlich an. Der ist so perplex über das ungewohnt freundliche

Gesicht, das ihm entgegenstrahlt, dass er es gar nicht schafft, rechtzeitig im Vorbeigehen zurückzulächeln. Macht nichts. Es geht nicht darum, was ich bekomme, sondern was ich geben kann!

Er freut sich nämlich bestimmt trotzdem, dass ihn – ausgerechnet ihn, obwohl er doch nun optisch wirklich nicht gerade der Schwarm aller Frauen ist – diese attraktive Frau einfach ohne Grund angelächelt hat. Und kommt deshalb plötzlich mit deutlich besserer Laune als vorher in seinem Büro an. Immer noch beschwingt, schaut er zum ersten Mal seit Monaten die Empfangssekretärin beim Hereinkommen an und macht Ihr ein Kompliment, wie gut Ihr doch ihr neues Kleid steht. Die ist ebenfalls ziemlich erstaunt, wo ihr Chef doch normalerweise bestenfalls im Vorbeigehen so etwas wie einen Morgengruß murmelt und sie sich sonst eher wie Luft für ihn fühlt.

Da hat auch sie plötzlich richtig gute Laune und vergisst sogar fast den Streit, den sie am Vorabend zuhause mit ihrem Mann hatte. Sie strahlt den ganzen Tag jeden Besucher und Kurierfahrer an, der am Empfangstresen vorbeikommt. Was das wiederum bei diesen ganzen Leuten auslöst, können wir hier unmöglich auch noch aufschreiben. Unsere Sekretärin geht jedenfalls abends nach Hause und beschließt, Ihren Mann trotz der Auseinandersetzung am Morgen nach langer Zeit mal wieder mit italienischem Essen, einer Flasche Wein und Kerzenlicht zu überraschen, statt nach dem Streit weiter zu schmollen. »Schmollen« ist übrigens Norddeutsch und bedeutet soviel wie »beleidigt sein«. Zum ersten Mal seit Monaten nehmen die beiden sich bei dem netten Essen mal wieder richtig Zeit füreinander. Sie verbringen zum ersten Mal seit Wochen eine richtig aufregende und romantische Nacht. Was vielleicht neun Monate später passiert... das überlassen wir jetzt mal Ihrer Fantasie.

Sicherlich ist jetzt klar, welchen Dominoeffekt ich hier deutlich machen möchte. Jede noch so kleine Aktion, und jede große Tat natürlich noch viel mehr – hat für uns nicht einsehbare, sich überall multiplizierende Folgen. Wie ein Dominostein, den wir anstoßen, der wiederum drei andere Dominosteine anstößt, die wiederum ihrerseits jeweils drei... und so weiter. So haben wir jeden Moment die Wahl, ob wir bewusst unendlich viele gute Eindrücke in die Welt setzen wollen, die irgendwann zu uns zurückkommen – oder negative.

Und es macht auch einfach nur riesigen Spaß, sich für die guten Eindrücke und dafür, anderen etwas Gutes zu tun, zu entscheiden. Mehr noch – zu merken, dass all das früher oder später und häufig sogar sofort wieder zu einem zurückkommt. Mehr und mehr wird einem klar, was für große Kraft man so hat und wie vielen Wesen man mit den kleinsten Aufmerksamkeiten sehr helfen und sie glücklicher machen kann. Lama Ole Nydahl schreibt in seinem Buch „Wie die Dinge sind", dass in unserer Zeit von Internet, Zeitmangel und Glas-Beton-Fassaden, in denen man kaum noch direkt miteinander sprechen kann, das wertvollste Gut, dass man den Menschen geben kann, vielleicht menschliche Wärme und Nähe sei. Und wie einfach ist das zu geben – es kostet ja noch nicht einmal was und macht auch für einen selbst den Alltag so viel schöner und wertvoller.

Das sind großartige Nachrichten, die unser Leben immens bereichern können. Jeder will eigentlich nur eines: glücklich sein. Und jeder freut sich über menschliche Wärme, Zuwendung und die Offenheit anderer! Aus diesem Wissen heraus mitfühlend handeln zu können und die Früchte diese Handlungen zu ernten, macht einfach reich und frei. Aber es gehört eine Menge dazu, diese Sicht in allen Situationen halten und entsprechend mitfühlend handeln zu können. In stressigen Situationen, konfrontiert mit sich unmöglich benehmenden Zeitgenossen oder schwierigen Umständen ist das für Nicht-Meditierende manchmal aber einfach quasi unmöglich.

Regelmäßiges Meditieren ermöglich es einem, in allen Situationen des Alltags einen gewissen geistigen Abstand zu den Geschehnissen halten und dementsprechend umsichtig und sinnvoll agieren zu können. Und so mehr und mehr Blumen zu sähen statt Kakteen, in denen man dann früher oder später selbst säße.

Der Sinn von Meditation ist es, zu erfahren, dass es etwas in uns gibt, das unzerstörbar ist und uns von niemandem weggenommen werden kann. Und das ist der Geist. Im Buddhismus sagt man, dass der Geist »klares Licht« ist. Klingt ein bisschen seltsam, ich weiß. Das liegt daran, dass das Erfahren dieses Zustands schlicht jenseits von Worten ist. Deswegen meditiert man ja, um es selbst erleben zu können. Ein Buch darüber zu lesen wäre nur begrenzt sinnvoll. Man kann ja auch jede Menge Bücher darüber lesen, wie es ist, jemanden zu lieben oder einen Orgasmus zu haben. Sie werden einem aber nie eine wirkliche Erfahrung schenken können, wie wundervoll das wirklich ist. Das muss man schon selbst erleben.

Meditierende Menschen bleiben in Konfliktsituationen bewusster und sind dadurch mehr Herr oder Frau der Lage. Sie wissen, dass dieses Erlebnis und alle Bedingungen, die dazu geführt haben, sich ständig ändern. Sie waren gestern so nicht vorhanden und werden morgen mit Sicherheit schon wieder ganz anders sein. Warum also jetzt unnötige Energie damit verschwenden und sein Karmakonto in die Miesen bringen!

Aber in erster Linie ermöglicht die Meditation einem in allen Situationen, sich an einen der grundlegendsten buddhistischen Gedanken zu erinnern:

Alle Menschen, alle Tiere – alle Wesen wollen glücklich sein und Leid vermeiden.

Alle.

Ohne Ausnahme.

So einfach ist das eigentlich!

Warum verhalten sie sich dann so dumm und fügen uns selbst und anderen auch noch Schaden und unangenehme Erlebnisse zu?

Weil sie nicht Herr der Lage sind und das Prinzip von Ursache und Wirkung nicht verstanden haben – oder es zumindest noch nicht anwenden können. So stehen sie sich selbst im Weg und stolpern über Steine, die sie sich selbst und anderen vorher in den Weg geworfen haben. Sie geraten dadurch, dass sie sich dann auch noch als Opfer sehen und negativ und unüberlegt reagieren, tiefer und tiefer in den Schlamassel. Wenn sich also jemand dumm oder unverschämt verhält – wäre es mit diesem Wissen nicht unsportlich, auch noch verbal oder anders hinterher zu treten, wenn er oder sie schon auf dem Boden liegt? Zumal man ja wie gesagt damit für sich selbst negative Samen für die Zukunft säen würde!

»Big dogs don't need to bark« – Große Hunde müssen nicht bellen, sagt mein Lama immer. Sie müssen nicht laut sein, um eine Situation zu beherrschen. Und das »groß« bezieht sich natürlich in erster Linie auf geistige Reife, nicht auf Körpermaße. Wut und Zorn sind niemals etwas anderes als ein Zeichen von Schwäche. Wenn man wütend und zornig ist, kann man niemals Herr der Situation sein. Und was Zorn aus buddhistischer Sicht mit dem Karma eines Menschen anstellt und zu was für wenig erfreulichen Wiedergeburten das führen kann – will man vielleicht gar nicht im Detail erfahren.

Karma selbst reift vollständig heran, wenn vier Faktoren zusammenkommen: man ist sich einer Sache voll bewusst, man wünscht etwas zu tun, man tut es oder lässt es tun und man ist hinterher zufrieden mit dem Resultat. Tut man etwas, ohne es wirklich zu wünschen, wird die Wirkung der Tat, also das Karma, dadurch abgeschwächt. Das gilt sowohl für positive als auch für negative Taten.

Mit diesem Wissen kann man auf Dauer eigentlich gar nicht anders, als Mitgefühl zu entwickeln und den Wesen aus dem selbst verursachten Schlamassel heraushelfen zu wollen. Es ist ein unglaublich befreiendes und gutes Gefühl, nach einiger Zeit der Meditation festzustellen, wie wenig man sich selbst von solchen Erlebnissen noch tangieren lässt und was für wundervolle Möglichkeiten sich eröffnen, wenn man immer häufiger die Souveränität hat, diese Situationen sogar umzudrehen und für alle Beteiligten in etwas Sinnvolles zu verwandeln, dass sie in ihrer persönlichen Entwicklung weiterbringt. Für mich ist es einfach ein großes Geschenk, durch Meditieren die Wahl zu haben, ob ich mir die schlechten Film anschaue oder doch lieber die guten – und zu wissen, dass ich meine Zukunft selbst in der Hand habe, weil ich mein Karma selbst bestimme.

Wie die Wissenschaft herausgefunden hat, bleiben im rechten Vorderlappen und der Amygdala im Zentralhirn Eindrücke von schädlichen Taten, Worten und Gedanken lange gespeichert. Sie verfärben als Launen und Störgefühle die Erfahrungen. Mitunter übernehmen sie die Steuerung von Körper und Rede. Dann zerstört man etwas, blamiert sich oder schafft sich Feinde.

Noch schwieriger als direkte Reaktionen auf sein eigenes Handeln ist sicherlich zu verstehen, mit welcher Handlung – die ja schon länger als ein Leben zurückliegen kann – man welches Erlebnis in der Gegenwart selbst verursacht hat. Diese karmischen »Altlasten« lassen sich normalerweise nicht zurückverfolgen. Generell ist es erst einmal wichtig zu wissen, was man im Alltag tun kann, um sein Speicherbewusstsein bestmöglich von Eindrücken zu befreien, die zu späteren Leiden in diesem Leben, nach dem Tod oder in künftigen Leben führen würden. Im Theravada Buddhismus, dem sogenannten Kleinen Weg, gibt es dafür vier ausschlaggebende Faktoren, die als Gegenkräfte wirken: Man bedauert erst einmal, dass man etwas Schädliches, was zu künftigen Leiden führt, getan, gesagt oder gedacht hat. Man wünscht, den Geist von diesen schädlichen Eindrücken zu befreien. Man entscheidet sich das Leidbringende nicht zu wiederholen. Man versucht entstandenes Leid durch die Anwendung von Gegenmitteln bewusst umzukehren.

Um zu verhindern, dass all diese negativen Eindrücke, die wir in diesem und unendlich vielen Leben zuvor einmal gesät haben und die in unserem Unterbewusstsein noch gespeichert sind, zu negativen

Erlebnissen »heranreifen« können, gibt es im Vajrayana Buddhismus zudem tiefgreifende Meditationen. Mit denen kann man diese negativen Eindrücke auf dem »Karmakonto« sozusagen löschen. Klingt zu schön um wahr zu sein – lässt sich aber bei Anwendung der Meditationspraxis wunderbar selbst erfahren – wie bei allem anderen im Buddhismus muss man nichts »glauben« – man prüft und erfährt selbst.

Eine solche ist zum Beispiel die Meditation auf »Diamantgeist« (tib.: Dorje Sempa, skt.: Vajrasattva). Man stellt ihn sich als strahlend schöne, transparente Gestalt aus Licht und Energie über seinem Kopf vor – weiß und klar wie Kristall. In der rechten Hand hält er ein Diamantzepter, einen Dorje, in der linken an seiner Hüfte eine Glocke – die Symbole

Diamantgeist (tib. Dorje Sempa)

für Freude und Raum, für Weisheit und Mitgefühl. Mit der vielfachen Wiederholung seines 100-silbigen Mantras und der dazugehörigen Meditation lassen sich negative Eindrücke aus vergangenen Lebzeiten neutralisieren. Diese Meditation ist eine der wichtigsten in der »Grundschule« des Tibetischen Buddhismus. Sie ist eine der Grundübungen – tibetisch »Ngöndro« und klingt ein bisschen zu nützlich, magisch und gleichzeitig zu einfach, um wahr zu sein. Aber genau das ist die Faszination der hochwirksamen Mittel im Buddhismus. Man kann nach und nach selbst erfahren, dass sie tatsächlich funktionieren. Glauben oder ungeprüft für bare Münze nehmen muss man im Buddhismus im Vergleich zu einigen anderen Religionen gar nichts. Es hilft, Offenheit und ein bisschen Vertrauen mitzubringen – das ermöglicht eine schnellere Entwicklung. Aber im Buddhismus führen alle Wege früher oder später zum Ziel.

Buddha Shakyamuni wusste das. Er lehrte 45 Jahre lang und starb erst im Alter von 80 Jahren. 84.000 Erklärungen hinterließ er, die nach seinem Tod in 108 Bänden, dem Kangyur, aufgeschrieben wurden. Deshalb hat auch die Mala, die Meditationskette, 108 Perlen. In weiteren 254 Büchern, dem Tengyur, sind die später gegebenen Erläuterungen von Buddhas direkten Schülern überliefert.

Aber niemand muss all diese Werke durchlesen, um den buddhistischen Weg zu gehen. Sie sind mehr wie eine Apotheke, in der man sich das speziell für seine Entwicklung Passende heraussucht. Und genau wie es in der Apotheke viele unterschiedliche Pillen für viele unterschiedliche Bedürfnisse gibt, so gibt es viele buddhistische Erklärungen für die unterschiedlichsten Menschen.

Manche Menschen haben einen intellektuell-philosophischen Zugang und verstehen die buddhistische Lehre nach und nach, indem sie diese diskutieren, hinterfragen und analysieren. Sie »zweifeln« sich sozusagen ihren Weg zur Erleuchtung. Das kann ein bisschen dauern, führt aber auch zum Ziel. Was für diese kritischen Menschen die Lehren Buddhas so interessant macht – sollte die Wissenschaft jemals im einen oder anderen Punkt Teile der buddhistischen Lehre hieb- und stichfest widerlegen – der Buddhismus würde sich dem unterordnen. Doch die moderne Wissenschaft gibt dem Buddhismus eher immer mehr Recht und hat bislang noch keine Widersprüche finden können. Die Atomphysik versucht immer noch mit größter Anstrengung zu beweisen, dass unsere Welt tatsächlich existiert. In riesigen Kernschleudern wie zum Beispiel im schweizerischen Cern wird mit riesigem Kostenaufwand versucht, ein Kleinstteilchen Materie zu finden, das wirklich Bestand hat und nicht mehr weiter teilbar ist – bislang ohne Erfolg. Für Buddhisten wäre es keine große Überraschung, wenn am Ende dieser Forschungen herauskäme, dass die Welt tatsächlich ein großer gemeinsamer Traum ist – und nichts darin zu finden ist, das sich nicht früher oder später wieder verändert und im Raum auflöst. Und dass aber auf der anderen Seite alle Phänomene und jede Materie aus dieser

Leerheit entstehen können. So wie Wissenschaftler auch einen hermetisch geschlossenen Raum von jeglicher Materie entleert haben und dieses Vakuum sich wieder mit Teilchen füllte.

Andere Menschen haben einen eher intuitiven Zugang – sie spüren recht schnell, dass ihre Einstellung eigentlich schon immer ziemlich buddhistisch war, bevor sie überhaupt mit den Lehren Buddhas in Berührung kamen. Die Werte der freien westlichen Welt decken sich in der Tat in großen Teilen mit den Grundprinzipien des Buddhismus. Das liegt sicherlich daran, dass diese Grundsätze mehr gesunder Menschenverstand sind als irgendeine abgehobene Philosophie oder dogmatische Religion. Wenn solche Menschen dann auch noch anfangen zu meditieren, dann haben sie meist sehr schnell große Freude an dem Zustand, den man durch das Beruhigen des Geistes erfahren kann. Sie entdecken das faszinierende Zusammenspiel eines gesunden Abstandes zum Alltagsgeschehen, ermöglicht durch regelmäßige Meditation, und des buddhistischen Wissens – über Ursache und Wirkung und darüber, dass eigentlich alle Wesen nach Glück streben und es viel spannender ist, ihnen dabei zu helfen, das zu erreichen, als ständig auf sich selbst und seine Luxusproblemchen fokussiert zu sein. Und so springen solche Menschen oft fröhlich ins Wasser und schwimmen los, als hätte man ihnen endlich das richtige Element zum Fortbewegen gegeben. Dann sind einem schnellen Wachstum Richtung grenzenloser Lebensfreude und mitfühlender Tatkraft zum Besten von Anderen quasi keine Grenzen mehr gesetzt.

Deswegen also gab Buddha Shakyamuni so viele unterschiedliche Lehren – für viele unterschiedliche Menschen. Das macht Buddhas letzte Worte verständlich, als er mit 80 Jahren seinen Körper verließ: »Ich kann glücklich sterben. Ich habe keine einzige Belehrung in einer geschlossenen Hand behalten. Alles, was euch nützt, habe ich euch schon gegeben.« Aus diesen unterschiedlichen Belehrungen für unterschiedliche Menschen entstanden nach seinem Tod die unterschiedlichen buddhistischen Schulen.

M ein späterer Ehemann und ich trafen uns bei der Arbeit. Das Internet fing zum Ende der 90er Jahre gerade an, in Deutschland überhaupt wahrgenommen zu werden, und die Wirtschaft boomte. Die Zeitschriftenbranche war ein Schlaraffenland, in dem unglaublich viel Geld für die Entwicklung hochwertiger Lifestyle-Magazine ausgegeben wurde. Das Geld lag quasi auf der Straße.

Wir waren beide als freiberufliche Grafikdesigner gut damit beschäftigt, solche Zeitschriften zu entwickeln – und dem damit einhergehenden glamourös-coolen Lifestyle der 90er zu huldigen. Das hieß in einigen meiner freien Engagements, bevor ich meinen zukünftigen Mann kennenlernte tatsächlich, so um 11 zur Arbeit zu kommen, drei Stunden zu arbeiten, eine zweistündige Mittagspause in irgendeinem teuren, durchgestylten City Restaurant zu verbringen und dann nach ein paar weitere Stunden Arbeit beim Nobel-Italiener mit Antipasti, Prosecco und Grappa Feierabend zu machen. Selten gab es Stoßzeiten, in denen wir die Nächte durcharbeiteten. Und wenn, dann war das irgendwie auch cool. Leicht divenhaftes Benehmen gehörte schon fast zum guten Ton gefragter Zeitschriftendesigner. Sprüche wie »Der Verlag muss mir schon einen Fernseher ins Büro stellen, damit ich zur Inspiration MTV gucken kann«, waren an der Tagesordnung und durchaus ernst gemeint! Ähnlich dem Phänomen der exorbitant überbezahlten Topmodels Ende der Neunziger gab es auch unter gefragten Mediendesignern Sprüche wie »Für weniger als 10.000 Mark Honorar steige ich gar nicht erst aus dem Bett«.

Viele Wochenenden gingen in erster Linie dafür drauf, dass man entweder im Cabrio nach Italien an den Comer See oder mit dem Flieger nach London zum Shoppen düste. An die nahe Nordsee oder Ostsee zu fahren ging natürlich auch. Jil Sander, Armani und Prada kombiniert mit H&M waren der uniforme Dresscode, und die Apartments waren natürlich ebenfalls entsprechend durchgestylt.

Es fing damit an, dass wir einander vom ersten Moment an nicht besonders leiden konnten – oder zumindest ein seltsam angespanntes Verhältnis hatten. Ich erinnere mich genau an den Moment, in dem ich in meiner immer zu schnellen, ungestümen Art, die einige meiner Freundinnen gern mit einem Fohlen vergleicht, um die Ecke in mein Büro stürmte – voll in ihn hinein.

Als ich an ihm hoch schaute, wer mich da so abrupt gebremst hatte, machte es »klick«. Zumindest bei mir. Und fortan saß dieser Typ mit dem markanten Gesicht, Fünftage-Bart, dunkelbraunen, silbermelierten Zopf in Designerklamotten am Schreibtisch mir gegenüber. Ich war beeindruckt und mein Interesse definitiv geweckt. Jemand, der offensichtlich jede Menge Stil hatte – und mir abwechselnd ordentlich Kontra gab, mich aufzog und herausforderte und zwischendurch seien kratzbürstigen Charme spielen ließ. Er strahlte eine wahnsinnig angenehme Ruhe aus, die mir irgenwie Geborgenheit in diesem rastlosen Verlagsleben vermittelte.

Aber das war mitnichten der Anfang einer unkomplizierten Romanze, wie schon erwähnt. Er hatte eine Freundin – und das romantischste, was aus meiner Sicht passierte, war, dass wir uns regelmäßig und wenig charmant von einem Schreibtisch zum anderen mit Mandarinenschalen, Radiergummis und Nussschalen bewarfen. Er fing irgendwann an, die tatsächlich sichtbaren »Einschusslöcher« der Flugobjekte, die ihn knapp und stattdessen die Pinnwand hinter ihm getroffen hatten, mit Datum und Namen des Wurfobjektes zu bezeichnen... das kam noch erschwerend hinzu – der Mann hatte meine Art von Humor, der rabenschwarz sein konnte. Ich freute mich diebisch, wenn es mir zum Beispiel gelang, einen nassen Teebeutel auf seinem Bürostuhl zu platzieren, ihn in ein ablenkendes Gespräch zu verwickeln, so dass er seinen Stuhl während des Hinsetzens keines Blickes würdigte – um genüsslich und grinsend dabei zuzusehen, wie er langsam irritiert die Augenbrauen kräuselte und sich sein Gesichtsausdruck zunehmend verfinsterte. Aber er nahm es sportlich, lachte mit – und ich habe verdrängt, wie er sich dafür gerächt hat. Aber das hat er mit Sicherheit!

Wie so viele Großstadtromanzen begann dann auch unsere im Büro und »eskalierte« auf einer Weihnachtsfeier. Man kann, muss es aber nicht romantisch finden, unter welchen Umständen wir uns das erste Mal küssten. Nach einem ziemlich zivilisierten Weihnachtsessen in einem sehr schönen Restaurant, wie es in der Hamburger Verlagsbranche üblich war, gingen wir mit einigen Kollegen in den mit Abstand glamourösesten Stripclub auf der Hamburger Rotlichtmeile, der Reeperbahn. Dieser Laden war damals neu und geradezu revolutionär – plötzlich was es sogar als Frau hip und gesellschaftsfähig, ein solches Etablissement zu besuchen. Die Drinks waren lecker und teuer, das Interior glamourös und edel, und die männlichen und weiblichen Stripper sahen eher wie hochbezahlte Models für Mode-Magazine als nach Rotlichtviertel aus. So gesehen war es wohl ein Kompliment, dass er in dieser Nacht trotzdem wenig Augen für all die entblößte Schönheit auf der Bühne hatte und es vorzog, mich nach Monaten endlich zum ersten Mal zu küssen, möglichst schnell aus dem Club heraus zu bugsieren und mit mir einen romantischen, eng umschlungenen Nachtspaziergang auf der weltberühmten, neonlicht-illuminierten Reeperbahn machte. Wir hatten kaum drei Schritte in meine

Wohnung im edlen Hamburger Stadtteil Uhlenhorst gemacht, als wir uns schon die Kleider vom Leib rissen und eine wunderschöne, sehr leidenschaftliche Nacht verbrachten. Kaum war am nächsten Morgen die Wohnungstür hinter ihm zugefallen, lag ich in meinem zerwühlten Bett, und fragte mich, wo das jetzt hinführen würde.

Das war der Anfang einiger Monate, in denen ich – sehr verliebt – gewaltig darunter litt, dass er mich weiterhin auf Abstand hielt. Ich heulte mir regelmäßig bei herrlich depressiver Musikuntermalung die Augen aus dem Kopf, wenn er mal wieder durchblicken ließ, dass er auch nicht wirklich gedenke, offiziell« mit mir zusammen zu sein. Aber die Stunden, die wir miteinander verbrachten, waren natürlich wunderbares, leidenschaftliches Drama. So oder so – er schaffte es nicht, dieses Hin und Her zu beenden – und ich war nicht schlau und stark genug, ihn gehen zu lassen oder wegzuschicken.

Wir gaben unfassbar viel Geld für romantische Abendessen in edlen Restaurants aus. Das Highlight war es dann, wenn er es tatsächlich auf mein Drängen und Betteln hin mal schaffte, sich für ein ganzes Wochenende abzuseilen statt sich mitten in der Nacht wieder nach Haus zu verabschieden – aber das geschah nur alle paar Monate mal.

Ein alte Volksweisheit besagt: »Eifersucht ist eine Leidenschaft, die mit Eifer sucht, was Leiden schafft«. Wie wahr. Aus heutiger Sicht hätte ich mich damals dümmer kaum anstellen können. Durch das Meditieren und die buddhistischen Belehrungen, die ich mittlerweile bekommen habe, haben sich meine Sichtweise und meine Gefühle in Sachen Beziehungen so gründlich geändert, dass ich es manchmal selbst kaum fassen kann. Ich würde heute noch nicht mal mehr im Traum darauf kommen, etwas mit einem Mann anzufangen, der auch nur ansatzweise noch an jemanden anders gebunden ist. Mittlerweile ist es so natürlich für mich geworden, mich aufrichtig über das Glück eines jeden Paares zu freuen, dass es mir irgendwie gar nicht mehr in den Sinn kommt, mich koste es was es wolle in jemanden zu verlieben, der vergeben ist. Ursache und Wirkung arbeiten immer und es würde mich früher oder später wieder einholen – das sollte ich später in meiner Ehe noch merken. Wir sitzen halt wirklich in den Kakteen, die wir vorher selbst gesät haben – und die Konsequenzen daraus, aktiv eine bestehende Beziehung zu zerstören werde ich mir lieber nicht noch einmal antun! Und im Übrigen ist es so viel mehr erfüllend, sich aufrichtig über das Liebesglück anderer Paare freuen zu können, statt den eigenen Eifersuchtsdämonen Macht zu geben und sich immer wieder in selbst verursachtes Leid zu stürzen!

Ich war grün vor Eifersucht auf alles, was nicht mit mir zu tun hatte und machte ihm regelmäßig große Szenen. Es ist unglaublich, wie hartnäckig Eifersucht sein kann, und was sie mit einem macht. Sie hält sich im seltensten Fall an die Fakten und ist ständig damit beschäftigt, sich Horrorszenarien aus Vergangenheit und Zukunft auszumalen. Egal, wie fern jeglicher Realität diese Wahnvorstellungen auch sein mögen. Traurig, wie viel Lebens- und Liebesqualität und wie viel wunderschöne gemeinsame Zeit viele Menschen sich mit diesem völlig bodenlosen Gefühl vergiften und nehmen.

Dass meine Eifersucht und mein völlig unrationelles Verhalten ungerecht, auf Dauer deutlich jenseits des für ihn Zumutbaren und vor allem einfach nur sehr peinlich waren, begriff ich erst später. Ich fing an, mich damit zu beschäftigen und zu versuchen, dieses unrationelle Gefühl, dass so viel kaputt machte, zu kontrollieren.

Kommunikationsexperten und Paarberater auf der ganzen Welt raten bei Eifersucht zu einem eigentlich ganz nützlichen Vorgehen. Nämlich bewusst auf die Bremse und dann einen Schritt zurück zu treten, sobald einem bewusst wird, dass eine Eifersuchtsattacke heraufzieht. Dann fragt man sich, was eigentlich – so nüchtern wie möglich betrachtet – der Auslöser für dieses Gefühl ist. So präzise wie irgendwie möglich macht man sich bewusst, welcher Teil des ablaufenden Filmes tatsächlich Fakten sind und was eigentlich nur Fantasie, Spekulation und Mutmaßung. So zwingt man sich selbst, bei den Fakten zu bleiben und keine Gespenster zu sehen. Eigentlich nur gesunder Menschenverstand – für nicht-meditierende Menschen, die sich mitten in einer Eifersuchtsattacke finden, eine große Herausforderung, sich zu dieser nüchternen Analyse durchzuringen, statt sich in dem Drama der Gefühle zu wälzen und es an ihrer Umwelt und ihrem unschuldigen Partner auszulassen und damit so viel mehr kaputt zu machen, als der Partner es vermeintlich gerade durch sein Verhalten tut.

Hier mal ein typisches Beispiel, mit dem sich sicherlich viele identifizieren können: man kommt abends nach getaner Arbeit nach Hause. Der Tag war anstrengend, und man hat eigentlich schon den ganzen Nachmittag damit verbracht sich auszumalen, was für einen schönen Abend man mit seinem Partner verbringen wird, der bestimmt schon zuhause wartet: zusammen etwas kochen oder ins Kino gehen, einen kuscheligen Abend auf dem Sofa verbringen, oder früh ins Bett zu gehen und dort zusammen Spaß zu haben.

Und dann kommt man erwartungsvoll vor der Wohnungstür an und wundert sich, dass noch doppelt abgeschlossen ist. Eigentlich sollte der Liebste oder die Liebste doch längst zuhause sein...?!? So ist dann schon mal die Enttäuschung groß, dass sich der Verdacht nach einem unbeantwortet in der ausgestorbenen Wohnung verhallenden »Schatz, bist Du da?« bestätigt.

Na gut. Dann muss er wohl ein bisschen länger arbeiten. Kann man ja nutzen die Zeit. Schon mal unter die Dusche gehen, sich frisch machen und ihn frisch gestylt und im sexy Outfit zu überraschen, ist ja auch nicht verkehrt und macht den Abend bestimmt noch schöner! Auf dem Weg zur Dusche piept das Handy – SMS: »Schatz, wird etwas später, bin noch im Büro« Okay. Minuten später klingelt das Handy wieder – es ist die beste Freundin, die spontan einen trinken gehen möchte. Eigentlich ja eine nette Idee, aber geht nicht weil man ja später einen romantischen Abend mit dem Süßen verbringen möchte. Wird halt nur ein bisschen später. Also – sorry, liebe beste Freundin, aber heute abend musst Du bitte jemand anderes zum Ausgehen finden!

Doch nach dem Duschen ist er immer noch nicht zurück. Kleine Grübelattacke.... Hmm. Er hat ja ganz schön lange nichts mehr von dieser Kollegin in dem kurzen silbernen Kleid erzählt, mit der er sich auf der Weihnachtsfeier mindestens eine Stunde lang unterhalten hatte, ohne auch nur einmal woanders hinzuschauen....

Und so vergehen anderthalb Stunden, in denen man sich intensiv in all diese Fantasien reinsteigern kann. Wahrscheinlich ist es nicht die Arbeit, die ihn so lange im Büro hält, sondern ein Glas Wein mit den Kollegen – oder vielleicht nur der einen Kollegin von der Weihnachtsfeier? Auf die Antwort SMS – vor Stunden abgeschickt – hat er auch nicht geantwortet. Dabei stand da doch extra noch drin, wie sehr man sich auf ihn freut.

Voilà – die Eifersucht kocht und die Enttäuschung ist riesig. Jetzt ist es schon zehn Uhr, der Abend fast vorbei – und keine Chance, ihn noch zu dem zu machen, was er doch hatte sein sollen. Ich habe jedenfalls meinem Exmann oft genug eine Riesenszene gemacht, bevor er überhaupt die Wohnungstür schließen und die Tasche abstellen konnte. Und damit war der Abend dann natürlich wirklich gelaufen – und all diese für den Partner mehr oder weniger aus heiterem Himmel hereinbrechenden Dramen summieren sich natürlich irgendwann auch in großem Frust und schlimmstenfalls einem völlig ruinierten Vertrauensverhältnis (»Ich kann mir ja eh noch so viel Mühe geben und treu sein, sie dreht es sich eh anders zurecht«) und damit einer kaputten Beziehung.

Im Buddhismus ist Eifersucht eines der fünf sogenannten Hauptstörgefühle. Sie entsteht aus dem Bedürfnis, um jeden Preis festhalten und ausschließlich für sich haben zu wollen, was einem lieb und teuer ist – in diesem Fall den Partner.

Die fünf Hauptstörgefühle Unwissenheit, Stolz, Anhaftung, Eifersucht und Zorn sind im Vajrayana Buddhismus nicht wie in anderen Religionen sündhaft oder unsozial – sie sind sogar der Rohstoff auf dem Weg zur Erleuchtung. Denn man kann sie mit vielschichtigen Mitteln, die mittlerweile sogar in der modernen Psychologie angekommen sind, umwandeln in tiefe Weisheit. Buddhas Lehre besteht aus sage und schreibe 84.000 Belehrungen zu 84.000 bedingten Bewusstseinszuständen und Geistesschleiern. All diese sind Verbindungen der eben genannten fünf Hauptstörgefühle.

Der buddhistische Weg ist aber nicht, diese negativen Gefühle nicht haben zu dürfen oder blind wegzudrücken. Stattdessen lernt man, Störgefühle schon als solche zu erkennen, wenn sie am Horizont heraufziehen. Und dann hat man die Wahl, wie viel Kraft und Einfluss man ihnen geben möchte. Wenn man das Prinzip von Ursache und Wirkung verstanden und verinnerlicht hat, möchte man normalerweise nicht mehr von seinen Störgefühlen ferngesteuert werden und entsprechend mit negativen Eindrücken um sich werfen. Denn aus Zorn oder Eifersucht laut oder ausfallend zu werden führt letzten Endes eh nur dazu, dass man sich peinlich benimmt, Freunde verliert und die gesäten negativen Samen früher oder später zu negativen Erfahrungen und Schwierigkeiten führen, weil das schädliche Karma wieder heranreift. Störgefühle sind immer ein Bumerang – früher oder später kommt es zu einem zurück – genauso wie man in den Wald reingerufen hat.

Deswegen entwickelt man als ersten Schritt mehr innere Achtsamkeit, um diese Emotionen schon im Aufkeimen zu erkennen. Aus diesen Beobachtungen heraus lernt man nach und nach, die Situationen und Bedingungen, die diese Störgefühle auslösen, zu vermeiden. So kann man neue Dramen verhindern und sät schon einmal weniger negative Samen für die Zukunft. Das klassische Beispiel für diese Strategie ist der berühmte Spaziergang an der frischen Luft – die »Runde um den Block«, statt in einer schwierigen Situation überstürzt zu reagieren oder an die Decke zu gehen.

Als dritten Schritt lernt man zu verstehen, dass keines dieser Gefühle irgendeine Art von Beständigkeit hat. Gefühle und die sie auslösenden Situationen ändern sich ja ständig. Zehn Minuten vorher waren sie noch nicht da, dann schwirren sie ein bisschen im Geist herum und hinterher versteht man häufig gar nicht mehr warum man sie überhaupt hatte. Folglich wäre es Unsinn, diesem Gefühl zu folgen und sich von ihm zu unüberlegten Handlungen hinreißen zu lassen.

Das Leben von Nicht-Meditierenden wird in erster Linie davon bestimmt, dass sie sich unreflektiert von dem Strom ihrer Gefühle und Launen leiten lassen. Das zu erkennen, bedeutet nur eines: die größtmögliche Freiheit kann nur sein, sich seinen »Film«, sein Leben, selbst aussuchen zu können. Weil man durch das Meditieren den Abstand zu den Alltagssituationen bekommt. Der ermöglicht es einem mit Bedacht oder auch einfach mal gar nicht auf schwierige Situationen zu reagieren, so Schwierigkeiten mehr und mehr zu vermeiden und das eigene Leben nach den eigenen Wünschen gestalten zu können.

Ein aufkommendes Störgefühl packt man dann sozusagen mit spitzen Fingern an, hält es sich vor die Nase und untersucht seine Eigenschaften unter der Lupe: »Wer bist denn Du, wo kommst Du her, wo willst Du überhaupt mit mir hin und warum bitteschön sollte ich Dir folgen, wenn Du Dich doch sowieso wieder in Luft auflösen wirst?« Häufig ist es zum Beispiel hilfreich sich die vermeintlichen Schwierigkeiten und Dramen, die man zu haben glaubt, mal im großen Kontext anzusehen. Wenn man sich in solchen Momenten mal ernsthaft daran erinnert, wie viele Menschen auf der Welt – nämlich mindestens 90 Prozent – wirkliche Probleme haben, dann müsste man schon aus Stein und sehr verwirrt sein, um die meisten der eigenen negativen Gefühle und vermeintlich dramatischen Situationen noch großartig ernst nehmen zu können.

Es mag ja platt klingen, aber es scheint uns immer noch nicht wirklich klar genug zu sein, so ernst wie wir unsere alltäglichen Luxusproblemchen meist immer noch nehmen: Wir sind in der kaum fassbar glücklichen Situation, in einem der wenigen Gebiete der Erde zu Leben, in dem es keinen Krieg gibt, in denen wir jeden Tag mit großer Selbstverständlichkeit mindestens drei Mahlzeiten pro Tag auf den Tisch bekommen, nicht von Seuchen oder gefährlichen Menschen oder Tieren bedroht werden... und so weiter und so fort. Das ist nicht normal. Das ist purer Luxus – und sehr gutes Karma aus vergangenen Leben, dass wir unter solchen Bedingungen geboren wurden! Und das sind nur einige der sehr, sehr seltenen Bedingungen, die aufgrund unseres guten Karmas zusammengekommen sind und uns überhaupt erst ermöglichen, uns mit den kostbaren und befreienden buddhistischen Lehren beschäftigen zu können!

Und so hat man plötzlich immer öfters die Möglichkeit rechtzeitig zu sehen wie absurd schwer viele Menschen sich selbst ihr Leben machen. Wie viele Steine sie sich und anderen in den Weg werfen – und dadurch immer mehr in ihren Schwierigkeiten gefangen werden, statt wie eigentlich beabsichtigt glücklicher zu werden. Buddhisten sind sich häufiger der Tatsache bewusst, dass die Menschen mehr aus Unwissenheit denn aus Boshaftigkeit falsch handeln. Deswegen, und weil sie sich durch die in der Meditation gewonnenen Abstand zu den Ereignissen auch in brenzligen Situationen daran erinnern können statt den Kopf zu verlieren, sind sie in der Lage in Konfliktsituationen mit mehr Umsicht, Mitgefühl und Weisheit handeln.

Die Wesen in dieser Endlosschleife von schädlichen Handlungen und daraus resultierenden neuen Schwierigkeiten – genannt Samsara, das Rad der bedingten Existenz – mehr oder weniger hilflos umherirren zu sehen, kann mittelfristig nur zu einem führen: zu Mitgefühl. Wie schon erwähnt, gibt es einen großen Unterschied zwischen Mitgefühl und Mitleid. Mitgefühl bedeutet, das jedem Menschen und jedem Wesen innewohnende Potential zu sehen und sie tatkräftig darin zu unterstützen, die Schleier von Störgefühlen und einengenden Konzepten zu entfernen und ihre perfekten – erleuchteten! – Qualitäten zum Vorschein zu bringen. Mitleid ist da weniger konstruktiv und hilfreich. Häufig macht es die Menschen in schwierigen Situationen nur noch unselbständiger und schwächer, so dass sie noch weniger in der Lage sind, sich selbst wieder aus ihrer schwierigen Lage zu befreien und zu wachsen.

Man kann getrost aus dem Wissen heraus reagieren, dass alle, aber auch wirklich alle Wesen ohne Ausnahme eigentlich nur eines wollen – selbst glücklich sein. Was auch immer sie tun, nicht tun, anderen antun – sie tun es bewusst oder unbewusst aus dem Bedürfnis heraus, Glück zu erreichen, es zu verteidigen oder es zu vermissen. Hat man nun die buddhistischen Lehren als Hintergrundwissen, kann man immer öfter Raum und neue Möglichkeiten in vermeintlich enge oder ausweglose Konfliktsituationen bringen – für sich selbst und andere. Dieses Potential, diese Möglichkeit der eigenen Wahl zu entdecken, macht wirklich glücklich. Und zwar dauerhaft. Das ist eine Art Glück, die einem niemand wegnehmen kann.

Wirklich glücklich sind wir in exakt den Momenten, in dem wir einfach vergessen, irgendetwas zu erwarten oder zu befürchten. Und stattdessen furcht- und mühelos in die unbegrenzten Möglichkeiten, die sich dann im Raum auftun, zu vertrauen.

Warum also sind die fünf Störgefühle Unwissenheit, Stolz, Anhaftung, Eifersucht und Zorn der Rohstoff für Befreiung und Erleuchtung? Weil sie in fünf verschiedene Arten von Weisheit umgewandelt werden können, wenn wir mit ihnen arbeiten. Dazu müssen wir sie aber erst einmal als Störgefühle erkennen und entsprechend handhaben können.

Dummheit oder Verwirrung wird im Buddhismus zu den sogenannten störenden Gefühlen dazugezählt. Sie ist sogar die Ursache für alle anderen. Der Begriff Dummheit oder Verwirrung hat hier nichts mit mangelnder Intelligenz oder Bildung zu tun. Er bedeutet, dass wir die wahre Natur der Dinge und der Welt nicht erkennen können. Dass wir die Welt dualistisch betrachten – das heißt alles in Subjekt, Objekt und Tat einteilen – ich tue etwas mit Dir – und aufgrund dessen Dinge persönlich nehmen, weil wir ihre Vergänglichkeit und den großen Zusammenhang von allem, was geschieht, nicht überblicken können. Alles auf der Welt bedingt sich gegenseitig, ändert sich ständig und löst sich wieder auf. Die Traumhaftigkeit der Welt und all ihrer Erscheinungen erkennen wir normalerweise nicht – wir halten sie für echt und erliegen der Vorstellung einer »Ich«-Illusion. Aber eigentlich ist da kein »Ich«. Wir alle sterben, die Zellen in unserem Körper ändern sich ständig, verschwinden und werden durch andere ersetzt bis wir sterben. Unsere Gedanken und Gefühle ändern sich auch ununterbrochen und haben keinen dauerhaften Bestand.

Noch nicht einmal die hochmoderne Quantenphysik schafft es bisher zu beweisen, dass die Welt wirklich existiert. Die Wissenschaft sucht noch immer nach dem kleinsten Teilchen, das sich wirklich nicht mehr teilen lässt oder sich wieder im Raum auflöst – so wie es auch unsere Gefühle und Gedanken tun. Und dennoch – wir nehmen unseren Körper und unsere Gefühle sehr ernst, lassen uns in unserem Handeln von ihnen steuern und lassen uns einengen von unseren Konzepten und Ideen, was »richtig« und was »falsch« ist. Wir fühlen uns als Zielscheibe all dessen, was uns passiert und nehmen die Dinge und Ereignisse persönlich, obwohl sie eigentlich »leer« sind von jeglicher Beständigkeit und alles sich gegenseitig bedingt und Teil eines Ganzen ist. Die Gefühle und Erlebnisse tauchen auf, sie spielen ein bisschen im Raum herum und kurze Zeit später haben sie sich schon geändert oder in Luft aufgelöst. Aus buddhistischer Sicht ist alles miteinander verbunden und bedingt sich gegenseitig. Unsere Erfahrung, »getrennt« zu sein von allem anderen, von der Außenwelt, führt häufig dazu, dass wir anderen wehtun. Je weniger ernst wir die Dinge nehmen und je weniger Kraft und Zeit wir auf schwierige Lagen verwenden, desto glücklicher sind wir. Dann kreisen die Gedanken nicht unnötig lange und verstellen einem nicht den Weg oder die Sicht auf die vielen Möglichkeiten, die sich bieten.

Störende Gefühle – Rohstoff für den Erleuchtungsweg?!

Die Unwissenheit darüber, wie die Dinge wirklich sind, ist also das erste der Störgefühle. Und aus dieser dualistischen Sichtweise heraus entwickeln sich die anderen Störgefühle. Wieso spricht der Buddhismus überhaupt von »störenden« Gefühlen? Das entspricht ja nicht gerade dem kulturellen Sprachgebrauch und der modernen Denkweise des Westens.

Unwissenheit

Wir halten die Dinge für echt. Unsere Gefühle, unseren materiellen Besitz, unsere Erlebnisse. Wir unterliegen ständig diesem grundlegenden Irrtum einer Trennung des »Ich« (das, was die Dinge erlebt) von einem »Du« (das Erlebte), von der äußeren Welt und ihren Erscheinungen. Buddha erklärte seinen Schülern im kulturell hoch entwickelten Nordindien seiner Zeit, wie Störungen den sonst so fähigen Geist befallen, immer gern so: Er verglich den Geist mit einem Auge, das alles Äußere klar sehen kann, sich selbst aber nicht erkennt. Man kann so viel Äußeres wahrnehmen: Größe, Länge, Form,

Geschmack, Geruch, Laut, Farbe unzähliger Dinge und obendrein die so schnell vorübergehenden Gefühle und Gedanken. Nur wenige prüfen jedoch nach, wer oder was sich all dieser Phänomene bewusst ist. Fast niemand untersucht das, was die Dinge erlebt. Stattdessen beschäftigt man sich die ganze Zeit mit den Erlebnissen, die in einem ununterbrochen entstehen, herumspielen und sich gleichermaßen wieder auflösen. Weil man bis zur Erleuchtung unfähig bleibt, das, was die Dinge erlebt, und das Erlebte als eine Ganzheit zu erkennen, entsteht die zweiheitliche, dualistische Denkweise.

Begierde

Statt zu verstehen, dass wir von nichts auf dieser Welt getrennt sind, dass alle perfekten erleuchteten Eigenschaften uns bereits innewohnen und nur wieder von den vielen Schleiern störender Gefühle und steifer Vorstellungen und Konzepte, die sich über unendlich lange Zeit angesammelt haben, befreit werden müssten, denken wir, dass wir dem vorgestellten »Ich« etwas hinzufügen müssten, um glücklich zu sein. So streben wir nach all diesen garantiert vergänglichen Dingen und Werten – Karriere, Auto, Haus, Partnerschaft, Kinder, Kleidung und so weiter. Wenn wir sie erreicht haben, sorgen wir so gut wir können dafür, dass sie uns möglichst nicht wieder abhanden kommen. Das nennt der Buddhismus Anhaftung – Festhalten. Das zweite Störgefühl. Alles, was wir an vermeintlich Positivem erreicht und angehäuft haben, wollen wir verteidigen, und entwickeln daher Abneigung und Widerwillen gegen alles, was dieses Glück gefährden könnte. Wir wollen dem vorgestellten »ich« etwas hinzufügen, um dadurch dauerhaftes Glück zu erreichen. Wie man aber an vielen materiell unglaublich reichen Menschen oft deutlich sehen können, lässt sich noch soviel an weltlichen Reichtümern anhäufen – es macht noch lange nicht glücklich.

In unserer modernen Welt werden wir ständig von allen Seiten und auf allen Kanälen bombardiert und manipuliert: mit direkten und indirekten Botschaften, die uns suggerieren, dass wir unbedingt noch dies und jenes brauchen, um wirklich glücklich zu sein. Traumpartner, Traumfigur, Traumauto, Traumhaus und so weiter und so fort.

Geiz und Gier sind eine Steigerung der Anhaftung. Denn wenn ich heute etwas habe und es mich scheinbar glücklich macht, will ich es nicht morgen wieder verlieren. Manchmal werden Geiz und Gier als eigenständiges Störgefühl gezählt, manchmal als Teil der Anhaftung. Der Geist ist durch das Gefühl stark an den ersehnten Gegenstand gebunden. Besitzt man ihn schon, dreht sich alles nur noch um ihn. Eine solche Einstellung macht grundlegend arm. Die Weltliteratur ist voll mit Beispielen von Menschen, deren Geist so vergiftet war von Anhaftung, Geiz und Gier, dass sie durch dieses Gift völlig entstellt wurden. Eines der eindringlichsten Beispiele dafür: »Gollum« in »Der Herr der Ringe«, dessen Leben sich nur noch auf seinen Schatz, den Ring, ausrichtete. Die Gier beherrschte ihn restlos – er verlor durch sie jeden menschlichen Wert.

Dieser tiefe Wunsch, sich an etwas festhalten zu wollen, bezieht sich nicht nur auf äußere Aspekte oder Gefühle, er zeigt sich weiterhin in der Neigung, Augenblick für Augenblick das Vergangene festhalten zu wollen oder es für die Zukunft zu sichern, statt sich auf das, was gerade passiert, wirklich einzulassen und es zu genießen.

Deshalb ist es durch und durch sinnvoll, sich der Vergänglichkeit all dieser Werte, nach denen wir tagtäglich streben, bewusst zu werden und sich so oft wie möglich dran zu erinnern. Das ist unglaublich befreiend – denn wir verbringen dann nicht mehr soviel Zeit damit, unseren Begierden hinterher zu laufen und damit unsere Zeit zu verschwenden. Und das allerbeste Gegenmittel ist, anderen genauso viel und noch viel mehr von dem zu wünschen, was man selbst schon hat oder vielleicht auch nicht erreichen oder bekommen kann. Denn die anderen sind ja unzählige – und daher offensichtlich wichtiger als man selbst! Anfangs kommt einem das meist ziemlich komisch und künstlich vor – aber wenn man es sich angewöhnt, den Wesen Gutes zu wünschen und sie für wichtiger als sich selbst zu halten, dann ist das nach und nach eine wunderbar befreiende Erfahrung.

Wahres und dauerhaftes Glück ist aus buddhistischer Sicht sowieso nur eines – Erleuchtung. Und die gute Nachricht ist, dass das keine esoterisch-blauäugige, unerreichbare Illusion ist, sondern bis in unsere Zeitalter herein Menschen dieses Ziel immer wieder erreicht haben. Es ist für jeden erreichbar, weil uns allen die Buddhanatur bereits innewohnt – und damit alle perfekten erleuchteten Eigenschaften. Wir müssen nur all das von unserem Geist entfernen, was uns daran hindert, diese zum Vorschein zu bringen und damit dauerhaftes Glück zu erreichen. Womit wir wieder bei den Störgefühlen wären. Die Anhaftung oder das Festhalten an angenehmen Zuständen und das Streben nach vermeintlich dauerhaft glücklich machenden Dingen ist das zweite der fünf Störgefühle.

Zorn und Abneigung

Das dritte der Störgefühle ist die logische Konsequenz aus dem zweiten – Dinge, die man gern hat und von denen man denkt, dass sie dauerhaftes Glück bedeuten, möchte das Ego nicht wieder hergeben und verteidigt sie. Daraus entsteht Abneigung – Widerwillen, Zorn und schlimmstenfalls Hass gegen alles, was dieses Glück vielleicht gefährden könnte.

Zorn ist so das schlimmste aller Störgefühle. Warum? Weil all die Wesen, mit denen wir irgendwann einmal aneinandergeraten sind und von denen wir uns im Unfrieden getrennt haben, immer wieder ihre hässlichen Fratzen zeigen werden – in diesem Leben oder im nächsten. Zorn ist ein unglaublich starkes und machtvolles Gefühl – und dementsprechend schafft es sehr tiefe – schwierige – Verbindungen zwischen Wesen. Nicht nur zwischen Menschen. Selbst wenn Sie später alles andere, was in diesem Buch steht, wieder vergessen sollten –

diese eine Sache im eigenen Interesse bitte nicht: wenn man eine schwierige Beziehung zu jemandem hat, dann hilft zornig sein, Streiten und dem anderen Schlechtes wünschen überhaupt nicht. Es erreicht das Gegenteil von dem, was wir wollen – nämlich diesen Menschen loszuwerden. Das Allerbeste, was wir tun können, wenn wir mehr Distanz zu jemandem wollen: Wir wünschen ihm oder ihr von ganzen Herzen das aller-, allergrößte Glück – und zwar ganz, ganz weit weg von uns. In einem wunderschönen, friedlichen Land oder einer Insel, wo er oder sie alles hat, was sie brauchen, um dauerhaftes Glück zu erlangen – aber eben weitestmöglich weg von einem selbst. Das klingt absurd und nach dem Gegenteil dessen, wonach uns in solchen Situationen gewohnheitsmäßig ist. Schließlich sind wir daran gewöhnt, Menschen, die wir nicht mögen, mit Missgunst, Rachegelüsten und wenig positiven Wünschen zu begegnen. Aber es ist eine Frage der Übung. Und bitte glauben Sie mir – es funktioniert. Und das ist eine wirklich gute Nachricht, finde ich. Noch einmal – wenn Ihnen nur eines aus diesem Buch in Erinnerung bleiben sollte – allerdings hoffe ich, dass es mehr sein wird – dann bitte, wie wir am besten mit Zorn umgehen können und sollten. Zorn ist ein Zeichen von Schwäche. Starke Menschen müssen nicht wütend werden – sie machen einfach, was sie wollen!

Wenn der Zorn aufsteigt, sollte man sich dessen schnellstmöglich bewusst werden. Wenn die Gefahr eines plötzlichen Ausbruchs heraufsteigt, erstickt man diesen am Besten schon im Keim. Man kann dem Zorn durch Liebe und Mitgefühl die Kraft entziehen. Erst einmal, indem man sich ein bisschen Luft verschafft – eine Runde um den Block gehen ist der Klassiker, zumindest für eine halbe Stunde oder länger den Raum zu verlassen macht in jeden Fall Sinn. Das heißt nicht, dass man sich mit Türenknallen einen theaterreifen Abgang verschafft – besser kann etwas sagen wie »Sorry, ich denke, es ist besser, wenn wir später weiterreden, ich gehe jetzt erstmal raus zum Abkühlen!« um nicht noch zusätzlich Öl ins Feuer zu gießen oder zu provozieren. So hat man die Chance, sich nicht in seinem Zorn zu verlieren, zu unüberlegten Worten und Handlungen hinreißen zu lassen und sich zu blamieren. Es ist besser, man verhält sich wie ein großer Hund, der nicht bellen muss, weil er sowieso stark genug ist. Denn Zorn ist nur eines: ein klares Zeichen von Schwäche.

Statt in die Luft zu gehen kann man sich bemühen, soviel Abstand zu der Situation zurückgewinnen, dass man tatsächlich Liebe und Mitgefühl als Gegenmittel anwenden kann. Das bedeutet hier nicht, dass man eine Stunde später dem Objekt seines Zornes liebend um den Hals fallen muss. Es bedeutet, zu erkennen, warum er oder sie sich so verhält – und dass er oder sie eigentlich auch nur glücklich sein möchte – genau wie man selbst. Die Menschen benehmen sich nicht daneben, weil sie bösartig sind – sie tun es aus Verwirrung und Dummheit. Ihnen zu diesem Leiden noch zusätzlich einen Tritt zu versetzen wäre schlicht unsportlich. Stattdessen sollte man aus der eigenen Stärke und Souveränität heraus mit Weitsicht zum Besten aller der Lage begegnen, dem Zorn die Kraft abzapfen, aus dem Verlauf lernen und danach die Angelegenheit so schnell wie möglich vergessen. Bloß nicht nachtragend sein! Und nicht vergessen, dass wir für alles, was uns heute passiert, schon früher selbst die Samen gesät haben. Karma. Ursache und Wirkung. Auch, wenn wir uns an dieses grundlegendste aller Prinzipien gern nur in positiven Momenten erinnern.

Es muss aber nicht gleich Zorn und Hass sein. Prinzipiell bedeutet »Abneigung« alles, was mit Widerwillen zu tun hat – gegenüber Dingen, Menschen, Tieren, dem Wetter, Ereignissen und so weiter und so fort.

Eifersucht und Neid

Mit dem Widerwillen kommen quasi automatisch Neid und Eifersucht. Wen ich nicht mag, dem soll es auch nicht gut gehen. Eifersucht ist wohl wirklich das komischste und sinnloseste aller Störgefühle. Es bringt keinem irgendeinen wenn auch nur noch so kurzfristigen Vorteil. Es ist wie eine Krankheit des Geistes und für Nichtbetroffene sehr schwer zu verstehen. Auch ohne Nahrung kann dieses Störgefühl ganz lange einen gleichen Energiepegel beibehalten und – oft ohne jede tatsächliche Ursache – das eigene Leben und das eines Paares verdrießen. Die Vorstellung, dass man einen anderen Menschen besitzt und damit mehr Anrecht auf ihn hat als andere, führt zu Eifersucht und Neid. Die zusätzliche Befürchtung, das Erreichte an jemanden anderen zu verlieren, kann sogar zu neurotischem Verhalten führen, wie die Versuche, den Partner rund um die Uhr zu überwachen. Aus fehlendem Vertrauen in sich selbst und in die Beziehung und aus der mangelnden Fähigkeit heraus, sich über das Glück des anderen zu freuen, versucht man, den anderen von etwaigen Nebenbuhlern oder Konkurrentinnen fern zu halten und beschwört genau das, was man eigentlich verhindern wollte: Der Partner fühlt sich eingeengt – und geht.

Eifersucht ist ein zäher Bursche – und ein erstklassiges Versuchskaninchen, um seine eigene geistige Entwicklung zu beobachten. Sowohl als Meditierender als auch als Nichtmeditierender. Es gibt ziemlich wirksame Gegenmittel, die aber meist einige Zeit brauchen, um vom Kopf ins Herz zu gelangen.

Ein guter Weg im Umgang mit der eigenen Eifersucht ist, sich ganz bewusst auf die eigenen Fähigkeiten zu besinnen und eine entspannte, gute Zeit mit anderen zu verbringen – sich also einfach abzulenken. Wenn dann wieder ein gewisser Überschuss entstanden ist, kann man beim Partner mit möglichst viel Humor – aber unbedingt ohne Sarkasmus oder Zynismus! – untersuchen, ob es überhaupt Gründe für die Eifersucht gab, um hoffentlich beim nächsten Mal schon mehr Überblick zu besitzen.

Die höchste und schwierigste Ebene mit Eifersucht umzugehen, ist, dem Partner ganz selbstlos alles Glück zu wünschen. Das ist zwar möglich und sehr edel, ist aber wohl fast überall auch der Weg aus einem heißen Verhältnis heraus in eine Bruder-Schwester-Beziehung hinein. Um die gegenseitige Anziehung auf allen Ebenen aufrecht zu erhalten ist es wahrscheinlich am sinnvollsten, sich immer wieder daran zu erinnern, dass alle Wesen Glück suchen und ihnen die Erfüllung sehr wichtig ist. So kann man viel besser Mitgefühl entwickeln und den Partner besser verstehen. Wir stehen in unserer modernen, schnellen Welt ständig mit unglaublich vielen Menschen in Kontakt und Austausch. Deshalb geht es in einer Partnerschaft mit Eifersucht darum, dass man die besonders empfindlichen Stellen der Partner zusammen erkennt und dort in der Zukunft aufpasst, den anderen möglichst nicht zu verletzen – allerdings nicht um den Preis, sich wie in einem Gefängnis zu fühlen. Das ist für beide Seiten ein Lernprozess. Einer, der sich lohnt und mit großer Wahrscheinlichkeit zu einer vertrauensvolleren, glücklicheren und damit stabileren Beziehung führt.

Stolz

Sich für etwas Besseres als andere zu halten, führt zu Stolz. Und der ist im Buddhismus das fünfte und letzte der fünf Hauptstörgefühle. Buddhas Lehre beschreibt insgesamt sage und schreibe 84.000 bedingte Bewusstseinszustände und Geistesschleier, die aus Kombinationen der fünf Hauptstörgefühle Unwissenheit, Anhaftung, Stolz, Eifersucht und Zorn entstehen können und sich in schädlichen Gedanken, Worten und Taten zeigen. Deswegen ist es so nützlich, sich dieser grundlegenden Gefühle bewusst zu werden und mit ihnen zu arbeiten – man packt damit das Problem in Form der vielfältigen Möglichkeiten, sich daneben zu benehmen, an der Wurzel!

Es gibt zwei unterschiedliche Arten von Stolz. Der, zu dem leider die meisten neigen, ist der dumme, ausschließende Stolz: ich bin besser als andere. Das macht einsam und nimmt einem unglaublich viel Fähigkeit, Freude erfahren zu können. Denn man ist ja die ganze Zeit damit beschäftigt, bei anderen Fehler zu suchen, sie in seiner

geistigen »Na, wie gut bist denn Du und was kannst Du?«-Skala einzuordnen und Angst zu haben, dass vielleicht doch jemand kommen könnte, der etwas besser kann als man selbst. Das macht
geistig arm und auf Dauer einsam. Wenn man ständig bei anderen
nach Fehlern sucht, dann spüren sicherlich nur sehr wenige das Bedürfnis, sich mitzuteilen – und früher oder später ist man immer in
schlechter weil eben so stolzer und missgünstiger Gesellschaft, weil
kein vernünftiger Mensch es mehr mit einem aushalten kann. Grau-
envolle Vorstellung, oder?

Es wäre wirklich schlauer, sich einfach zu entspannen. Garantiert
ist bei bald 8 Milliarden Menschen auf diesem Planeten in jeder nur
denkbaren »Disziplin« mindestens einer »besser« als man selbst.
Schöner, jünger, gesünder, sportlicher, reicher, beliebter, erfolg-
reicher... früher oder später wird man eh überrundet, und die Bedingungen ändern sich ständig – und man weiß nicht, wie lang man
irgendwelche geistigen oder körperlichen Qualitäten wird halten
können. Models, Popstars, Hollywoodgrößen, Politiker, Börsengu-
rus, Topmanager oder Hochleistungssportler sind gute und zahl-
reiche Beispiele dafür, wie vergänglich zum Beispiel Schönheit,
Reichtum und Erfolg sind – und wie tief der Fall danach sein kann,
wenn man sich dessen nicht rechtzeitig bewusst wird.

Um Stolz in den Griff zu bekommen, ist es außerdem unerlässlich
sich auch klar zu machen, dass Himmel und Hölle zwischen den eigenen Ohren oder Rippen geschehen. Was man selbst als bedeutend
erfährt, erleben andere womöglich gar nicht. Der Mensch bestimmt
durch seine eigene Sichtweise, ob das Glas halb voll oder halb leer
ist. Das beste Gegenmittel bei Stolz ist, sich der Buddhanatur aller zu erinnern. Dass jedem die erleuchteten, perfekten Qualitäten
und Fähigkeiten eines Buddhas innewohnen, die Bedingungen aber
– durch Karma begründet – für jeden andere sind. Wenn man sich
klarmacht, dass alle Wesen die gleiche Ausgangslage und die gleichen Möglichkeiten für die eigene Entwicklung haben, verliert der
dumme, ausschließende Stolz seine Kraft.

Die andere, viel nützlichere Art von Stolz ist der umfassende »Sind wir nicht alle toll«-Stolz. Egal ob in einer Paarbeziehung oder mit jedem anderen, dem wir begegnen in unserem Leben – wenn man in der Lage ist, andere als beflügelnd und klug zu erfahren, bringt das nur Freude und inneren Reichtum. Schaut man bewusst auf das Schöne und Sinnvolle bei anderen und freut sich darüber, wird jeder wachsen, und man kann unendlich viel Gutes mit der Welt teilen. Kommt in einer Beziehung oft und leicht der Gedanke »Schau, was wir können!«, dann ist das Glück vorprogrammiert. Aus zwei Menschen, die einander gegenüber offen und sich gegenseitig ergänzend sind, wird mit Sicherheit ein Paar, das auf seine gesamte Umwelt strahlt, sie bereichert, und gemeinsam zum Besten aller nur immer noch stärker wird.

Die Störgefühle nutzen, um Weisheit zu entwickeln

Wie wandelt man also diese Störgefühle in Weisheit um? Klingt ja eigentlich zu schön, um wahr zu sein, nicht wahr? Geht aber tatsächlich. Durch das Anwenden der bereits erwähnten Gegenmittel trainiert man seine Sichtweise beim Auftreten der unterschiedlichen Gefühle – und mit der Gewohnheit rutscht das Gelernte früher oder später automatisch vom Kopf ins Herz. Diese Entwicklung bekommt man bewusst aber meist gar nicht mit, denn es ist sehr schwer, das eigene Wachstum zu messen.

Im Christentum sind Störgefühle Sünde und in anderen Religionen werden sie auch negativ bewertet. Im Vajrayana geht man aber davon aus, dass die Störgefühle auf dem Weg zu Befreiung und Erleuchtung sozusagen der Rohstoff sind. Man zieht die Energie und die Kraft aus den Störgefühlen und macht sie nützlich. Das Symbol dafür ist der Pfau: In Tibet sagt man, dass der Pfau Gift frisst, um all die schönen Farben in seinen Federn herzustellen. Entsprechend nimmt man also alle Störungen, alle Leiden und alle Schwierigkeiten, die einem innewohnen, man kehrt sie um und macht daraus

Energie und Kraft. Man sieht die Gefühle wie Biomüll: Wenn man's richtig macht, dann kriegt man Kompost und die Samen gehen auf. Aber es ist wichtig, dass man zunächst genug Abstand hat und die Kontrolle behält. Dann kann man sehen, dass das Gefühl gar nicht so wirklich ist, dass es entsteht, sich ändert und sich wieder auflöst.

Dann geht man einen Schritt weiter und beobachtet, wie es kommt und geht. Man ist wie ein leeres Haus, in dem ein Dieb kommt und geht, ohne etwas anstellen zu können. Die letzte Stufe ist für Westler sehr nützlich – in der tibetischen Vorstellung gibt es sie allerdings nicht. Hier fängt man die Energie des Störgefühls und nutzt sie zum Teller waschen, Fenster putzen oder für etwas anderes, was eh erledigt werden muss. Wenn man über den Berg ist, kann einen das Störgefühl nicht mehr einfangen, man reagiert nicht mehr wie früher. In dem Augenblick kann man die Kraft davon nutzen um den Garten umzugraben oder die Küche aufzuräumen. Dieses Kanalisieren der Energien ist ein ganz praktischer Rat von buddhistischen Lehrern. Es ist sehr nützlich, die Störenergien als Kraft einzusetzen, um irgendwas zu erreichen.

Wirklich schöne Erfolgerlebnisse sind das, wenn man sich plötzlich in Situationen wiederfindet, die man in ähnlicher Form schon häufig erlebt hat – die sich aber plötzlich nicht mehr eng, klebrig und unangenehm anfühlen. Stattdessen wundert man sich, wo die Eifersucht oder die Anhaftung, die man früher immer verspürte, hin verschwunden ist. Wie mein Lama es gern ausdrückt: man findet sich in einer solchen Situation, und plötzlich fragt man sich, wo denn das Störgefühl, dass man sonst immer in dieser Situation hatte, bitte bleibt. Man wartet... und wartet... wartet noch länger und schaut genauer hin... und entweder taucht es in einer im Vergleich zur früheren Intensität in zweiprozentiger Lösung auf – oder gar nicht mehr. In beiden Fällen höchste Zeit, es ins Museum zu stellen und eine Runde zu feiern! Denn das Allertollste ist, dass diese Störgefühle nicht einfach nach und nach ins Nichts verschwinden, sondern jedes für sich in eine ganz bestimmte Art von zeitloser Weisheit umgewandelt wird. Aber wie wandeln sie sich in die fünf Buddha-weisheiten um und was bedeuten sie?

Es kommt bei der Betrachtung der Störgefühle sehr stark auf die Sichtweise an. Aus der Perspektive eines Adlers ist alles Weisheit, aus der Perspektive des Maulwurfs, der mittendrin steckt, ist alles Störgefühl. Da nur wenige die Adlerperspektive nutzen, erleben sie Zorn, Eifersucht und die anderen Störgefühle. Aber wenn man nicht auf diese Gefühle eingeht, wenn man sie im Geist entstehen und sich dort auch wieder auflösen lässt, dann entsteht eine ganz neue Dimension, eine ganz neue Erfahrung, so wie Kohlenstaub zu Diamanten umgewandelt werden kann.

Wenn sich Zorn wieder auflöst, entsteht die spiegelgleiche Weisheit. Wie ein Spiegel, der alles zeigt, was ist. Man sieht die Dinge und erkennt sie als das, was sie sind. Man fügt nichts hinzu und nimmt nichts weg. Diese Fähigkeit, klar zu sehen, wird auch mit der Klarheit eines Diamanten verglichen.

Bei Stolz hat man einerseits die Möglichkeit, den engen »Ich bin besser als ihr!«-Stolz in den großen »Sind wir nicht alle toll!«-Stolz umzuwandeln. Und andererseits – wenn sich der Stolz im Geist wieder auflöst, kann man plötzlich erkennen, dass alles aus ganz vielen einzelnen Bedingungen zusammengesetzt ist. Nichts entsteht aus sich heraus, alles hängt voneinander ab. Das wird die Weisheit der Wesensgleichheit genannt, denn dadurch bekommt alles denselben Geschmack des Reichtums.

Wenn sich Begierde wieder auflöst entsteht unterscheidende Weisheit – die Fähigkeit zu unterscheiden. Man kann die Dinge einzeln sehen und als Teil eines Ganzen. Das ist eine sehr weibliche Weisheit, die Weisheit einer Mutter, die immer weiß, was die Kleinen vorhaben. Aus Eifersucht entsteht Erfahrungsweisheit – die Fähigkeit zu erkennen, welche Ursachen zu welchen Wirkungen geführt haben.

Und schließlich kann man auch die Unwissenheit selbst in Weisheit umwandeln – in die »Alles durchdringende Weisheit«. Erst sitzt man noch da und versteht überhaupt nichts, und dann plötzlich verschwinden diese Schleier durch ein Loch im Erdboden oder wie Wolken, die sich auflösen. Man wird fähig, die Geschehnisse zu durchdringen, nicht nur mit Augen und Ohren, sondern vollständig. Raum ist Information. Man weiß, wer anruft, wenn es klingelt, man denkt an einen Freund und wenig später findet man im Briefkasten einen Brief von ihm.

Nach einem Jahr zog sich mein zukünftiger Mann sogar noch mehr von mir zurück – was natürlich aus meiner Sicht der Supergau war und ganz und gar nicht meinen Erwartungen und Hoffnungen entsprach. Nach allem, was ich seinetwegen schon durchgemacht hatte! Aber ich ließ es mit mir machen und hoffte weiter. Scheinbar wollte ich leiden – und war einfach wirklich sehr verliebt. Es dauerte noch etliche Monate, bis wir endlich ein »offizielles« Paar wurden – mit allem, was ich so als zu einer richtigen Beziehung gehörend empfand, wie zum Beispiel Besuche bei den Eltern und engsten Freunden – wie ich mir das schon so lange gewünscht hatte.

Kurz nachdem wir endlich »offiziell« zusammenkamen, fasste ich natürlich gleich das nächste Etappenziel ins Auge: eine gemeinsame Wohnung! Ich hatte das dringende Bedürfnis, diese jetzt endlich auch so benannte Beziehung dadurch noch zu festigen. Unsere Wohnungen lagen weit voneinander entfernt und beide waren definitiv zu klein, um uns beide zusammen zu beherbergen.

Zur selben Zeit wurde mir ein sehr gut bezahlter und für meine junge Karriere zweifellos sehr förderlicher Job als Art Director für die Zeitschrift eines Verlages in Stuttgart angeboten, den ich nicht ablehnen konnte. Wenige Wochen später fand ich mich zwischen Hamburg und Stuttgart pendelnd in einer Wochenendbeziehung – und war kreuzunglücklich. Ich, das Nordlicht – je mehr Wind desto besser und möglichst raue Nordsee zum Schwimmen im Sommer war bisher mein Motto gewesen – fand mich in einer von Bergen eingekesselten süddeutschen Stadt – die Luft stand bei 30 Grad sogar spät abends so still, dass man sie mit einem Messer hätte schneiden können, die Leute waren unglaublich muffelig, und ich verbrachte meine einsamen Abende in meinem Übergangszimmer– mit Telefonstandleitung zu meinem Freund in Hamburg.

So fiel mir die Entscheidung leicht, den Job nach drei Monaten gleich wieder aufzugeben, um zurück nach Hamburg zu gehen. Da ich meine Singlewohnung vor dem Umzug nach Stuttgart aufgegeben hatte, zog ich mit in seine nicht gerade riesige und bis zur Decke mit Computerkram vollgestopfte Wohnung. Endlich, nach fast zwei Jahren, schien sich mein Traum von einer glücklichen Partnerschaft inklusive gemeinsamer Wohnung zu erfüllen. Wir waren sehr glücklich. Ich war scheinbar der neue Traum meiner zukünftigen Schwiegereltern, sie mochten mich – und ich mochte sie sehr gern. Sie waren sehr herzliche, warme Menschen die so ziemlich als letztes an ihr eigenes Glück dachten und den Zusammenhalt der Familie über alles andere setzten.

Wir machten uns auf die Suche nach einer größeren Wohnung. Unsere Ansprüche waren hoch. Sehr hoch. Und der Hamburger Wohnungsmarkt war so eng, dass wir schließlich einen Mietvertrag für eine Wohnung in einem noch nicht einmal gebauten Haus unterschrieben und viel länger in der kleinen Altonaer Wohnung blieben als geplant, sonlange, bis das neue Haus endlich fertig gebaut war und wir in die neue Wohnung ziehen konnten. Es war spannend, alle paar Wochen auf unseren Radtouren quer durch Hamburg an »unserem« langsam vom Fundament bis zum 6. Stock wachsenden Haus vorbeizuschauen. Und das Warten lohnte sich wirklich. Als wir endlich in die Penthousewohnung im hippen Hamburger Karolinenviertel zogen war die Freude riesig. Ich hatte großen Spaß am »Nest bauen«. Keines der exklusiven Einrichtungsgeschäfte in der Hamburger Innenstadt war vor mir sicher – ich war geradezu im Innendekorationswahn. Das führte allerdings auch zu so mancher Auseinandersetzung zwischen uns. Mein Süßer war nämlich beispielsweise auf so ultrateure Designerlampen aus, dass es dann doch deutlich unser Budget überstieg. Da er nun aber auch partout keine günstigere Lampe akzeptieren wollte, hing ein halbes Jahr oder sogar länger nur eine Glühbirne über unserem nagelneuen und sündhaft teuren Esstisch aus massiver amerikanischer Walnuss, und an einigen anderen Plätzen in der Wohnung ebenfalls. Ich fand das absurd, und kaufte irgendwann einfach Lampen, die ich vertretbar und sogar sehr schön fand. Seine Wut über meinen Alleingang war groß, aber es war sozusagen kalkuliertes Risiko. Es war nicht das einzige Mal, dass so etwas passierte. Aus meiner Sicht war es die einzige Chance, nicht noch fünf Jahre später auf einer halben Baustelle zu wohnen, bloß weil wir uns nicht die allerteuersten Designerleuchten leisten konnten.

Denn alles in allem hatten wir sowieso schon einen ziemlich luxuriösen Lifestyle. Wir verbrachten die nächsten Jahre in erster Linie damit, viel Geld zu verdienen und es – eben verdient – genauso schnell wieder auszugeben. Das ist sehr einfach in Hamburg – die Millionärsdichte ist eine der höchsten weltweit, und dementsprechend weit gefächert und opulent ist das Angebot an Luxus jeglicher Art.

Je höher man gesellschaftlich steigt, desto höher werden häufig auch die Ausgaben. Designerklamotten, Designerwohnung, Designerinterieur, Edelrestaurants, Wellness Hotels, Wochenendtrips und Treatments im Spa... kein Mangel an Gelegenheiten, das eben verdiente Geld wieder auszugeben. Das taten wir – und genossen es in vollen Zügen. Wir schafften es sogar, monatelang im Taxi zur Arbeit zu fahren und im zentralsten Parkhaus der Hamburger City zu parken – beides verschlingt natürlich selbst dann noch Unsummen, wenn man es von der Steuer absetzen kann!

Jetzt denken Sie bitte beim Lesen nicht, dass ich diese Dinge heute alle ganz fürchterlich verwerflich finde. Mir ist zwar mein Geld ein bisschen zu schade für das meiste davon geworden, es in dem großen Stil zu Fenster rauszuwerfen – aber ich genieße es mit Sicherheit auch heute noch, einen guten Wein zu einem fantastischen Essen in edler Restaurantatmosphäre zu genießen, eine entspannende Massage zu bekommen oder ein tolles neues Outfit zu kaufen.

Der Unterschied zu früher ist, dass ich nicht mehr ernsthaft glaube, dass mich das zu einem glücklicheren Menschen machen kann. Mein Glück habe ich in mir selbst gefunden – und zwar die Art Glück, die mir niemand mehr wegnehmen kann. Im krassen Gegensatz zu allem anderen, in dem ich dauerhaftes Glück zu finden versuchte.

Dauerhaftes Glück – schon mal gehabt?

Wir leben in einer Welt, die uns an jeder Ecke und in jeder Minute Dinge und Ideen verkaufen will, die uns angeblich glücklich machen. Die Werbe- und Marketingindustrie ist eine Millliardenbranche. Warum? Weil wir so empfänglich dafür sind, erzählt zu bekommen, dass dieses Auto, jener Traumurlaub, die Diamantohrringe und das schönste Kleid, die beste Antifaltencreme (und das alles abgesichert von der sichersten Versicherung) uns glücklich machen können. Den noch fehlenden Traumpartner gibt's natürlich auch – und zwar in dieser oder jenen tollen Partnerschaftsbörse im Internet... sagt zumindest die Werbung.

Komisch, dass irgendwie selten jemand tatsächlich genug zu haben und wunschlos glücklich zu sein scheint, oder? Die wenigsten

Superreichen spenden mal zumindest einen Teil Ihres Vermögens für humanitäre Zwecke... obwohl sie doch kaum wissen, wohin mit ihrem Geld, scheinen sie immer noch nicht genug zu haben. Egal, wie viel sie haben – wie viele Kleider im Kleiderschrank, wie viele Luxusschlitten in der Garage, wie viele Wochenendhäuser auf der ganzen Welt verteilt – die meisten wollen immer noch mehr. Und die Industrie ist ungemein erfinderisch darin Dinge zu erfinden, die nun wirklich absolut niemand braucht – außer Leuten, die kaufen und kaufen und kaufen – egal wie reich und immer in der Hoffnung, dass sie irgendwann genug von irgendwelchen Dingen haben und dadurch glücklich sein werden.

Was sie nicht sehen ist, dass sie nichts davon später mitnehmen können und es bestenfalls für dieses Leben reicht. Das letzte Hemd hat keine Taschen, sagt eine alte Volksweisheit. Die Menschen sehen nicht, dass sie sich mit jedem Kauf auch verletzlicher machen. Dass der Druck immer größer wird, diese Dinge, die man angehäuft hat, zu beschützen. Die meist unbewusste Angst steigt, dass sie einem weggenommen werden könnten, seien es Materielles oder der Liebste oder andere vergänglichen Glückzustände.

Das Glück, nach dem wir alle suchen, ist nichts, was wir irgendwo außerhalb finden können. Es entsteht nicht, indem wir unserem »Ich« irgendetwas hinzufügen und es so komplett oder perfekt machen könnten. Jeder Mensch und jedes andere Wesen ist aus buddhistischer Sicht in sich perfekt und trägt alle erleuchteten Eigenschaften bereits in sich. Buddha sagt, dass jedes Wesen die »Buddhanatur« hat. Unser Geist ist im Laufe unzähliger Leben lediglich von störenden Gefühlen und daraus resultierenden Karma-Altlasten so verschleiert worden, dass diese uns innewohnenden erleuchteten Qualitäten sozusagen völlig verschüttet sind. Aber sie sind alle da und warten darauf, eingesetzt zu werden.

Daher geht es also darum, diese Schleier von unserem Geist zu entfernen. Und die gute Nachricht ist: das ist machbar. Durch das Verinnerlichen und das geistige und praktische Anwenden der Lehren Buddhas – und durch bestimmte buddhistische Meditationen, die einen reinigenden Effekt auf den Geist haben.

Es gibt also nichts, was wir von außen hinzufügen oder besitzen müssten, um dauerhaft glücklich zu sein. Und dies ist das große Geschenk buddhistischer Meditationen – es mag noch einige Zeit dauern, bis wir die Erleuchtung erfahren und diesen Zustand größten, unbedingten Glücks ununterbrochen erleben können – aber in der Meditation bekommt man schon für einige Sekunden oder sogar Minuten und Stunden einen Eindruck von dieser unbegrenzten Freude. Und das macht geradezu süchtig. Hat aber keine unerwünschten Nebenwirkungen!

Der Umzug ins hippe Hamburger Karoviertel tat uns gut. Wir genossen den entspannten Lebensstil – und unsere nagelneue Wohnung über den Dächern von Hamburg mit Blick auf die Elbe und den Hafen, auf das wir so sehnsüchtig gewartet hatten. Es war ein architektonischer Traum auf zwei Etagen und der Ausblick war in alle Richtungen atemberaubend. Das Karolinenviertel ist eigentlich ein sogenanntes »Quartier« des berühmten Hamburger Hafenstadtteiles St. Pauli, wird aber von vielen aufgrund seiner ganz eigenen Atmosphäre und seiner abgegrenzten Lage zwischen Hamburger Innenstadt und der weltweit berühmt-berüchtigten Rotlichtmeile, der Reeperbahn, als eigenständiger Stadtteil empfunden. Seine fast dörfliche Atmosphäre bildet einen sehr amüsanten Kontrast zu der schicken und durch und durch Business orientierten Hamburger Innenstadt, die direkt angrenzt. Die alternative Szene hat das Quartier stark geprägt. Nachdem es in den 80er Jahren zum Sanierungsgebiet erklärt wurde, gab es jahrelang von der autonomen Szene besetzte Häuser in der Straße, in die wir später zogen, und eine stadtweit bekannte Bauwagenburg, genannt »Bambule«. Es gab viele heftige Auseinandersetzungen zwischen den Anwohnern, der sich mit ihnen solidarisierenden autonomen Szene und der Polizei. Demos und Straßenkämpfe vermummter, Steine werfender Gestalten gegen Wasserwerfer und bis and die Zähne bewaffnete Polizisten waren ein erstaunlich gewohnter Anblick an einem Wochenende im Karoviertel und dem benachbarten Schanzenviertel. Jedes Spiel des cooleren der beiden Hamburger Fußballclubs, dem FC St. Pauli, nahm die autonome Szene zum Anlass, sich eine weitere Straßenschlacht mit den Wasserwerfern und ihren »grünen Männchen«, wie mein Süßer die Einsatztruppen der Polizei manchmal wegen ihrer Kampfanzüge samt Helm und Schlagstock nannte.

Nachdem der Senat diese Wohnwagenkolonie schließlich nicht gerade friedlich räumen ließ, entwickelten sich Teile des Karoviertels schnell zum einem hippen Wohnviertel mit schicken und reichlich teuren Neubauwohnungen zwischen heruntergekommenen Altbauten, die kaum noch ihre Miete wert waren. Das winzige Viertel rund um die bunte Marktstraße mit ihren kleinen Hippieshops und gemütlichen Cafés gefiel uns wirklich gut, weil es einfach entspannter und nicht so snobistisch wie die Klassiker unter den zentralen Hamburger Stadtteilen, Eppendorf, Winterhude und Harvestehude war. Die meisten unserer Freunde hatten sich inzwischen die für gut verdienende »Dinks« – Double income, no kids – obligatorische 4-5 Zimmer Altbauwohnung mit möglichst hohen Decken und möglichst viel Stuck an diesen erarbeitet – wir unterschrieben statt dessen einen Mietvertrag für eine Wohnung, die zu dem Zeitpunkt der Vertragsunterzeichung gerade mal als Baugrube existierte und durften ein halbes Jahr Vorfreude genießen und Geduld üben, bis wir endlich einziehen konnten.

Im Karoviertel leben viele Bürger mit niedrigem Einkommen. Die Arbeitslosenquote ist nicht zuletzt wegen des hohen Ausländeranteils sehr hoch. Man mag es romantisch-verklärt als Multikulti bezeichen, aber eigentlich ist es eher ein gegenseitiges Ertragen und voneinander Profitieren der Kulturen und Subkulturen. Aber im Gegensatz zu Stadtteilen mit ähnlicher Struktur hat das Karolinenviertel wirklich eine besondere Atmosphäre und wirkliches Flair – ein gewisses Etwas. Vom Secondhand Laden über die schicke Jungdesigner Boutique und das kleine aber feine Edelrestaurant bis hin zur Kultkneipe bietet es viele Anziehungspunkte, die zum ausgedehnten Bummeln und Chillen reizen. Mittlerweile kommen auch die Touristen zielstrebig ins Viertel gepilgert – was natürlich auch die Kommerzialisierung beschleunigt und der alternativen Romantik wahrscheinlich früher oder später ein schleichendes Ende setzen wird. Aber noch wird Individualität hier großgeschrieben. Deswegen haben sich wohl auch viele Kreative und eine weltbekannte Werbeagentur hier niedergelassen. Mit dem Schanzenviertel und dem »Kiez«, der Reeperbahn nebenan, brauchen sie fürs Feierabendbier und mehr quasi nur aus der Tür zu fallen.

Vom Dach unseres Hauses aus konnten wir über das Schanzenviertel und St. Pauli bis ins Alte Land hinter der Elbe schauen. Der Ausblick war wirklich ein Traum – Silvester verbrachten wir wegen des atemberaubenden 360° Ausblicks auf das Feuerwerk über den Dächern von Hamburg meist mit Freunden zuhause und stießen um Mitternacht auf unserer Dachterrasse auf das neue Jahr an. Auch den Anblick des gerade vom Stapel gelaufenen Ozeanriesen Queen Mary 2 auf seiner Jungfernfahrt von New York nach Hamburg werde ich so schnell nicht vergessen. Ich wurde morgens von dem wirklich beeindruckenden Horn des Luxuskreuzfahrschiffes geweckt – schaute aus dem Fenster und sah seine drei riesigen schwarzen Schornsteine vor dem Sonnenaufgang majestätisch über das glitzernde Häusermeer von St. Pauli hinweg gleiten. Das sind Momente, für die man vielleicht norddeutsch sein muss, um sie romantisch zu finden. Genauso, wie so ziemlich jeder Hamburger sentimental wird, wenn er mit Bierflasche in der Hand am nicht gerade blitzsauberen Elbstrand sitzt, rostige Containerfrachter vorbeiziehen und die Verladekräne gegenüber im Industriehafen den Sonnenuntergang über der Elbe mit aufeinander knallenden Containern und Rangiergepiepse beschallen. Für Hamburgverrückte der Gipfel der Romantik!

Wenn man diese Romantik nach einem langen Arbeitstag dann noch in einem Liegestuhl, Füße im Sand mit Cocktail in der Hand und schöne Menschen guckend in einem der beliebten Beachclubs direkt am Hafen genießen kann, ist der Hamburger Feierabend im Sommer perfekt. Alternativ landeten wir meist im Garten unseres Lieblingsrestaurants, dem Luxor. Mit dem Besitzer waren wir gut bekannt und es war – und ist heute noch – eine wunderbare Mischung aus Schanzenviertel-Gelassenheit mit bunten Glühbirnen im Garten und wirklich hochklassigem Essen mit noch besseren Weinen, normalerweise vom Chef persönlich für uns ausgesucht. So ließ es sich wirklich leben und wir genossen es sehr.

Die neue Wohnung einzurichten, wurde zu einer von zwei neuen großen Leidenschaften für mich. Es machte mir Spaß, kreative Tischdekorationen zu erfinden, sei es für einen Abend mit Freunden oder Silvester – ich war so inspiriert, dass ich kurz davor war einen Tischdeko Ratgeber zu schreiben! Stapel von Architektur- und Inneneinrichtungsmagazinen der superstylishen Sorte sammelten sich an und ich verbachte mehr als ausreichend Zeit in den edlen Design Läden in der Hamburger Innenstadt oder im Nobelstadtteil Eppendorf.

Mein zweites neues Hobby war nicht weit vom ersten entfernt – nur draußen statt drinnen. Ich verwandelte unsere Dachterrasse in ein Blumenparadies. Es war wirklich traumhaft schön. Unter hohen Bambusbüschen und Wänden von Blüten überall genossen wir unser Abendessen und den Ausblick bei ein oder zwei Flaschen Rotwein noch viel mehr.

Natürlich gab ich für diese beiden Leidenschaften auch wieder Unmengen von Geld aus. Und sie sagten auch etwas darüber aus, wo ich mich zu diesem Zeitpunkt in meinem Leben befand. Beide Hobbys gehörten eindeutig in eine große Schublade mit der Beschriftung »Nestbautrieb«. Wir fingen wirklich an, sehr sesshaft zu werden. Auf wilde Partynächte hatten wir beide keine große Lust mehr. Wir waren fast nur noch mit anderen Paaren befreundet, und generell war es meinem Liebsten eigentlich immer lieber, in Ruhe zu Hause zu sein statt etwas mit Freunden zu unternehmen. Er war wirklich ein Couchpotatoe – bzw. eher noch ein Computerpotatoe. Mit unglaublicher Einsgerichtetheit und Hingabe beschäftigte er sich mit 3D Design und den entsprechenden hochkomplexen Anwendungen. Er hatte nie einen Kurs gemacht, aber entwickelte eine große Ausdauer darin, sich die Software selbst beizubringen und Ideen umzusetzen. Das tat er häufig tage- und nächtelang, während ich in meinen Dekozeitschriften stöberte oder, kuschelig in Decken auf dem Sofa eingehüllt, Verfilmungen von Jane Austen's Novellen schaute – alternativ auch gern »Vom Winde verweht«, »Bridget Jones« oder andere superromantische »Frauenfilme«. Das Hamburger Schmuddelwetter gab dazu jede Menge Gelegenheit, besonders im Herbst.

Glücklicherweise war ich noch nie jemand, der viel auf das Wetter gibt. Meine Laune beeinflusste das nie und ich konnte jeder Wetterlage und jeder Jahreszeit etwas abgewinnen. Ich habe das irgendwie nie verstanden – warum manche Menschen ihre Stimmung und ihr Glück so vom Wetter abhängig machen. Warum sie dienstags schon schlechte Laune bei strahlendem Sonnenschein haben, weil es am Mittwoch ein bisschen regnen soll. Unsere fruchtbare europäische Landschaft, die uns unseren Wohlstand ermöglicht, ist so fruchtbar, weil es ab und zu mal regnet... sollte man dafür nicht eher dankbar sein? Das Wetter ist aus buddhistischer Sicht wirklich eines der besten Beispiele dafür, dass alles auf dieser Welt einem ständigen Wandel unterworfen ist. Es ändert sich seit Jahrmillionen, ist jeden Tag anders und deswegen lohnt es sich doch wirklich nicht, dem große Beachtung zu schenken, oder? Geschweige denn sich davon seine Stimmung diktieren zu lassen und infolge dessen fünfzig Prozent seiner wertvollen Zeit mit eingeschränkt guter Laune nur wegen des Wetters zu verschwenden. Ohne mich jedenfalls – auch schon in meiner »vorbuddhistischen« Zeit.

Ich genoss das Hamburger Schmuddelwetter sogar tatsächlich – die Gemütlichkeit, wenn draußen Wind und Regen an die großen Fenster prasselten, während ich es mir drinnen mit Kerzen, Tee, Keksen, Zeitschriften und Filmen gemütlich machte. Herrlich!

Was wir zwei aus meiner Sicht – und der unserer Freunde – viel zu wenig taten, war uns mit ihnen zu treffen. Verabredungen mit meinen besten Freundinnen und deren Partnern schienen für meinen Süßen der pure Horror zu sein. Ich denke, dass ich die paar Mal, die wir tatsächlich bei oder mit Ihnen essen waren in all den Jahren – Silvester mal ausgenommen – an nicht viel mehr als zwei Händen abzählen könnte. Mit seinen Freunden, die zum Großteil auch unsere Verlagskollegen waren, kam ich wunderbar aus und wir trafen uns häufiger mit ihnen. Meistens allerdings auch auf meine Initiative hin. Es war leichter, ihn dazu zu überreden als zu einem Treffen mit meinen Freundinnen und deren Männern. Vielleicht ist das auch bis zu einem gewissen Punkt normal bei Männern – dieses Bedürfnis nach etwas Distanz zu den besten Freundinnen ihrer Partnerin. Die könnten ja schließlich intime Dinge über einen wissen, die man eigentlich lieber für sich behalten hätte. Und so ganz leugnen kann ich das auch nicht. Natürlich holte ich mir manchmal Rat und Unterstützung bei Ihnen – auch im Bezug auf unsere Beziehung. Ich hatte in Hamburg drei Freundinnen, die ich mit Abstand als meine besten bezeichnen würde. Karoline, Charlotte und Fenja. Alle drei hatte ich gleich in meinem ersten Jahr in Hamburg kennengelernt.

Karoline war wunderbar. Sie war immer für mich da, wenn ich sie brauchte. Von Snowboarden bis Nächte durchtanzen ließ sich mit ihr alles anstellen – und die Gespräche drehten sich nie primär um neue Autos oder Designerklamotten. Karoline hatte eine lockerer und undramatische Art, die Dinge zu sehen, und das war gut so. Besonders in den Jahren, in denen ich meine Beziehungsdramen durchmachte. Fenja, Charlotte und ich bildeten eher ein Trio. Perfekt für lange Gespräche und Beziehungsanalysen, wie wir Mädels sie ja nur zu gern führen. Und wir teilten unsere Leidenschaft für exzessives Shoppen, Kaffeetrinken und Kuchenessen in gediegenen Blankeneser Elbcafés und auf eleganten Empfängen und Parties.

Tiefgehende stundenlange Gespräche miteinander führen zu können – das war für mich lange Zeit eine Bedingung für eine gute Freundschaft bzw. für wahre Freunde. Was das angeht, hat sich meine Einstellung in den letzten Jahren ziemlich grundlegend geändert. Gute Freunde müssen kein ausgeprägtes Kommunikationstalent haben. Sie können auch großartige Freunde sein, weil sie einem Wärme, Liebe oder Schutz schenken können oder man einfach weiß, dass man eine ähnliche Sicht der Dinge hat.

Das Kommunikationsbedürfnis von Frauen ist ja bekanntermaßen etwas ausgeprägter und anders als bei Männern. Das ist schon allein evolutionär bedingt. Während die Männer in der Steinzeit stunden- und tagelang gemeinsam auf der Jagd waren – und dabei besser nicht zuviel redeten, weil sie sonst die Beute vertrieben hätten – saßen die Frauen Jahrtausende lang gemeinsam zuhause ums Feuer herum und vertrieben sich die Zeit mit Unterhaltungen und Liedern. Daraus entstanden Traditionen und Kulturen – eine wichtige Basis für unsere heutige Hochkultur. Dank der Frauen. Auch für die Erziehung von Kindern ist es nach heutigem Stand der Wissenschaft wichtig, dass viel mit ihnen gesprochen wird. Die Entwicklung der Gehirnstruktur und damit die Fähigkeit, später hochflexibel denken und handeln zu können, wird so angeregt und gefördert.

Für Frauen ist das Reden über Probleme der Weg zu deren Lösung. Durch den Gedankenaustausch mit anderen befreien sie sich von der psychischen Belastung, analysieren schwierige Situation und Herausforderungen in ihrem Leben und finden dadurch so Lösungen für diese. Deswegen ist es wichtig, dass Männer in gewissem Rahmen Verständnis für das Redebedürfnis ihrer Partnerin aufbringen und ihr in einem gewissen Rahmen wirklich aufmerksam zuhören. Dabei dürfen sie einen großen Fehler nicht machen: zu denken, dass die Frau hier eine Lösung für das Problem von ihnen fordert indem sie darüber redet. Denn das ist fast nie der Fall. Sie will meist nur etwas loswerden und verarbeiten, ohne überhaupt eine Lösung dafür zu erwarten. Männer fühlen sich aus diesem Grund häufig unwohl, wenn Frauen über ihre Probleme sprechen wollen. Sie selbst reden nämlich über Probleme grundsätzlich erst dann, wenn sie bereits im stillen Kämmerlein eine Lösung dafür gefunden haben. Über ungelöste Probleme zu sprechen ist Männern peinlich. Und evolutionstechnisch gesehen sogar tatsächlich gefährlich. Der Mann würde seinen Feinden und Rivalen Angriffsfläche und Schwachstellen bieten, wenn er offen über ungelöste Probleme sprechen würde. Moderne Kommunikationsexperten und als Paarberater tätige Psychologen raten dazu, sich das in Konfliktsituationen und generell im Beziehungsalltag oft genug in Erinnerung zu rufen, um einander besser zu verstehen und Missverständnisse zu vermeiden. Es ist als Frau sicherlich eine gute Idee, dem Partner von Zeit zu Zeit daran zu erinnern, dass sie gar keine Lösungen für ihre Probleme von ihm erwartet, wenn sie über diese spricht, sondern dass sie es nur mit ihm teilen und für sich selbst dadurch verarbeiten möchte. Wenn er natürlich einen konstruktiven Lösungsansatz sieht, der für sie funktionieren kann – um so besser! Es sollte nur von ihrer Seite deutlich werden, dass sie keine Problemlösung von ihm erwartet.

So sinnvoll es manchmal auch sein mag, zu reden – Frauen sollten aufpassen, es nicht zu übertreiben mit dem Reden. Nicht über sich selbst und ihr Leben und erst recht nicht über andere. Es kann schnell einsam machen, wenn man den Ruf einer Quasselstrippe hat. Negatives über nicht anwesende Dritte zu reden ist sowieso fast immer nicht nur sinnlos sondern auch noch schädlich – die Leute werden in Retour auch anfangen über einen zu tratschen– und karmisch sind es Samen, die man nicht in seine Zukunft säen möchte. Es ist erst recht nicht ratsam, schlecht über den Partner und andere reden. Das trennt die Menschen voneinander. Insbesondere im Bezug auf den Partner sollte man sehr aufmerksam sein. Aufgebautes Vertrauen wird so sehr schnell wieder zerstört und es kann zur Trennung führen, die gar nicht beabsichtigt war. Viel besser ist es, die Sichtweise anderer – z.B. der Freunde – zu erweitern, wenn diese den Partner nicht mögen, und das Verhalten des Partners zu schützen und zu erklären. Das wird wesentlich einfacher, wenn man einige Zeit meditiert hat und dadurch die nötige Gelassenheit und den Abstand bekommt, um die Verhaltensweisen des Partners nicht mehr so persönlich zu nehmen und ihre Hintergründe erkennen zu können. Und wie schon häufiger erwähnt – alle Menschen wollen eigentlich nur glücklich sein... und stehen sich dabei viel zu oft kolossal selbst im Wege.

Im Übrigen lässt sich einfach wirklich wesentlich Sinnvolleres mit unserer kostbaren Zeit anfangen als die ganze Zeit über Dinge zu reden und zu spekulieren, die schon vorbei sind oder über Ereignisse, die noch nicht stattgefunden haben und so, wie wir uns das im Voraus ausmalen, vielleicht auch nie stattfinden werden. Früher oder später löst sich die Situation, die uns so vertrackt vorkommt, sowieso wieder spielerisch im Raum auf und neue Möglichkeiten, die man vielleicht in all den Gesprächen noch nicht einmal in Erwägung gezogen hatte, tun sich auf. Vorgefertigte Lösungskonzepte können einem helfen – und auch ganz gewaltig die Sicht versperren auf unzählige andere Möglichkeiten und Wege, die man mit Tunnelblick einer vorgefertigten Lösung vielleicht gar nicht wahrnimmt.

Alles leer, alles nichts …?!?

Der buddhistische Begriff der »Leerheit« wird häufig falsch interpretiert und führt zu allerlei lustigen Ideen darüber, was Buddhisten tun oder wie sie sich vielleicht fühlen. Dass sie vielleicht ganz traurig sein müssten, weil sie nach dem Tod in ein schwarzes Loch von Nichts fallen oder so etwas. Aber der Buddhismus versteht die Leerheit des Raumes geradezu als Gegenteil der nihilistischen Auffassung vom Raum als »bloßes Nichts«.

»Raum ist Information« ist vielleicht die beste Weise, die buddhistische Sicht auszudrücken. Oder »Raum ist innewohnende Möglichkeit«, »Raum ist selbstentstandene Freude« – diese drei Behauptungen können selbst überprüft und sogar nachgelebt werden. Wer in Meditation nach innen schaut, begegnet nackter Bewusstheit. Dann erscheint ein Gedanke, ein Gefühl, eine Erinnerung, und verschwindet zurück in diesen Raum, der aber unbegrenztes Potenzial und alle Informationen bietet. Die äußere Welt arbeitet in der gleichen Weise: Galaxien erscheinen, entfalten sich, verschwinden wieder in Schwarze Löcher und liefern vielleicht den Wasserstoff für das nächste Universum.

ie Beziehung zu meinem Mann wurde über die Jahre zweifellos ein zunehmendes Aneinander-vorbei-leben. Wir mochten uns, wie liebten uns, und wir wollten definitiv zusammen sein und bleiben. Es geschah beispielsweise – wenn überhaupt – dann nur sehr selten, dass wir in der Wohnung aneinander vorbei liefen, ohne uns die Zeit für eine Umarmung und einen Kuss zu nehmen. Jede Beziehung entwickelt Verhaltensmuster, die für sie bezeichnend sind. Paare und Familien legen sich so etwas wie eine Geheimsprache zu: Kosenamen, Gesten, die entweder ihre Lebensart ausdrücken oder die auf gemeinsame Erlebnisse hindeuten. Das schafft ein starkes Wir-Gefühl und umfasst die Art, sich zu begrüßen, sich zu verabschieden, wann und wie gegessen wird, wie der Fernsehabend aussieht und so weiter. Nach einem Arbeitstag wirken die gewohnten Verhaltensweisen entspannend und vertraut. Außenstehende können diese Rituale

Die Idee, dass Buddhismus spaßfrei wäre, stammt auch von einem rein fehlerhaften Verständnis vom Ausdruck »Leerheit«. Als westliche Übersetzer in die buddhistischen Kulturen kamen und die Texte kennen lernten, war ihre Sicht auf eine zweiheitliche Denkweise begrenzt. Dies ist die »Entweder-Oder«-Wahl, die wir im Westen benutzen.

Für diejenigen, die die zeitlose Weite des Erlebens nicht erkennen konnten, konnte »Leerheit« nur Nichtexistenz bedeuten. Aufgrund des gleichen begrenzten Verständnisses erklären viele der frühen Übersetzungen buddhistischer Texte und Kommentare »Nirvana«, das höchste Ziel, als Auslöschen oder Verschwinden. Das ist nicht der Fall. »Befreiung« ist schon großartig und »Erleuchtung« ist eine Explosion von Freude, Weisheit und Mitgefühl – mit nichts Anderem vergleichbar.

mit der Zeit verstehen und dazugehören. Verschwinden die vertrauten Liebesbräuche, wird die Verbindung gleichzeitig schwächer, wenn nicht neue hinzukommen. Allerdings kann eine zu häufige Wiederholung auch zum Gefängnis werden und sich klebrig anfühlen oder abnutzen. Fehlen dabei Bewusstheit und Liebe, lähmen sie leicht eine Beziehung. Wie es auch bei meinem Mann und mir mehr und mehr der Fall war. Bei Paaren, die ihre Zusammengehörigkeit nicht durch Meditation nach innen vertiefen, ist es besonders klug, die kleinen Aufmerksamkeiten nicht zu einer leeren Floskel werden zu lassen, sondern sie bewusst zu erwidern und den Zauber des Austausches durch Dankbarkeit immer wieder neu zu beleben. Das erwärmt und verbindet die Herzen.

Tagsüber waren wir beide mit unseren Jobs beschäftigt. Unsere Abende verbrachten wir zwar meistens in der Wohnung, aber deswegen noch lange nicht zusammen. Wenn wir nicht zum Essen ausgingen, dann saß mein Herzallerliebster wirklich die meisten Abende bis spät in die Nacht vor dem Rechner und tüftelte an 3D Grafiken oder durchstöberte sein digitales Musikarchiv, während ich in Zeitschriften und Büchern stöberte oder mich mit meinen Freundinnen traf. Leider verbrachten wir noch nicht einmal die Nächte gemeinsam...

Ja, richtig gelesen. Wir schliefen jahrelang in getrennten Schlafzimmern. Warum? Weil er so laut schnarchte, dass ich sonst früher oder später vor lauter Schlaflosigkeit wahrscheinlich gemordet hätte. Es ging einfach nicht. Was wir auch probierten – von Ohrstöpseln in allen Größen und Ausführungen für mich bis zu allen möglichen Schlafpositionen und Tricks für ihn – es half nichts. Auf unseren Reisen fand sich in Hotels teilweise einer von uns vor lauter Verzweiflung in der Badewanne oder auf dem Boden des Badezimmers schlafend wieder. Vielleicht hätten wir dieses Problem noch konsequenter angehen und aus der Welt schaffen können und sollen – denn der Preis für extra Schlafzimmer war zweifellos unser Nachtleben, das über die Jahre gewaltig auf der Strecke blieb. Es wäre aber an ihm gewesen, die Behandlung dieses Problems, dass ja auch seine Gesundheit gefährdete, anzugehen. Er tat es nicht. Vielleicht war ich es, die nicht die richtigen Worte fand, um ihn zu motivieren.

Die Notlösung, dass er mich sozusagen jeden Abend ins Bett brachte, um zumindest einen Teil der Nacht gemeinsam zu verbringen, war eher halbherzig und wirkte nicht gerade entkrampfend auf unser Liebesleben. So leidenschaftlich wir uns die Kleider noch im Flur vom Leib gerissen hatten, als wir noch keine »ordentliche« Beziehung hatten – so sehr war uns Jahre später mehr nach Kuscheln als nach wildem leidenschaftlichen Liebesspiel. Eine gesunde Beziehung braucht ein gesundes Nachtleben, um gesund bleiben zu können. Natürlich schleicht sich bei den meisten Paaren früher oder später im Bett und im Alltag etwas Routine ein – das muss aber nicht sein. Die beste Basis dafür, die Partnerschaft und das Liebesleben frisch zu halten, basiert auf der richtigen Motivation und Anschauung beider Partner für diese Beziehung und die individuellen weiblichen und männlichen Qualitäten, die sich wunderbar ergänzen.

Buddhisten sehen die Verbindung zwischen Frauen und Männern als sehr kostbar an. Sie bringt besondere menschliche Entwicklungsmöglichkeiten. In einer offenen, tiefen und ehrlich geführten Partnerschaft lernt man in einer runden Weise, die das ganze Leben mit einbezieht.

Die Verbindung schafft sowohl Raum als auch Freude und gibt freien Menschen die spannenden Berührungsflächen, die zu Wachstum führen. Die Entscheidung, füreinander da zu sein, gibt dem Paar sowohl Verantwortung als auch innere Sicherheit. Die Frage, die beide sich selbst regelmäßig stellen und bewusst entsprechend handeln sollten ist: was kann ich für das Glück meines Partners tun? Wenn man sich verabschiedet von den vielen eigenen konzeptbeladenen Vorstellungen, wie eine ideale Partnerschaft auszusehen und wie ein idealer Partner sich zu verhalten hat – dann macht man damit den Raum auf für ungeahnte, immer wieder frische und inspirierende Möglichkeiten und macht die Beziehung und das eigene Innenleben wirklich reich. Wir sind alle am glücklichsten in den Momenten, in denen wir vergessen, selbst etwas zu wollen und zu erwarten, und stattdessen entdecken, wie schön es ist, den anderen durch kleine und große Aufmerksamkeiten und Geschenke glücklich machen zu können. So löst sich die Trägheit der Gewohnheit automatisch auf und ermöglicht damit für beide eine schnelle menschliche Entwicklung.

Ein Mann, der zur Frau geht wie in einen Tempel und ihre Erfahrungswelt in sich aufnimmt, entwickelt durch sie eine Erweiterung seines Gefühlslebens. Die Frau, die sich in die spielerische und alles untersuchende Welt des Mannes hineinversetzt und den Gesprächen über technische Details von faszinierenden Maschinen wie Autos oder Motorrädern etwas abgewinnen kann, lernt dafür, sich für den Reichtum von Wissenschaft und Technik im täglichen Leben begeistern zu können. Diese gegenseitigen Bereicherungen finden oft unbewusst statt. Daher ist es viel sinnvoller, »komische« Eigenschaften des Partners als Teile seiner Ganzheit, die man ja mag, zu erleben statt zu versuchen, ihn zu ändern oder ihm solche Dinge »abzugewöhnen«. Aber an so einer Sichtweise muss man meist etwas arbeiten, weil gerade bei unsicheren Menschen die Erwartungen sehr groß sind. Die meisten haben eine Art »Checkliste« für den perfekten Partner und dessen Eigenschaften im Kopf. Es kann nur zum Scheitern führen, wenn man an diesen Konzepten festhält. Sie versperrt mit vorgefertigten Konzepten, Erwartungen und Befürchtungen die Sicht auf all die wunderbaren offensichtlichen und versteckten Qualitäten, die jeder hat. Statt sich auf all diese zu konzentrieren und darüber zu freuen ist, man damit beschäftigt, sich intensiv über die vermeintlichen Unzulänglichkeiten des Partners zu ärgern oder zumindest frustriert zu sein.

Ein Paar, das aufgrund eines Überschusses bei beiden die Möglichkeit hat, sich auf höchster Ebene wirklich begegnen und erleben zu können, kommt an Lernen und Meditationen nicht vorbei. Währenddessen bestaunt das Umfeld dabei eine Entwicklung, die endlich mal überzeugt. Das Paar denkt, spricht und handelt wegen der täglichen meditativen Vertiefungen immer sinnvoller und nützlicher, sowohl innerhalb der Beziehungen als auch nach außen hin. Beide haben die grundlegendsten aller buddhistischen Belehrungen, die von Ursache und Wirkung, verinnerlicht und wenden sie an.

Menschen, die das verstanden haben, wissen, dass der gegenwärtige Augenblick immer der wertvollste ist: er wird weder zurückkehren noch kann er wiederholt werden: Wachstum geschieht immer im Hier und Jetzt. Und den Verlauf einer Situation kann man auch immer nur im Hier und Jetzt bestimmen – die bereits Geschehene kann man sowieso nicht mehr ändern – und alles zukünftige noch nicht. Jede Minute kann die letzte sein und man sollte deshalb seine Zeit nicht vergeuden. Unterstützen sich die Partner bewusst in dieser Einstellung, wird die Beziehung ein Freudenfest. Man kann sich gar nicht oft genug selbst fragen, ob man den Partner und eigentlich jeden anderen, mit dem man zu tun hat, heute so behandeln würde, wenn man wüsste, dass er morgen bei einem Unfall ums Leben kommt. Denn man weiß wirklich nicht, wieviel Zeit man füreinander hat. Ich kenne junge Frauen, die völlig überraschend ihre Freunde und Ehemänner durch plötzliche Krankheiten und Unfälle verloren haben – und heute alle wesentlich bewusster ihre neuen Partnerschaften leben. Sie sind sich der Tatsache bewusst, wie schnell alles zuende sein kann – und versuchen deswegen, die gemeinsame Zeit wirklich optimal nutzen und ihre Liebe voll zu genießen, statt sie unnötig zu verkomplizieren.

Eine Beziehung, die in einer so befreiende Sichtweise wurzelt, hat im Wettlauf nach dem Glück schon ein Bein im Ziel. Sie nimmt jede Erfahrung als Nahrung und beide Partner können kurz- und langfristig nur gewinnen.

Grundsätzlich gibt es zwei verschiedene Vorstellungen von dem, was durch das sehr dehnbare Wort »Liebe« bezeichnet wird. Die heutzutage allgemein verbreitete Auffassung ist eine erwartende oder nehmende Haltung von Liebe, während die andere Auslegung ein befreiendes und gebendes Verhalten zeigt. Die »nehmende Liebe« geht einher mit Begriffen wie Festhalten und »Klammern«, Eifersucht, Zorn und Selbstsucht. Die »gebende Liebe« wird gestützt durch buddhistisches Gedankengut und umfasst den ganzen Bereich von Liebe, Mitgefühl, Mitfreude und Gleichmut.

Bei der ichbezogenen Liebe wird der Raum auf Dauer sehr klein und arm gemacht. Alles ist eng, man lebt in Vergangenheit oder Zukunft und im Mittelpunkt steht nur das, was früher oder später wieder kommt und geht. Man beschäftigt sich mit Dingen, die waren oder hätten sein können oder erhofft Dinge, die geschehen sollen. Man vertraut dem Augenblick nicht und will auch im täglichen Leben ständig Sicherheiten und Versprechen. Das zwingt den verunsicherten Partner zu Unwahrheiten, weil er die Zukunft ja bei bestem Willen nicht überschauen kann oder den Partner schützen möchte. Wenn man den anderen besitzen will, fühlt man sich zwar in einer Beziehung vorübergehend sicher, aber echtes Glück kann aus Mangel an Ursachen nicht wachsen. Das bietet kein geistiges Wachstum. Stattdessen verwirrt das übertriebene Festhalten am Partner einen selbst mehr und mehr und bringt beide vom eigentlichen Ziel – der gemeinsamen Entwicklung und einer wirklich glücklichen Partnerschaft ab.

Eine Beziehung wird dann schwierig, wenn man erwartet, vom Partner glücklich gemacht zu werden. Man denkt in erster Linie an sich selbst, es gibt ständig etwas zu bemängeln oder zu nörgeln, und das führt zu einer Ausschließlichkeit in der Liebe, die wenig Zugang für andere ermöglicht. Langfristig zerstört dies den vertrauten Austausch miteinander – und das war's dann mit dem Spaß.

Echtes Glück entsteht immer als ein Geschenk. Eine berechnende, fordernde Einstellung begrenzt die Möglichkeiten dafür, dass Gutes in einer Beziehung entstehen kann. Gefangen in einer solchen Erwartungswelt wird man unausweichlich immer schwieriger für den anderen und will alles ausschließlich für sich behalten. Selbst das beste Verhältnis muss sich zwangsweise verschlechtern, wenn immer mehr von außen gebraucht wird, um zufrieden zu sein. Wenn sich ein Paar nicht weitgehend selbst genügt, sondern sein Glück von äußeren Reizen oder Gütern abhängig macht, ist das ein tragischer Fehler. Das Leben ist zu kurz für oberflächliche Beziehungen, die es nutzlos vergeuden. Ist man nicht durch Kinder gebunden, sollten in diesem Fall beide gegebenenfalls nach besser passenden Partnern Ausschau halten, die sie einfach nur für das lieben, was sie sind und einem bieten möchten.

Doch es geht eben auch anders. Viele glückliche Verbindungen beweisen, dass man sich gegenseitig riesig bereichern und gemeinsam wachsen kann. In den Augenblicken, in denen Mann und Frau einfach ihre Erwartungen, Befürchtungen und Vorstellungen, wie der oder die andere sich zu verhalten hat, über Bord werfen, steht dem gemeinsamen Glück herzlich wenig im Weg. Man kann nur positiv überrascht werden und bekommt unzählige Möglichkeiten, sich am inneren Reichtum und den Qualitäten des Anderen zu erfreuen.

Frag nicht, was Du von dem anderen bekommen kannst – frag Dich, was Du dem anderen geben kannst! Nicht nur in Partnerschaften ist so der Weg zu unendlich vielen, glücklichen Momenten viel einfacher, als die meisten denken. Mit dieser Motivation als Motor aller Gedanken, Worte und Handlungen wird alles sinnvoll und erfüllend. Diese Geisteshaltung müssen in unsere Ellenbogengesellschaft die meisten allerdings erst wieder lernen und trainieren. Aber das kann man! Je häufiger man sich daran erinnert, desto mehr verinnerlicht man diese Einstellung. Sie rutscht dann vom Kopf ins Herz und wird früher oder später zu einem Automatismus, der einfach zu Glück führen muss.

Wie wird man die Erwartungshaltung am einfachsten los? Indem man sich selbst überlistet. Jedes Mal, wenn man sich etwas von seinem Partner wünscht, versucht man, statt darauf zu warten, es zu bekommen, es stattdessen dem Partner zu geben. Geben statt Nehmen – und sich über das, was man bekommt – wenn man es bekommt – einfach nur zu freuen, dankbar zu sein und allen Wesen genauso viel und noch mehr so schöne Erfahrungen und Bereicherungen wünschen. Das zu tun, wird das eigene Glück aus buddhistischer Sicht nur noch vervielfachen.

Was soll ich sagen – mein Etappenziel »gemeinsame Traumwohnung« hatten wir erreicht. Und es war einfach meine Art – und vermutlich nicht nur meine: Kaum war ein großes Ziel erreicht, war ich damit nicht etwa glücklich und zufrieden und genoss es. Sofort entwickelte ich neue Wünsche und machte mich daran, sie in Erfüllung gehen zu lassen. Eigentlich habe ich schon relativ früh realisiert, wie kurz meist meine Freude über erreichte Ziele, gute Nachrichten oder etwas schönes Neuerworbenes war und wie schnell aus diesem Erreichten neue Sorgen oder Wünsche und Begierden entstanden. Ich erinnere mich an den Moment, in dem ich nach meiner Ausbildung den Anruf mit der guten Nachricht bekam, die mein damaliges Leben verändern sollte… aber eines nach dem anderen!

Schon während der Schulzeit in Deutschlands nördlichster Stadt Flensburg war für mich völlig klar, dass ich so schnell wie möglich nach Hamburg ziehen wollte. In die große, glamouröse Medienmetropole – das sogenannte Tor zur Welt. Der Plan war eigentlich gewesen, nach dem Abi Kommunikationsdesign zu studieren. Es war schon mindestens seit der 10. Klasse völlig klar für mich, dass ich Grafikerin werden wollte. Ich war zwar künstlerisch nicht großartig überdurchschnittlich talentiert, aber durchaus kreativ. Und ich war begeistert von guter, kreativer Werbung und ästhetisch anspruchsvoll layouteten Zeitschriften. In meinem Zimmer stapelten sich ganze Jahrgänge der internationalen Ausgaben von »Vogue«, »Wired«, »Wallpaper« und anderen ultraschicken Magazinen. Ich war einfach begeistert von Schönheit und Ästhetik in allen möglichen Formen. Als Teenager hatte ich mein Zimmer jahrelang mit fein gerahmten Anzeigenkampagnen eines berühmten Pariser Haute Couture Hauses und Schwarzweiß-Fotografien von Peter Lindbergh und Herb Ritts dekoriert. Um Design zu studieren, braucht man nun allerdings eine Mappe, ein Portfolio mit Arbeiten, um sich für das Studium zu qualifizieren. Vor dem Abitur war ich aber nicht gerade besonders diszipliniert und hatte wahrscheinlich auch einfach Angst davor, abgelehnt zu werden. Aber dann tat sich eine großartige Gelegenheit auf. In der 12. Klasse hatte ich in einer kleinen aber sehr erfolgreichen Flensburger Werbeagentur ein zweiwöchiges Wirtschaftspraktikum absolviert, um in den Beruf hineinzuschnuppern. Dabei hatte ich mich offenbar nicht gerade dumm angestellt. Die drei kreativen Köpfe, denen die Agentur gehörte, boten mir den allerersten Ausbildungsplatz in ihrer jungen Firma an. Es war eine tolle Chance, viel von der Chefdesignerin, und Paul, der sich um die Druckvorstufe kümmerte und über großes technisches und handwerkliches Wissen verfügte, zu lernen. So beschloss ich schnell, dass Hamburg noch zwei Jahre würde warten müssen. In der Zeit meiner Ausbildung würden sich dann ja quasi automatisch Arbeitsproben für meine Mappe ansammeln – und dann würde dem Designstudium in Hamburg bestimmt nichts mehr im Wege stehen.

So machte ich dann die nächsten zwei Jahre die Erfahrung, die alle Azubis machen – Lehrjahre sind keine Herrenjahre, wie das altkluge

Sprichwort so schön mahnt. Ich fiel natürlich einige Male auf die Nase, lernte aber relativ schnell aus meinen Fehlern. Die Arbeit machte mir großen Spaß. Endlich, endlich durfte ich das machen, wovon ich schon so lange geträumt hatte! Ich entwarf Logos, Etiketten, Flyer und Anzeigen, verdiente mein eigenes und gar nicht mal so bescheidenes Lehrlingsgehalt und genoss die dadurch gewonnene zusätzliche Freiheit in einer großen Wohnung, die ich mir mit meiner besten Freundin, einer Krankenschwester, teilte. Für seine Größe ist Flensburg eigentlich ziemlich cool. Es gibt wirklich nette und ganz schicke Clubs, Bars und Cafés, in denen meine damalige beste Freundin und ich eine Menge Spaß hatten und es in vollen Zügen genossen, dass unsere Eltern uns nicht mehr sagen konnten, wann wir nach Hause zu kommen hätten, wie viel wir trinken oder rauchen dürften oder mit wem wir die Nacht verbrachten. Wir hatten wirklich Spaß. Gegen Ende meiner Ausbildung kam mein Chef Paul mit einer anderen guten Freundin von mir zusammen. Das kam mir nun nicht wirklich gelegen, weil nun plötzlich mein Chef abends in meinem Privatleben auftauchte und häufig zu gut darüber informiert war, warum ich am nächsten Morgen mit kleinen Augen dank offensichtlichen Schlafmangels oder Katers in meinen Computer oder ihm entgegen blinzelte. Die beiden hatten eine eher chaotische und nicht gerade konventionelle Beziehung –aber sie sind heute noch zusammen. Vielleicht weil sie es geschafft haben, ihre Erwartungen und vorgefertigten Konzepte in Sachen »ideale Beziehung« nach und nach über Bord zu werfen, ihre Freundschaft über alles gestellt und sich nicht nach den gesellschaftlichen Konventionen gerichtet haben, wenn sie keine Lust dazu hatten.

Damals führte ich seit kurz vor dem Abitur eine Wochenendbeziehung – die längste meiner Beziehungen vor der mit meinem Ehemann. Thorsten studierte im anderthalb Autostunden entfernten Kiel an der Sporthochschule. Er war knapp zwei Meter groß, sah gut aus, war supersportlich und einfach nur wahnsinnig nett und entspannt. Ich fühlte mich bei ihm wohl und geborgen. Da er früher in Flensburg gewohnt hatte und dort noch manchmal Freunde besuchte, die auch mit mir zur Schule gegangen waren, lernten wir uns auch hier in einem Club kennen und lieben.

Jedes zweite Wochenende oder so verbrachte ich also bei ihm in Kiel. Thorsten spielte hochklassig Volleyball und wir reisten oft mit seiner Mannschaft zu Punktspielen und den entsprechenden fröhlichen Feiern danach – im Winter drinnen und im Sommer an den Stränden Norddeutschlands. Mitte der 90er Jahre wurde professionelles Beachvolleyball gerade in Europa populär, und Thorsten und sein Freund Sören, ein Frauenschwarm, der einige Jahrgänge über mir zur gleichen Schule gegangen war, nahmen jedes Turnier der Saison mit.

Zuschauen und nur »Spielerfreundin« zu sein wurde mir schnell zu langweilig, und so fing ich selbst an, im Verein Volleyball zu spielen. Mit meiner Körpergröße und meinem Ehrgeiz war das trotz wenig Erfahrung leicht, und ich genoss es sehr, wieder körperlich aktiv und ein Teil dieser Szene von jungen, sportlichen und entspannt-fröhlichen Leuten zu sein. Übrigens ist Beachvolleyball entgegen der landläufigen Meinung harter Sport und deswegen mittlerweile sogar olympisch– obwohl oft die Rede von einer Funsportart ist. Viele denken, sie hätten auch schon mal richtig Beachvolleyball gespielt – im letzten Urlaub am Strand, mit mindestens sechs Miturlaubern auf jeder Seite vom Netz. Spaß macht es ohne Zweifel. Aber ein Spielfeld, dessen Maße dem eines Hallenfeldes entspricht, in knöcheltiefem Sand mit zwei Leuten statt mit einem Team von sechs zu beackern, ist echte körperliche Arbeit– die aber natürlich auch großen Spaß macht – dank Sonne, Meer, gestählten Körpern in sexy Neonshorts, knappen Bikinis und Sponsorentattoes auf den Muskeln – und Zuschauern in bester Urlaubsstimmung auf den Tribünen. So verbrachten Thorsten und ich die Wochenenden im Sommer damit, auf Turnieren an den schönen Stränden an Nord- und Ostsee zu spielen und die Nächte gleich am Strand durchzufeiern. Sehr nettes Leben!

Nichts desto trotz wollte ich nach meiner Ausbildung unbedingt nach Hamburg ziehen und nicht etwa zu Thorsten nach Kiel. Mein Portfolio hatte sich mittlerweile ordentlich mit Designarbeiten für die Agentur gefüllt – und ich bewarb mich schriftlich an einigen Unis und Fachhochschulen in Hamburg. Aber während ich noch auf deren Antwort wartete, entdeckte ich in der Flensburger Tageszeitung ein Stellenangebot einer Hamburger Agentur, die einen Nachwuchsgrafiker

suchte. Ich beschloss, es drauf ankommen zu lassen und bewarb mich –
nur auf diese eine einzige Anzeige! Als wenige Tage nach meinem Vor-
stellungsgespräch das Telefon klingelte und der Juniorchef der recht
großen Agentur mir mitteilte, dass sie mich gern einstellen würden,
tanzte ich vor Freude fünf Minuten lang durch die Wohnung. Mein
jahrelang gehegter Traum ging in Erfüllung. Ich würde mitten in der
Hamburger City in einer coolen Agentur arbeiten und eine Menge
Geld verdienen. Hurra!!! Meine Ausbilder nahmen mir die letzten
Zweifel daran, dass es die richtige Entscheidung sein würde, diese
Chance wahrzunehmen statt noch vier Jahre lang etwas zu studieren,
dass mir meine Chefin, eine sehr talentierte Designerin, zu neunzig
Prozent eh schon beigebracht hatte in den zwei Jahren meiner Ausbildung. Sie sollten Recht behalten. Damals war es möglich, ohne Studium und stattdessen mit viel Kreativität, einem guten grafischen Auge
und dem notwendigen grafischen und handwerklichen Knowhow als
Grafiker Karriere zu machen. Heute ist das aufgrund des Überange-
bots an Grafikschulen wesentlich schwieriger – wenn auch bestimmt
immer noch nicht unmöglich.

Doch nach fünf Minuten hörte ich auf zu tanzen – und fing an, mir
dennoch Sorgen zu machen. Ich kannte niemanden in dieser groß-
en Stadt! Ich hatte Angst, nicht schnell genug eine Wohnung finden
zu können... und was einem noch so alles einfällt, um sich vorzeitig
verrückt zu machen und die Freude über das gerade erst Erreichte zu
dämpfen. Schade eigentlich! Denn ich fand gleich am ersten Wochenende, an dem ich zwecks Wohnungssuche nach Hamburg fuhr, eine
bezaubernde kleine Wohnung für sehr wenig Geld. Sie lag zwar nicht
zentral, aber dafür in einem schönen Einfamilienhaus inmitten eines
grünen Hamburger Stadtteils. Meine Vermieterin war eine ältere Wit-
we, die mir die kuscheligen 25 Quadratmeter unterm Dach für 250
Mark anvertraute und froh war, durch mich etws mehr Leben und Gesellschaft ins Haus zu bekommen. Meine Kollegen in der Agentur stellten sich als äußerst nett und kontaktfreudig heraus, so dass ich schnell
Anschluss fand. Zwei von diesen Kolleginnen, Charlotte und Fenja,
blieben über zehn Jahre lang mit Karoline meine besten Freundinnen.
Traumjob in Hamburg gefunden – wieder ein großes Ziel erreicht!

Thorsten und ich blieben nach meinem Umzug nach Hamburg noch zwei Jahre lang zusammen. Mein Bedürfnis, jedes zweite Wochenende die Stadt Richtung Kiel oder einem Ort mit Volleyballturnier zu verlassen, sank. Das Leben in Hamburg war spannend genug und ich fühlte mich sehr wohl und zuhause in dieser Stadt.

Mein Job machte mir großen Spaß, aber ich musste bald einsehen, dass es mit den exzessiven Arbeitszeiten in der Agentur nicht vereinbar war, weiterhin einen Mannschaftssport zu betreiben. Nie war klar, ob ich nicht vielleicht am Wochenende Überstunden würde machen müssen, statt mit dem Team zu einem Auswärtsspiel zu fahren. Manchmal konnte ich abends nicht zum Training kommen, weil ich bis in die Nacht in der Agentur saß. Das sind einfach keine Bedingungen für einen Mannschaftssport . Es ist unfair und unzumutbar für alle Beteiligten. Ich machte mich den ganzen Tag verrückt, ob ich es schaffen würde, und das Team konnte sich nicht auf mich verlassen. Also: byebye, Volleyball und Beachvolleyball! Ein paar Monate später beschlossen Thorsten und ich, ebenfalls getrennte Wege zu gehen. Wir hatten uns – nicht zuletzt aufgrund der Distanz und der Tatsache, dass ich meiner Karriere oberste Priorität einräumte – auseinandergelebt und führten völlig unterschiedliche Leben. Kann sein, dass es sich in meiner fast ständigen Abwesenheit auch bereits in seine Vereinskameradin verliebt hatte, die er später heiratete und die heute Mutter seiner Kinder ist. Wunderbar! Wir hatten fünf großartige und ereignisreiche Jahre geteilt – und nun war es für uns beide Zeit für Neues. Es ist einfach toll, wenn Paare es schaffen, ohne Streit und missgünstige Gefühle auseinander zu gehen, statt sich all die schönen Erinnerungen und das gemeinsam erreichte Wachstum zu bewahren. Glücklicherweise ist das den jeweiligen Männern und mir zumindest aus meiner Sicht auch immer gelungen. Dafür bin ich wirklich sehr, sehr dankbar.

Noch während ich mit Thorsten zusammen war, wechselte ich zum ersten Mal den Job. Das war ziemlich gewagt. Als Berufsneuling die erste Festanstellung nach weniger als zwei Jahren zu kündigen, gilt nicht gerade als gern gesehener Stil in der Verlagswelt. Zudem wechselte ich noch nicht einmal in die nächste Festanstellung, sondern in die Freiberuflichkeit. Und dieser Entschluss war nur der Anfang meiner erstaunlich steilen Karriere und vieler damit einhergehender unterschiedlicher Stationen in den folgenden Jahren. Die Arbeitszeiten in der glamourösen Agenturwelt gingen mir zunehmend auf den Keks. Ich hatte quasi keine Freizeit mehr, und mein Anfängergehalt war auch nach einer großzügigen Erhöhung aus meiner Sicht nicht hoch genug, um das irgendwie wett zu machen.

Es ist wirklich absurd, was man unter »Werbern« so als ganz normalen Wahnsinn hat – auf die durchschnittlich gearbeitete Stundenzahl umgerechnet lächerlich niedrige Gehälter und quasi null Freizeit – für einen Job, der neben Prestige – weil es als cool gilt, in der Werbung zu arbeiten – in erster Linie auch eine Menge Frust für kreative Köpfe mit sich bringen kann. Es kommt selten vor, dass sich Chef, Kunde und Grafiker gleich beim ersten Entwurf einig darüber sind, was das ästhetische Nonplusultra für die Anzeigenkampagne oder das Logo ist. Die Meinungen gehen logischerweise auseinander, denn die Geschmäcker und Hintergründe sind verschieden und der Grafiker ist meist nicht derjenige, der die letzte Entscheidung fällt. Häufig genug hat der Kunde, der ja beruflich nicht Designer ist, recht eigene Vorstellungen vom visuellen Erscheinungsbild seiner Firma. Das macht das Agenturgeschäft zumindest für ambitionierte Designer, die ihre ästhetischen Idealvorstellungen für das einzig Wahre halten und gern verwirklichen möchten, manchmal sehr frustrierend. Es hilft, eine deutliche Dienstleistereinstellung zu entwickeln, wenn man ein entspanntes Verhältnis zu seinen Kunden und einen entspannteren Geist haben möchte in so einem Job. Der ist aus meiner Sicht einfach nicht da, um sich als Designer selbst zu verwirklichen, sondern den Kunden in seinen Vorstellungen bestmöglich zu beraten und dafür bezahlt zu werden. Und wenn dieser Kunde dann halt seinen eigenen Kopf hat, ist es wie eigentlich alles überall die Kunst des Möglichen.

Durch eine Kooperation mit einem großen internationalen Verlag hatte ich gemerkt, wie groß meine Leidenschaft für Zeitschriften immer noch war, und dass es mir riesigen Spaß machte, selbst grafische Konzepte für neue Zeitschriften zu entwerfen. Als dieser Verlag mir nach einigen Wochen anboten eines der ersten Internet Fachmagazine weltweit für sie zu entwickeln, fiel mir die Entscheidung leicht, mich für eine Verlagskarriere statt der schwierigen Bedingungen in der Werbebranche zu entscheiden. Geregelte Arbeitszeiten, deutlich höhere Honorare – und mein alter Traum, in Redaktionen zu arbeiten und tolle Magazine zu gestalten, erfüllte sich. Was für ein Glück!

Das Internet fing zu diesem Zeitpunkt gerade erst an, in Firmen Einzug zu halten und auch für Privatpersonen nach und nach erschwinglich zu werden. Dieser Auftrag war aus Grafikersicht ein Sechser im Lotto. Kreativ konnten wir uns völlig austoben, und ich arbeitete in einem riesigen internationalen Zeitschriftenverlag mit hervorragenden Zeitschriftendesignern zusammen, so dass ich rasend schnell dazulernte. Einer dieser Designer war Jean. Er war damals einer der bestbezahlten Editorial Designer in Deutschland. Er brachte mir alles bei, was ich noch zu lernen hatte, handelte trotz meiner geringen Berufserfahrung aus meiner Sicht astronomische Honorare für mich aus – und war oben drein auch noch ein wunderbarer Freund, mit dem man lange Abende bei gutem Wein und gutem Essen wirklich ergiebige Gespräche führen konnte. Jean war zwanzig Jahre älter als ich – und sehr attraktiv. Es gab zwischendurch auch immer wieder Zeiten, in denen wir uns zueinander hingezogen fühlten, aber einer von uns war immer gerade in einer vom anderen immer respektierten Partnerschaft – so dass wir lustigerweise tatsächlich bis heute »nur« sehr, sehr gute Freunde geblieben sind.

Mein zweiter Mentor und guter Freund, mit dem ich jahrelang zusammenarbeitete, war ebenfalls sehr attraktiv – und ist ebenfalls bis heute »nur« sehr guter Freund geblieben. Er war auch derjenige, der zum ersten Mal meinen späteren Mann, seinen damals besten Freund, erwähnte und wenig später zu uns in die Redaktion brachte. Aus heutiger buddhistisch orientierter Sicht müssen mein zukünftiger Mann und ich aus vergangenen Zeiten eine sehr starke Verbindung gehabt haben. Schon als dieser Kollege und Freund zum ersten Mal nebenbei seinen vollen Namen erwähnte, wurde ich aus irgendeinem Grunde hellhörig und hatte irgendwie das Bedürfnis, den Mann hinter dem Namen kennenzulernen. Der Wunsch erfüllte sich schnell. Über seinen Freund stieß er zum Team beim dem Internetmagazin und landete am Schreibtisch mir gegenüber.

Mit uns in einem Dreierbüro saß meine Freundin Caroline aus Heidelberg, die Redaktionspraktikantin. Unser »Stift«, wie sie sich scherzhaft selbst bezeichnete. Als ich sie nach Monaten abends bei einem Wein bat, sich mal bitte vorsichtshalber hinzusetzen und festzuhalten und ihr dann erzählte, dass ihre Kollegen uns seit ungefähr einem halben Jahr E-Mails von einem Schreibtisch zum anderen – Luftlinie: ein Meter – schickten und mittlerweile seit Monaten eine Menge Spaß – besonders nachts – miteinander hatten, wollte sie es nicht glauben. »Aber... aber... ich habe doch die ganze Zeit im selben Raum gesessen und nichts gemerkt!!!«

Der Prinz, aus dem der Buddha wurde

Die Lebensgeschichte von Buddha Shakyamuni macht seine wichtigsten Belehrungen schnell viel verständlicher. Er wurde vor über 2500 Jahren als Prinz Siddharta Gautama als Sohn eines nordindische Königspaares im heutigen Nepal geboren.

Obwohl Buddha in Asien lulturell bedingt häufig anders dargestellt wird, sah er den meisten seriösen Quellen nach eher europäisch aus: groß, stark, mit blauen Augen. Einige Generationen zuvor während der großen Völkerwanderungen war seine Familie aus der Gegend der Ukraine in das heutige Südnepal gezogen. Sie gehörte der angesehenen Kriegerkaste in Nordindiens damaliger Hochkultur an.

Für seine Eltern bedeutete Siddhartas Geburt die Sicherung der Thronfolge und damit den Fortbestand ihres Königreiches. Intensive Träume kündigten seiner Mutter die Schwangerschaft an. Am Tag seiner Geburt passierten mehrere Wunder: der kräftige und schöne Junge machte sofort die ersten Schritte, sieben in jede Richtung, und wo er hintrat, wuchsen sofort wunderschöne Blumen. Das war zwar sehr poetisch und romantisch, wollte aber irgendwie nicht so recht zum Thronfolger eines Kriegerkönigs passen, der später ein Reich würde verteidigen sollen. Daher fragten der König und die Königin drei weise Brahmins um ihren Rat. Was hatte das alles zu bedeuten und was würde die Zukunft ihres Sohnes bringen?

Die drei Weisen waren sich einig: »Der Jjung ist sehr besonders – und es gibt zwei Möglichkeiten: Wenn er nicht mit dem Leiden der Welt in Berührung kommt, wird er der Kriegerkönig und Herrscher Eures Reiches, den Ihr Euch wünscht. Heldenhaft wird er alle Nachbarkönige schlagen und Ihr werdet sehr stolz auf ihn sein. Falls er aber erkennt, dass alles in der Welt nur bedingt und vergänglich ist und kein bleibendes Glück geben kann, wird er fortgehen, um eine neue, erleuchtete Sichtweise zu entwickeln und sie zu verbreiten.«

Nach dieser Weissagung wurde Prinz Siddharta unter größter Achtsamkeit aufgezogen – völlig abgeschirmt von der Welt außerhalb der Palasttore. Er lebte in einer künstlichen Welt, ohne sichtbares Leid. Die Eltern umgaben den Prinzen mit allem, was einem jungen Mann gefällt – 500 wunderschöne Frauen inklusive. Er genoss eine hervorragende Ausbildung auf allen wichtigen wissenschaftlichen Gebieten und sportlichen Disziplinen von Sport und Kampfkunst, und jeder Wunsch wurde ihm von den Augen abgelesen und sofort erfüllt. Er lernte schnell und beherrschte schnell alles, was ihm beigebracht wurde. Er besiegte mühelos seine Gegner in Wettkämpfen und seine Lehrer, die besten des Reiches, wussten bald keine Antworten mehr auf seine Fragen. So sorgenfrei genoss er seine Jugend, völlig abgeschottet von jeglichem Leid, das es vor den Toren des Palastess natürlich überall gab. Er wusste noch nicht einmal davon.

Als er 29 Jahre alt war, kam der große Schock. In einem unbeobachteten Moment schaffte Siddharta es, mit seinem Kutschmeister Channa den Palast unbewacht zu verlassen. Was er an den nächsten drei Tagen auf seinen Ausflügen sah, veränderte sein ganzes Leben. Zuerst sah er einen leidenden, gekrümmt gehenden Kranken mit schmerzverzerrtem Gesicht. Am nächsten Tag begegnete er einem sehr gebrechlichen Greis, der langsam am Stock ging so gut er noch konnte. Am dritten Tag sah er am Straßenrand eine Leiche.

Zutiefst schockiert kehrte er zurück ins Schloss. Er bekam nicht mehr aus seinem Kopf, was er gesehen hatte und wusste, dass sein Leben nicht wieder so sein würde, wie es war. Er sah jetzt klar, dass die Leiden – Krankheit, Alter und Tod – ein Teil des Lebens aller Wesen sind. Nichts von dem, was er bisher von seinen Lehrern und seinen Eltern gelernt hatte, würde ihm helfen können, dieses Leid zu überwinden. Es gab nichts, was er seiner Familie oder seinen Freunden als Zuflucht hätte anbieten können –nichts, auf das wirklich Verlass wäre. Freunde, Familie, Reichtum und all der Ruhm – alles war vergänglich, sowohl außen als auch innen. Nichts davon hatte bleibenden Wert oder war von unbegrenzter Dauer.

Ein weiteres Mal verließ Prinz Siddharta daraufhin am nächsten Morgen das Schloss. Er wollte mehr erfahren und einen Weg aus dem Leid, dass er an den Tagen zuvor gesehen hatte, finden. Er kam an einem meditierenden Mann mit Bettelschale vorbei, der allem entsagt hatte. In den Augen dieses Mannes sah Siddharta etwas, was ihn auf die Spur brachte. Er wusste plötzlich, dass dieser Mann in die richtige Richtung deutete. Der Mann strahlte etwas jenseits des Leidens aus, etwas Zeitloses. Siddharta kam durch diese Begegnung dem undendlichen Meer unter den Wellen, dem klaren Spiegel hinter den unendlich vielen Bildern und Erscheinungen des Geistes näher. Was war es, das all das wahrnahm und erlebte? Was war fähig, all die Gedanken, Gefühle und alle Phänomene in der Welt zu umfassen? Nur der Geist. Siddharta erkannte, dass es da etwas zwischen und hinter all diesen Eindrücken geben musste.

Nun war er auf der richtigen Spur und es kam eine Ahnung in ihm auf, dass nur auf den Geist, der die Phänomene erlebt, wirklich Verlass sein könne. Wohingegen alle Phänomene sich in st#ndiger Veränderung befanden und man darauf nicht würde vertrauen können. Er würde auf das Beständige, nicht das Unbeständige vertrauen können – auf den Spiegel selbst, nicht auf die immer anderen Bilder, die er zeigt.

Im Angesicht des meditierenden Aussteigers verstand Budha, dass der Geist, der alles wahrnimmt, unzerstörbar ist. Dass alles in freiem Spiel aus seiner strahlenden Klarheit entsteht und seine unbegrenzte Liebe alles zusammenhält. Das musste es sein! In diesem Moment verstand Siddharta, dass die nicht bedingte Wahrheit, nach der er suchte, nichts anderes war als der eigene Geist. Aber das einfache Kennen der Natur dessen, was alle Phänomene erlebt, war natürlich nicht genug. Das Ziel kannte Siddharta jetzt – aber wie kam man dorthin?

Zur Zeit von Siddharta gab es keine schnellen Methoden mit dem eigenen Geist zu arbeiten, die alle Lebensbereiche wie Schlafen, Arbeiten, Essen, Lieben oder Lernen mit einschließen. Denn diese hochwirksamen Mittel schenkte Buddha der Welt erst nach seiner Erleuchtung – nachdem er die wahre Natur des Geistes verwirklicht hatte. Diese Belehrungen im Buddhismus, mit denen man heute alle nur erdenklichen Lebenslagen als Spiegel für den eigenen Geist nutze kann, werden „Das Große Siegel" (skt. Mahamudra) genannt. Mahamudra ist so etwas wie das Herz des Vajrayana-Buddhismus.

Weil es zu Buddhas Zeit also nicht wie heute möglich war, mit beiden Beinen im Leben zu stehen und gleichzeitig unmittelbare Erfahrungen bis zur Erkenntnis der Natur des Geistes zu erleben, gab es nur einen Weg für den jungen Prinzen Siddharta. Es galt, den Weg der Entsagung von allem Weltlichen einzuschlagen – ein viel langamerer Weg als die heutige Möglichkeit, alles im täglichen Leben als Teil des Weges zu nutzen.

Um die Masse an Eindrücken in seinem Geist zu reduzieren, beendete er sein bisheriges Leben mit all seinen königlichen Genüssen und Vorzügen und floh nachts aus dem Palast in die waldigen Hügel Nordindiens. Siddharta hatte nur noch einen, sehr starken Wunsch: die wahre, zeitlose Natur des Geistes zu erkennen und zu verwirklichen und damit dem Leid aller Wesen ein Ende machen zu können. Er ging zu den höchsten Gelehrten seiner Zeit und lernte frei von Stolz, soviel er nur konnte. Auch für ihn waren diese Lehrjahre hart, machten ihn aber reifer und weiser. Er probierte sich auch in extremer Askese in der Annahme, dass der Körper ein Hindernis auf dem Weg zur Erleuchtung sei. Er fastete so lange, bis er eines Tages fast vor Schwäche im Fluss ertrank – und noch weit von der Erleuchtung weg war. Da verstand er, dass er in so einem erbärmlichen körperlichen Zustand weder sich selbst noch anderen würde groß nutzen können. Es galt, Extremen wie Askese fern zu bleiben und einen mittleren Weg zu finden. So begann er wieder zu essen, sein Körper erholte sich schnell, und die Suche ging weiter.

Wie im alten Griechenland zur fast gleichen Zeit war Nordindien eine blühende Hochkultur und allen heute bekannten Philosophien. Materialismus, Nihilismus und andere heute bekannten Weltanschauungen, die sich eher an Götterwelten orientieren, waren gleichermaßen weit verbreitet. Ähnlich der Renaissance in Italien oder den wilden 60er Jahren bei uns im Westen gab es eine große geistige Offenheit. Die Ziele waren hoch, die Menschen waren selten materialistisch oder snobistisch und vertrauten in das grundlegend Gute im Menschen. Zwar fielen durch die Sinnsuche und Geisteserforschung der Hippieära viele mit großen Potential ihren Drogenexperimenten zum Opfer, aber die friedliche Revolution gegen Bürokratie, Verbote und materialistische Orientierung wirken bis heute in unserer modernen Gesellschaft nach und war von großer Bedeutung für unsere heutige geistige und gesellschaftliche Freiheit und ein weitverbreitetes philanthropes Denken. Vor allem allerdings waren Buddhas Zeitgenossen daran interessiert, mit ihrer Geisteshaltung das eigene Leben vorteilhaft zu beeinflussen.

Siddharta lernte von den besten der besten Lehrer – doch sie alle stießen in ihrem dualistisch orientierten Wissen an eine Grenze und konnten ihm keine letztendlichen und alles umfassenden Antworten geben. So dankte er ihnen für das geteilte Wissen, wenn deutlich wurde, dass sie ihm nichts über das, was die Phänomene der Welt erlebt, beibringen konnten – und zog weiter. Neben Heraklit in Europa war Siddharta der einzige unter den Gelehrten, der sich an eine wirklich überzeugende und heute größtenteils wissenschaftlich beweisbare Anschauung der Welt und all ihrer Phänomene herantastete: die Sichtweise, dass alles aus dem unendlichen Raum entsteht, frei in ihm herumspielt und sich wieder in ihn auflöst.

Zwar lebte Buddha in einem vergleichsweise konservativen und prüden, aber in Sachen klare Weltanschauung klaren und tiefgehenden Umfeld. Seine Zuhörer waren weniger zerstreut und bewusster als viele es heute bei all der Ablenkung unserer modernen Welt sind und sein können.

Frei von Einflüssen wie Absolutismus oder Glaubenszwängen erwarteten viele eine ganzheitliche Weltanschauung mit logisch nachvollziehbarer Grundlage, anwendbaren Mitteln und erreichbarem Ziel, die über Hoffnungen und Erwartungen hinausgeht und einen Zugang zu zeitloser Wahrheit beinhaltet. Es gab einen sehr vorsichtigen Umgang mit Theorien und Thesen – widerlegte einer die Lebensanschauung des anderen, wurde er dem Ehrenkodex gemäß dessen Schüler.

Nachdem Siddharta sechs Jahre lang von einem Lehrer zum nächsten gezogen und sowohl Wissen als auch Meditation vervollkommnet hatte, reiften die Versprechen des Prinzen aus vorangegangenen Leben heran. Er wollte endlich die wahre Natur des Geistes verwirklichen, um allen Wesen den Weg zu dauerhaften Glück und heraus aus dem Leid der bedingten Welt zeigen zu können.

Im heutigen Bodhgaya in der damals noch bewaldeten Tiefebene Nordindiens setzte er sich unter einen Baum und versprach sich selbst, so lange dort zu meditieren, bis er das Ziel erreicht hatte. Nach sechs sehr erlebnisreichen Tagen in tiefer Meditation verwirklichte er am Morgen des siebten Tages bei Vollmond im Mai die wahre Natur des Geistes – er erlangte Erleuchtung. Die letzten Schleier fester Vorstellungen lösten sich auf in seinem Geist, und es gab nur noch das perfekte Hier und Jetzt, ohne Trennung in Zeit und Raum – Vergangenheit, Gegenwart und Zukunft verschmolzen in einen strahlenden Zustand höchster Freude, der Freude des Raumes, der alles enthält. Buddha war leuchtende, alles durchdringende Bewusstheit. Er kannte und war alles. Das war am 35. Geburtstag des Prinzen Siddharta und wurde 45 Jahre später auch sein Todestag.

Nach seiner Erleuchtung blieb Buddha einige Wochen unter dem Baum sitzen, dessen direkter Nachkomme Pilgern in Bodhgaya heute als der »Bodhibaum« bekannt ist – vielleicht, um seinen Körper an die riesigen Energieströme der Erleuchtung zu gewöhnen. Viele Gottheiten besuchten ihn in diesen Wochen, nahmen Zuflucht beim ihm und er segnete sie. Wie später auch andere nahmen sie Buddha nicht als einen Mann, sondern als Spiegel ihrer eigenen Buddhanatur, der erleuchteten Qualitäten ihres eigenen Geistes wahr. Durch sein strahlendes Beispiel konnten sie ablassen von Ruhm, Macht und Reichtum und sich bleibenden Werten zuwenden.

Nach sieben Wochengab Buddha zum ersten Mal Belehrungen. Im Hirschpark zu Sarnath drehte er zum ersten Mal des Rad des Dharma und gab den ersten von drei Zyklen seiner Belehrungen. Diese

Belehrungen bilden heute die Grundlage für den Theravada-Buddhismus, auch Hinayana-Buddhismus oder Kleiner Weg genannt, der in Asien von Thailand über Burma bis Kambodscha praktiziert wird. Die Befreiung vom eigenen Leid ist in dieser Schule das Ziel – nicht die Erleuchtung zum Besten alles Wesen.

Es waren die fünf Asketen, die Siddharta in seiner extremen Faszenzeit begleitet und sich danach von ihm abgewandt hatten, die ihn um diese Belehrungen baten. Sie waren Menschen, die primär am eigenen Wohl interessiert waren und Befreiung vom Leid für sich selbst suchten. Eingeschränkt von ihren steifen Konzepten und Vorstellungen hatten sie den Weg dorthin aber nicht finden können. So überwanden sie

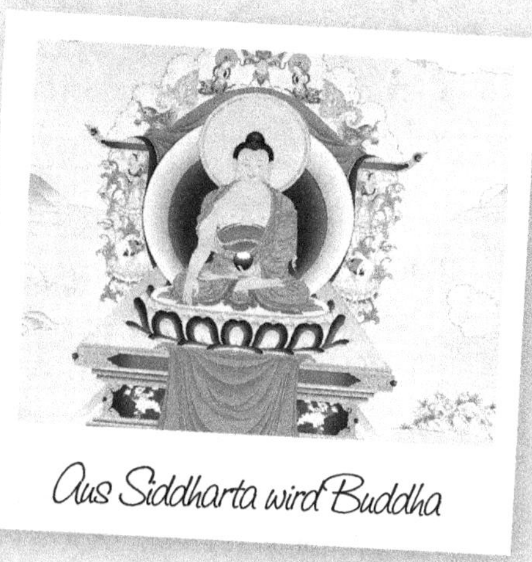

ihren Stolz und fragten Buddha, wie er es geschafft hatte, so zu strahlen und was sie tun könnten, um selbst vom Leid befreit zu werden.

Die sogenannten Vier Edlen Wahrheiten waren die Belehrungen, die Buddha ihnen als Antwort gab:

Es gibt Leid.

Es gibt eine Ursache des Leidens.

Es gibt ein Ende dieses Leides.

Und es gibt einen Weg zum Ende dieses Leides.

Was meinte Buddha mit diesen Sätzen? Die Rede ist hier vom Leiden in der bedingten Welt. Damit machte er deutlich dass nichts, aber auch gar nichts un unserer Welt mit der unendlichen Freude der Erleuchtung, die unbedingtes Glück bedeutet, vergleichbar ist. Selbst die schönste Liebe oder der größte Reichtum können nicht von Dauer sein und sind daher Leid – im Vergleich zur unendlichen Strahlkraft und Frische des erleuchteten Geistes.

Die unendliche Weite und Tiefe des Ozeans wird immer unendlich viel schöner sein als die schönste Welle auf seiner Oberfläche. Der Spiegel selbst wird immer klarer strahlen als das schönste darin erscheinende Bild. Um das selbst erfahren zu können, braucht man Buddhas Belehrungen. Seine Lehre gibt die Möglichkeit, die Strahlkraft der Erleuchtung selbst erfahren zu können und dadurch ein unerschütterliches Vertrauen in die Unzerstörbarkeit des eigenen Geistes, dem Erleber der Phänomene, zu gewinnen.

Richtete sich dieser erste Lehrzyklus Buddhas auch an Leute mit sehr steifen Vorstellungen, die in erster Linie an ihrem eigenen Wohl interessiert waren, so sind sie denoch ein großartiger Rahmen um zu verstehen, wie die bedingte Welt funktioneirt – und wie man aus ihr herausfinden kann. Deshalb war Buddhas erster Satz nach seiner Erleuchtung ein riesiges Geschenk für alle Menschen. Durch ihn wurden sie darauf aufmerksam, dass unser zeitloser Geist an sich vollkommener ist als all seine vergänglichen Spiele.

Es gibt eine Ursache des Leidens in der bedingten Welt – welche Ursache meinte Buddha mit der zweiten der Edlen Wahrheiten? Die grundlegende Unwissenheit oder Verklärung unseres unerleuchteten Geistes. Unser bewusstsein arbeitet bis zur Erleuchtung wie ein Auge. Es nimmt innere und äußere Phänomene war, aber es erkennt sich nicht selbst. Diese Unwissenheit hat Auswirkungen auf Körper und Rede und hält uns von dem dauerhaften Glück fern, nach dem wir eigentlich so sehr streben. Da der untrainierte Geist nicht wahrnimmt, dass Erleber, Erlebtes und Erleben sich gegenseitig bedingende Teile der selben untrennbaren Ganzheit sind, entsteht unsere Art, die Dinge zu erleben: eine dualistische Sicht. Das Ziel jeder buddhistischen Meditation und aller Belehrungen, die Buddha gegeben hat, ist, diese Täuschung zu erkennen.

Die Wissenschaft und wir selbst forschen auf allen möglichen Gebieten, um den Charakter von Dingen und Erscheinungen zu verstehen: Farbe, Form, Geruch, Konsistenz, alles wird analysiert. Aufgrund unseres so eingeschränkten Blickfeldes entsteht zwangsweise eine dualistische Sichtweise. Wir erfahren dadurch die raumgleiche Fähigkeit des Geistes zur Wahrnehmung als ein »Ich« und das Erfahrene, das aus diesem Raum heraus entsteht, wird dadurch zu einem »Du« beziehungsweise zur »äußeren Welt«. Obwohl wir ja eigentlich ständig beobachten können, dass alle Phänomene sich ständig verändern und nur bedingt vorhanden sind, halten wir sie dennoch für wirklich und halten sie für getrennt von dem, was sie erlebt. Dieser folgenschwere Irrtum wird in Buddhas Lehre als grundlegende Unwissenheit bezeichnet und löst unterschiedliche Gefühle aus, die aus dieser falschen Wahrnehmung heraus entstehen können.

Von diese Gefühlen oder Störgefühlen und steifen Vorstellungen oder Konzepten geraten wir durch das Prinzip von Ursache und Wirkung, durch die Resultate unserer negativen Gedanken, Worte und Taten leicht in eine Abwärtsspirale und immer tiefer in den Kreislauf der durch unsere Karma bestimmten Wiedergeburten: Samsara. Das ist Sanskrit – auf Tibetisch nennte sich dieser Kreislauf »Khorwa« das »Rad« der bedingten Existenz.

Es gibt ein Ende des Leids. Diese dritte der Vier Edlen Wahrheiten ist daher die beste Nachricht, die Buddha uns nur bringen konnte. Er selbst hat sie erfahren und verwirklicht: das Ende des Leidens in der bedingten Welte ist ein vollkommener Zustand, den ein Erleuchteter ohne Unterbrechung erfährt. Buddha war der erste, aber nicht der einzige Erleuchtete. Bis heute wird sein Wissen ganz oder teilweise immer wieder bestätigt von Menschen, die seine Lehren entsprechend im Leben angewandt haben, und durch die von Buddha gegebene Sichtweise und Meditation die wahre Natur ihres Geistes erfahren konnten und können.

Das Wesen des erleuchteten Geistes ist allwissender furchtloser Raum und sein Ausdruck ununterbrochene, grenzenlose Freude. Jede Tat drückt auf dieser Ebene aktives, zukunftsorientiertes Mitgefühl aus, das auf das langfristig glückbringendste Resultat abzielt. Ohne die dualistische Vorstellung von Subjekt, Objekt und Tat ist der Geist wie die von sich aus strahlende Sonne.

Was ist dann also der Weg aus diesem Leid heraus, für den die vierte der Edlen Wahrheiten steht? Es ist die Anwendung der Mittel, die Buddha gegeben hat: Meditationen, die alle Eigenschaften von Körper, Rede und Geist voll entfalten und nutzen, und das Anwenden von Buddhas Belehrungen wie dem Prinzip von Karma oder Ursache und Wirkung, dem Entwickeln und Anwenden von Mitgefühl und Weisheit im Alltag, und auf höchster Stufe das Anwenden der Reinen Sichtweise. Diese unendlich wertvollen und praktischen Methoden lassen jede Alltagserfahrung zu einem Schritt auf dem Weg zu Befreiung und Erleuchtung werden.

Den zweiten Zyklus seiner Belehrungen über Mitgefühl und Weisheit, welche die Grundlage für den Mahayana-Buddhismus, den Großen Weg, darstellen, gab Buddha acht Jahre nach seiner Erleuchtung. Der Mahayana-Buddhismus wird unterteilt in Sutra- und Tantraweg. In beiden Fällen ist hier das Ziel Erleuchtung zum Wohle aller Wesen. Auf dem Geierberg in Rajgir gab er Menschen Rat, die viel offener waren als die Asketen in Sarnath und eine weite, überpersönliche Einstellung hatten: sie dachten nicht nur an sich selbst, sondern auch an Andere. Buddha brachte ihnen daher bei, wie man Mitgefühl stärken kann, um mit mehr Mitgefühl und Umsicht sinnvoller auf die Handlungen anderer reagieren und ihnen damit helfen zu können. Da Mitgefühl nicht mit Mitleid zu verwechseln ist und allein leicht süßlich, naiv und von wenig Nutzen sein kann, gab

Buddhas Belehrungen

er ihnen gleichzeitig Belehrungen, mit denen sie ihre innere Weisheit entfalten und anwenden konnten. Er brachte ihnen bei, ihre Alltagserfahrungen unverfärbt von Erwartungen und Befürchtungen zu sehen.

Mitgefühl ist sehr wichtig für das höchste Ziel der Erleuchtung. Es ist eine Art von Liebe, die befreiend und gebend ist, statt zu fordern und danach zu fragen, was man selbst bekommen kann. Das Anwenden von Mitgefühl bringt nach und nach den Erleuchtungsgeist hervor, den Wunsch, Erleuchtung zum Wohle aller Wesen zu erreichen.

Tatsächlich werden im Buddhismus vier Arten von Liebe unterschieden: Liebe, Mitgefühl, Mitfreude und Gleichmut.

Die erste ist die, an die wohl die meisten von uns beim Wort »Liebe« als erstes denken. Menschen finden sich attraktiv und versuchen, sich bestmöglich mit Körper, Rede und Geist gegenseitig zu bereichern. Dadurch entwickelt man neue Qualitäten und das Umfeld gewinnt ebenfalls. Dahinter steckt der Wunsch, dass alle Wesen Glück und die Ursache des Glücks haben mögen – das Erkennen der Natur des Geistes.

Die zweite Art der Liebe ist das Mitgefühl. Man handelt aus dem starken Bedürfnis heraus, den Schmerz anderer zu entfernen und hat den Überschuss, anderen Sinnvolles zu schenken. Auch dadurch lernen andere und finden nach und nach selbst die Kraft, mehr für Andere tun zu wollen und zu können. Hier ist die Motivation der Wunsch, dass alle Wesen frei vom Leiden und der Ursache des Leidens sein mögen.

Mitfreude ist die dritte Art der Liebe. Hier wünscht man, dass die Wesen nicht vom wahren Glück, das ohne Schmerz ist, getrennt sein mögen. Man freut sich mit, wenn es jemandem gut geht oder etwas Gutes geschehen ist, statt womöglich neidisch zu sein. Ein wunderschönes Beispiel für völlig natürliche kollektive Mitfreude war sicherlich der Fall der Berliner Mauer. Man konnte gar nicht anders, als das Glück der befreiten Menschen zu teilen. Ich jedenfalls saß mit Tränen der Mitfreude in den Augen vor dem Fernseher – und war sicherlich nicht die Einzige! Sich über das Glück anderer oder deren guten Taten zu freuen, sammelt übrigens Buddhas Belehrungen zufolge genauso viel gute »Karmapunkte« an, als hätte man es selbst erlebt oder getan. Es multipliziert sozusagen die gute Energie, die dadurch entsteht.

Das höchste der Liebesgefühle ist der sogenannte Gleichmut. Man wünscht allen Wesen, dass sie frei von Anhaftung und Abneigung sein mögen, so dass sie nicht mehr im ständigen Stimmungs-Jojo gefangen sind und alle Situationen als gleich schön und strahlend, mit dem gleichen unbegrenzten Potential wahrnehmen können. Auf dieser Ebene ist man sich immer der Tatsache bewusst, dass alle Menschen die Buddhanatur haben, dass ihnen das Potential innewohnt, Buddhaschaft zu erlangen und damit die wahre Natur ihres Geistes zu verwirklichen. Auch dann, wenn die Menschen noch so furchtbare Taten begehen und sich unmöglich benehmen. Denn egal, was sie tun oder was ihnen passiert – tief in diesen Menschen kann die wahre Natur ihres Geistes durch Nichts und Niemanden zerstört werden.

Diese Arten von Liebe zu entwickeln, fällt den meisten nicht so leicht. Man kann es aber gut trainieren, sein Mitgefühl kontinuierlich auszubauen. Am leichtesten ist das natürlich mit den Menschen, die einem sowieso schon nahe stehen und die man mag, weil sie den eigenen Erwartungen entsprechen. Anderen auch dann alles Gute zu wünschen, wenn sie sich schwierig verhalten oder immer wieder die gleichen Fehler machen, ist schon eine etwas größere Herausforderung. Einfacher wird es dadurch, dann man sich in solchen Situationen immer wieder bewusst macht, dass Menschen nicht aus grundlegender Boshaftigkeit, sondern aus Unwissenheit handeln. Sie stehen sich fürchterlich selbst im Weg und anderen gleich noch mit – und sitzen garantiert später in den Disteln, die sie gerade für ihre Zukunft sähen.

Im Mahayana Buddhismus entwickelt man sich, indem man ständig Mitgefühl und Weisheit in Balance anwendet. Denn Mitgefühl kann auch bedeuten, dass man jemanden am besten weiterbringen kann, indem man ihm mal sehr direkt die Meinung sagt oder einen freundlichen aber bestimmten Tritt verpasst. Das muss nur unbedingt frei von eigenem Zorn passieren – aus der Motivation heraus, demjenigen zu nützen. Es gibt zwei Arten von Weisheit, die einem ermöglichen, in jedem Moment das Richtige für die Wesen zu tun. Die erste ist unsere Schul- und Universitätsweisheit und die Lebenserfahrung, die uns helfen, Karriere zu machen und Ansehen in der Gesellschaft zu gewinnen. Aber das letzte Hemd hat wie gesagt keine Taschen und spätestens wenn wir sterben, wird uns diese Weisheit wenig nützen. Sie ist bedingt und vergänglich.

Die befreiende und erleuchtende Weisheit des Geistes ist dagegen nichts als höchste Freude. Weil sie niemals verloren gehen kann. Da das Wesen des Geistes offen, klar und unbegrenzt ist und der Geist niemals geboren wurde und auch nicht sterben kann, sind auch seine ihm innewohnenden Eigenschaften nicht bedingt, sondern zeitlos. Was uns daran hindert, dieses Strahlen des eigenen Geistes zu erfahren, sind zum Einen die aus der dualistischen Sicht der Welt entstehenden Störgefühle und zum Anderen unsere steifen Konzepte und Vorstellungen, die sich in Erwartungen und Befürchtungen wegen Irgendwas und den daraus resultierenden Stimmungsschwankungen zeigen. Das sind die zwei Schleier, die den Geist daran hindern, sich selbst zu erkennen. Das Minimieren von Gedanken und das Beruhigen des Geistes durch Meditation ermöglichen es, dass der Geist sich nach und nach selbst erfahren kann.

Buddhismus im Alltag bedeutet ein ständiges Wechselspiel von Mitgefühl und Weisheit. Durch Meditation gewinnt man mehr Abstand zu den Geschehnissen und dadurch auch mehr Mitgefühl, durch das Verstehen und Anwenden der Belehrungen kann man erkennen, warum die Wesen sich wie verhalten und wie man ihnen am Besten helfen kann. Eine gesunde Balance von Mitgefühl und Weisheit ist sehr wichtig. Ein Zuviel an Mitgefühl kann dazu führen, dass man gefühlsduselig, weich und handlungsunfähig wird, wenn Aktion gefragt ist, um den Wesen zu helfen. Ein Zuviel an Weisheit führ zu einer Überintellektualisierung mit Härte und wenig Herz. Im Mahayana Buddhismus entwickelt man sich über ein ständiges Vergrößern des inneren Reichtums – Mitgefühl und Weisheit zusammen.

Der dritte Belehrungszyklus, den Buddha gab, ist der Diamantweg – heute in erster Linie in Tibet, Nepal, Indien und nun auch im Westen verbreitet. Buddha gab diese höchsten Belehrungen in Vaishali nahe Sarnath in Indien. Der Vajrayana-Buddhismus ist ein Teil des Großen Weges. Auf der Grundlage des Erleuchtungsgeistes wird hier das Ziel der vollkommenen Erleuchtung durch das Anwenden von tiefgreifenden Belehrungen und Meditationen, die Körper, Rede und Geist einbeziehen, zum Weg gemacht. Wenn seine Schüler die Fähigkeit hatten, Buddha nicht als Gott oder Mensch, nicht als etwas Äußeres oder Getrenntes zu sehen, sondern durch tiefe Hingabe und Offenheit in der Lage waren, ihn als Spiegel des eigenen Geistes zu sehen und dadurch schnell seine erleuchteten Eigenschaften zu übernehmen, konnte er ihnen direkt Erfahrungen von ihrem eigenen Geist vermitteln. Man meditiert im Vajrayana Buddhismus auf Buddhaformen aus Licht und Energie und auf den eigenen Lehrer, dessen erleuchtete Qualitäten man so schnellstmöglicht übernehmen und verwirklichen kann.

So konnten die Schüler den leuchtenden, bewussten Raum zwischen den Gedanken als ihr eigenes, wirkliches Wesen erleben: »Mahamudra« oder das »Große Siegel« – die höchsten Belehrungen Buddhas über Leerheit. Mahamudra bedeutet, dass Raum und höchste Freude untrennbar sind. Auf dieser Ebene kommen alle erleuchteten Qualitäten wie höchste Freude, höchste Wahrheit, Furchtlosigkeit, Mitgefühl und höchste Weisheit zu perfekter Aktivität zum Besten aller Wesen zusammen.

Buddhas nutzen alle Fähigkeiten von Körper, Rede und Geist für die Wesen. Sie handeln ununterbrochen – aber ohne Anstrengung und mit unendlicher Freude. Wenn keine Trennung erlebt wird zwischen Handelndem, Tat und Gegenstand, erfüllt man einfach spielerisch und flexibel die Möglichkeiten des Augenblicks. Man tut, was vor der Nase liegt und auf die weiteste Zukunft bezogen den größtmöglichen Vorteil für die meisten Wesen bringt. Es gibt vier unterschiedliche Arten von Aktivitäten: die befriedende Aktivität, die bereichernde Aktivität, die mitreißende Aktivität und die kraftvoll schützende Aktivität und bis zu einem gewissen Grad der Verwirklichung sind die eigenen, am stärksten ausgeprägten Qualitäten leicht der einen oder andere Gruppe zuzuordnen.

Buddha lehrte all seine Schüler, sich auf drei Pfeiler zu stützen und Zuflucht zu den »Kostbaren und Seltenen« oder den »Drei Juwelen« zu nehmen: Buddha, Dharma und Sangha. Diese äußere Zuflucht haben allen buddhistischen Richtungen gemein. Im Vajrayana-Buddhismus nimmt man zusätzlich Zuflucht zum Lama. Er vereint Segen, Mittel und Schutz. Die Zuflucht ist notwendig, um den eigenen Geist kennenzulernen. Erst bei der Erleuchtung erfasst man wohl die volle Bedeutung der Zuflucht. Ich erkläre später noch, was genau Zuflucht nehmen eigentlich ist.

Fünf Jahre später saßen wir zwei also – mittlerweile in gesellschaftlich tolerablerer »fester Beziehung« – in unserer schicken Wohnung mit getrennten Schlafzimmern, mit unseren schicken Jobs tagsüber und wahlweise auf dem schickem Sofa oder in schicken Restaurants abends. Ich war froh, das erreicht zu haben – und umgeben von Kolleginnen und Freundinnen, die froh waren, ähnliches erreicht zu haben und meist schnurstracks das nächste Etappenziel anzupeilen – heiraten und Kinder kriegen!

Dass Familiengründung nach ersten erreichten Karrierezielen das fast einzig wahre Ziel unter gut situierten Mädels um die 30 zu sein schien, ist zwar in der heutigen Welt, in der sich ja eigentlich durchaus andere Optionen vorhanden sind, ein bisschen erstaunlich, aber wohl leicht mit einem gewissen sozialen Sicherheitsdenken, der inneren weiblichen Uhr – auch Nestbautrieb genannt – und dem von den Familien und ihrem Umfeld auch heute noch ausgeübten Druck, doch nun auch bitteschön zu heiraten und für Enkelkinder zu sorgen, zu erklären. Auch die Idee, eine eventuell nicht ganz so stabile Beziehung durch eine Hochzeit und am besten gleich noch mit einem Baby absichern zu können, scheint nicht aus den Köpfen oder Herzen zu kriegen sein. Auch aus meinem damals nicht, um ehrlich zu sein.

Denn ich war damals nicht ehrlich zu mir selbst. Sonst hätte ich wohl gesehen, dass das, was wir beiden da »Beziehung« nannten, ab einem gewissen Zeitpunkt einfach nicht mehr das Richtige war. Längst waren wir zu sehr in unserem Alltagstrott gefangen, im Bett war die Luft raus, und jeder von uns hing seinem eigenen Leben nach.

Ein knappes Jahr bevor ich meinem Mann heiratete, verguckte ich mich zu allem Überfluss auch noch in meinen Kollegen – einen äußerst attraktiven Mittvierziger, mustergültiger Familienvater zu allem Überfluss, versteht sich. Was glücklicherweise Schlimmeres verhinderte. Trotz ziemlich offensichtlich vorhandener gegenseitiger Anziehung und diverser »kollegialer« Verabredungen zum Mittag- oder Abendessen passierte nie etwas – noch nicht einmal ein Kuss. Ich war einige Zeit schon sehr verknallt – verstand aber andererseits endlich, dass Männer es wirklich meinen, wenn sie über eine Affäre reden und Dinge sagen wie »Das war aber etwas ganz anderes, es hatte nichts mit uns zu tun!«. Ich war mir sicher, dass dieses Verliebtsein auch vorbeigehen würde und es bestimmt nicht schlau gewesen wäre, dafür die lang gewachsene Vertrautheit mit meinem Freund aufzugeben.

Der Eheberater, der die Ehre hatte, einen letzten Rettungsversuch für unsere Beziehung starten zu dürfen, als das Kind längst in den Brunnen gefallen war, drückte es mal in Gegenwart meines Mannes an mich gewandt so aus: »Frau Herzog, Frau Herzog – entweder Sie sind extrem tolerant... oder extrem leidensfähig. Oder beides!« Ich wusste nicht, wo ich meine Toleranzgrenze hätte ziehen sollen. In früheren Beziehungen hatte ich begriffen, dass es Mr. Perfect wohl doch nur in Hollywood gibt, und ich hatte mittlerweile auch fast verstanden, dass ständiges Rumnörgeln und den Partner »verbessern« oder erziehen zu wollen auch zu nichts führte. Aber ich wollte auch nicht aufgeben, was ich hatte. Denn ich liebte diesen Kerl sehr. Wir hatten so viele Jahre in diese Beziehung und unsere Liebe investiert. Trotz seiner »Macken«. Und so war ich dann später wohl tatsächlich ziemlich tolerant und leidensfähig, gemessen an der durchschnittlichen gescheiterten deutschen Ehefrau, die mit ihrem Noch-Ehemann beim Paarberater landet. Ich hielt das, was wir uns erarbeitet hatten, immer noch für wertvoll genug, es nicht wegzuwerfen und glaubte daran, dass es die Arbeit wert wäre, um hinterher zusammen noch stärker zu sein.

Zu dieser Zeit meditierte ich auch zum ersten Mal in diesem Leben. Nachdem ich mich jahrelang dem allgemeinen Wellness- und Yogahype verweigert hatte, trieb es mich irgendwann, als ich mal wieder sehr gestresst von meinem Job war, doch ins Yoga Studio. Und Ashtanga Yoga war genau das Richtige für mich. Aktives Arbeiten mit dem Körper und bestimmten Atemtechniken lag mir nach einem langen, adrenalingeladenen Tag in der Redaktion mehr als einfach nur still rumzusitzen oder sphärischen Klängen zu lauschen. Ich war immer schon sehr gelenkig und recht sportlich gewesen, so dass mir die Übungen quasi zufielen und mir großen Spaß machten. Sowohl mein Körpergefühl als auch mein Geist änderten sich sofort. Ich erinnere noch genau das Gefühl, mit dem ich nach meiner ersten Ashtanga Yoga Stunde durch das Karoviertel nach Hause lief. Ich hatte das Gefühl, dass alle Energiebahnen in meinem Körper plötzlich angeknipst und frei waren, und der stressige Arbeitstag schien schon ewig her zu sein. Ich hatte plötzlich jede Menge Raum im Geist, fühlte mich frei und vor Energie und Tatendrang nur so platzend. Es gibt so viele unterschiedliche Arten von Yoga –für jeden Typ ist etwas dabei. Ich kann nur wärmstens empfehlen, es mal auszuprobieren!

Wir Mädels hatten also neben unseren Jobs bald zwei neue Lieblingsthemen – Heiraten und Kinder bekommen. Meine Karriere war an einem Punkt angelangt, an dem sich meine Ambitionen, noch irgendwelche beruflichen Etappenziele zu erreichen, sehr in Grenzen hielten. Ich hatte mir bewiesen, was ich konnte – und meinen Eltern auch – und hatte den Wunsch, meinem Leben mehr Tiefe zu geben.

Illusionen machte ich mir keine – von selbst würde mein Süßer nicht auf die Idee kommen, mir einen Heiratsantrag zu machen. Geschweige denn dabei auch noch – wie's im Traumbuch für Prinzessinnen vorgesehen ist – vor mir auf die Knie zu fallen. Nicht etwa, weil er mich nicht liebte. Das tat er. Er hielt es einfach nur für unnötigen, überflüssigen Schnickschnack, sich sein Glück offiziell besiegeln zu lassen. Ich aber nicht. Einmal im Leben wollte ich so ein fantastisches ultrateures schönes Kleid anziehen, darin in einem prächtigen Saal Wiener Walzer tanzen und mit all meinen Freunden und meiner Familie unser Glück feiern und besiegeln! Es musste ja noch nicht einmal eine kirchliche Trauung sein. Aus der Kirche war ich schon Jahre zuvor ausgetreten. Aus steuerlichen Gründen und dem mangelnden Bedürfnis, drin zu bleiben. Kirchen von innen sah ich sowieso nur an Weihnachten, weil es halt so schön und romantisch ist – und bei Hochzeiten von Freunden. In Hamburg gibt es aber unzählige wunderschöne Orte, an die man gegen einen Aufpreis den Standesbeamten bestellen und dann dort feiern kann. Und das fand ich eben doch einen ziemlich netten Gedanken.

So kam meine Freundin irgendwann auf die Idee, seinen Hochzeitsambitionen ein bisschen auf die Sprünge zu helfen. Schwuppdiwupp, zu fortgeschrittener Stunde am Silvesterabend – oder eher Neujahrsmorgen wahrscheinlich – brachte sie in Gegenwart unserer Freunde dermaßen geschickt und provokativ das Thema auf uns zwei und das Heiraten, dass er tatsächlich so etwas wie »Ja, warum nicht!« von sich gab – auf ihre Frage, ob er mich nicht endlich mal heiraten wolle! Sie finden, das klingt nicht besonders romantisch? Da sind Sie nicht allein. Machte aber nichts. Das war seine typische, grummelige Art, und für mich galt in erster Linie, dass er »Ja« gesagt hatte. Meine Freundinnen waren entzückt. Obwohl sie eigentlich schon wussten, dass unsere Beziehung nicht die einfachste und ganz bestimmt keine klassische Vorzeigebeziehung nach Hamburger Modell war. Aber andererseits hatten sie auch oft genug mit mir darüber geredet, ich war erwachsen und hatte ihnen versichert, dass ich trotzdem sehr, sehr glücklich mit ihm war. Und das war ich ja auch. Oder dachte damals zumindest, dass das soviel Glück sei, wie man haben kann oder wie ich verdient hatte.

Tasächlich. Er wollte mich heiraten. Wow! Ein paar Tage nagte der seltsame Stil zwar schon an mir... aber ein »Ja!« war doch letztenendes auf jeden Fall ein »Ja!«. Seine Eltern und Geschwister waren verzückt. Damit hatten sie schon nicht mehr zu rechnen gewagt – er hatte 39 Jahre lang nicht ernsthaft in Erwägung gezogen, zu heiraten, und mittlerweile waren wir seit fünf Jahren zusammen und sie hatten die Hoffnung fast aufgegeben, dass wir unsere Beziehung noch in »standesgemäße« Bahnen lenken würden. Meine Eltern waren nicht ganz so euphorisch, aber auch froh. Ich denke, es ist für Eltern einfach eine gewisse Erleichterung, ihre Tochter in vermeintlicher wirtschaftlicher und sozialer Sicherheit zu wissen. So ganz ist es vielleicht wirklich noch nicht in den Köpfen, dass Frauen in der freien westlichen Welt heutzutage meist sehr wohl in der Lage sind, ihr Leben lang unabhängig zu bleiben und keinen »Versorger« mehr brauchen.

So planten meine Freundinnen und ich also meine Prinzessinnenhochzeit, die ein halbes Jahr nach Silvester stattfinden sollte. Mein Süßer war froh, sich aus den Vorbereitungen heraushalten zu können – abgesehen vom Design der Einladung, der Ringe und der Auswahl von Location und Hochzeitsmenü natürlich. Ich hingegen hatte gut zu tun – an allererster Stelle natürlich Brautkleidshopping, Design der Einladungen, Gästeliste, Tischordnung, Tischdeko, Ablauf des Tages, Location für die Hochzeitsnacht, pikierte weil nicht eingeladene entfernte Verwandte, die man seit mehr als zehn Jahren nicht gesehen hatte... und, und, und. Kein Wunder, dass manche Leute als Wedding Planner eine Menge Geld damit verdienen, heiratswilligen Paaren all das zu »ersparen«. Mir wäre das allerdings nicht in den Sinn gekommen – schließlich war es meine Hochzeit, und die Kontrolle darüber wollte ich wirklich nicht einfach an irgendjemanden abgeben. Aber ich kann verstehen, dass Paare es tun. Und es erspart ihnen mit Sicherheit eine Menge Auseinandersetzungen in der Zeit zwischen Heiratsantrag und dem Tag der Trauung. Wir zwei sahen uns teilweise am Abgrund unserer Beziehung – über irgendwelche Details des Festes diskutierend, die mit an Sicherheit grenzender Wahrscheinlichkeit keine Bedeutung für die Qualität unserer Ehe haben würden. Absurd. Aber auch irgendwie ein guter Test, wie belastbar man als Paar denn nun wirklich ist. Nun ja – wir waren so gesehen offenbar ziemlich belastbar!

Da ich bereits mit diversen Freundinnen nach dem passenden Ort für ihre Hochzeit gesucht hatte, stand meine Wunschlocation eigentlich eh schon im Vorfeld fest – und war zweifellos kein Schnäppchen. Am Ufer der Hamburger Außenalster gab es einen traumschönen Barocksaal – ganz in weißem Stuck und Gold gehalten. Genauso, wie es sich für eine Prinzessinenhochzeit gehört. Auch mein Süßer war leicht zu überzeugen, weil auch das Essen dort erstklassig war. Wir wollten mit ungefähr 80 Gästen feiern und das passte perfekt. Für mehr Leute wäre es eng geworden in dem Saal.

Unser Hochzeitstag war ein Sommertag im Mai aus dem Märchenbuch. An der Alster blühten die japanischen Kirschbäume in voller Pracht, die Sonne strahlte, und das Brautkleid passte auch! Meine besten Freundinnen und ich hatten uns für den ganzen Tag samt bestelltem Masseur und Friseur in der ultraluxuriösen Suite des einzigen 6 Sterne Hotels in ganz Hamburg eingemietet, nur zwei Minuten vom Ort der Hochzeit entfernt und ebenfalls an der Außenalster gelegen. Die Suite war ein einziger Traum, hoch über dem Wasser. Cooles, modernes Glas-Stahl-Design außen in perfekt harmonischer Liaison mit warmen, dezent eingesetzten natürlichen Tönen und Materialien innen. Selbst vom Bett aus hatte man durch die vollflächige Glasfront über zwei Ebenen das Gefühl über dem glitzernden Wasser der Alster zu fliegen. Es war ein wundervolles und sehr großzügiges Geste meiner Freundinnen, uns unsere Hochzeitsnacht hier zu schenken. Wir Mädels ließen uns den ganzen Tag bei Champagner und Kaviar bepudeln und hatten großen Spaß.

Es war eine nette Idee des Hauses, meine Trauzeugin und mich in der ultraluxuriösen Limousine an der Alster entlang zum Literaturhaus zu chauffieren. Dort warteten mein zukünftiger Ehemann und sein Trauzeuge vor dem Eingang auf uns. Die Musik hätte passender zum Tag des jährlichen Kirschblütenfeuerwerkes und unserer Hochzeit nicht sein können - Georg Friedrich Händels romantische und sehr pathetische Feuerwerksmusik.

Und so trippelten wir dann zu den Klängen Händels durch den prachtvollen Barocksaal. Gerührte Eltern, Geschwister, Verwandte und Freunde strahlten uns entgegen. Die Zeremonie mit dem etwas überambitionierten Standesbeamten war ziemlich lustig. Ich denke ich war nicht die einzige, die zwischendurch Angst bekam, mein Fast-Ehemann könnte die Geduld verlieren und den Raum verlassen. Spätestens, als wir beide zusammen eine riesige, mit blumigen Ornamenten verzierte Hochzeitskerze halten sollten und der Standesbeamte ein selbstverfasstes und gut gemeintes, aber dennoch etwas arg holperiges Gedicht verlas. Das überstanden wir unter dem Gekicher unserer Freunde dann aber auch noch, die Unterschriften saßen an der richtigen Stelle, die maßgeschneiderten Ringe aus gebürstetem Weißgold passten auch (nach Anwendung sanfter Gewalt) – und den Hochzeitskuss gab's gleich zweimal, weil der erste zu schnell für die Kameras war. Nach der Trauung fand bei Kaiserwetter ein Sektempfang gleich vor dem Haus am Ufer der Alster statt. Meine wunderbare Patentante und ihr Mann hatten sogar ihre eigenen Brieftauben mitgebracht, die sie für uns heimwärts in die Lüneburger Heide fliegen ließen... und rote Herzballons mit vielen guten Wünschen unserer Gäste für das Brautpaar flogen noch hinterher in den strahlend blauen Himmel hinein. Es war wirklich ein wunderschöner Nachmittag, und sogar meine Eltern benahmen sich. Ob sie miteinander geredet haben an dem Tag? Ehrlich gesagt weiß ich es nicht. Ich war im Laufe der Hochzeitsvorbereitungen irgendwann an den Punkt gekommen das Thema einfach loszulassen. Sie waren erwachsene Menschen – ich hatte sie gebeten, ihre Angelegenheiten an meinem Hochzeitstag uns zuliebe beiseite zu lassen, und das taten sie netterweise auch. Schließlich hatten sie nun auch wirklich Grund zu gemeinsamer Freude.

Das Fest war rauschend und lang – wir überlebten den Wiener Walzer, den wir wochenlang einstudiert hatten – der war das großzügigstes Hochzeitsgeschenk meines Mannes an mich, dass ich durchaus zu schätzen wusste – denn Tanzen gehörte nun wirklich nicht zu seinen großen Leidenschaften!

Um 5 Uhr morgens bekamen wir uns dann noch ordentlich in die Haare. Ich hatte durch Zufall zu sehr fortgeschrittener Stunde herausgefunden, dass mein Schwiegervater uns um 10 Uhr morgens zum Frühstück in Othmarschen erwartete, nachdem mein frisch angetrauter Gemahl das ohne Absprache mit mir so vereinbart hatte. Eine

Megaluxussuite inklusive Frühstück für die Hochzeitsnacht und den Hochzeitsmorgen als großzügiges Geschenk meiner besten Freundinnen – und nun sollte ich hier um 9.30 Uhr oder so die Segel streichen, um zu frühstücken, wo ich eh jeden Sonntag war? Das war für meinen Geschmack etwas sehr über meinen Kopf hinweg entschieden, und so bekamen wir unser kleines Drama am Hochzeitstag, dass dank der diplomatischen Bemühungen unserer Freunde damit endete, dass mein frischgebackener Ehemann sich knurrend ein bisschen bei mir dafür entschuldigte, mich nicht konsultiert zum haben, ich beigab und wir so eine halbe Stunde später als geplant in der Wohnung meiner Schwiegermutter erschienen.

Nachdem diese Diskussion dann endlich ein Ende gefunden hatte, fuhren wir zurück ins Hotel. Gut beschwippst nach all dem Champagner, stand ich dort gleich vor der nächsten Herausforderung – ich versuchte, meine elegante Hochsteckfrisur loszuwerden. Aber die hatte nicht von ungefähr eine lange Nacht mit viel Tanzen überlebt – der Unmenge an Haarspray und Haarnadeln, die der Stylist hineingepowert hatte, war so leicht gar nicht beizukommen. Meine Bürste hatte in schlauerweise zuhause gelassen und ich fand es dem Hotelpersonal gegenüber nicht zumutbar, um 6 Uhr morgens an der Rezeption nach einer Bürste zu fragen. Was tat ich also – ich beschloss, meiner ultraeleganten, betonfest toupierten Hochsteckfrisur mit einer Essensgabel den Garaus zu machen. Fehler! Danach sah ich aus, als hätte ich in eine Steckdose gegriffen – mir standen alle Haare zu Berge und sie erinnerten zweifelsfrei eher an Stroh als an flüssiges Gold oder dergleichen. Es war zum Totlachen und entsprach definitiv nicht dem klassisch Ideal einer romantischen Hochzeitsnacht. Aber mal ganz ehrlich – welche Hochzeitsnacht entspricht dem eigentlich noch? Den Umfragen in meinem Bekanntenkreis nach zu urteilen, ist Sex in der Hochzeitsnacht jedenfalls heutzutage sogar weniger wahrscheinlich als in jeder anderen Nacht! Zu entjungfern gibt's eher selten noch etwas, und die Party ist meist so gut und lang, dass danach schon aus alkoholbedingten bzw. körperlichen Gründen eher tote Hose ist und man den ersten offiziell ehelichen Verkehr doch gern auf eine der nächsten Nächte vertagt... oder?

So schlummerten jedenfalls auch wir stattdessen eng aneinander gekuschelt ein. Ich natürlich mit Ohrstöpseln– wenn schon ausnahmsweise in einem Bett mit meinem schnarchenden Mann! Am nächsten Morgen – will heißen ca. drei Stunden später – öffnete ich die Augen und blinzelte in einen der schönsten Sonnenaufgänge, die ich jemals erlebt habe. Die ganze Alster war ein einziger, glitzernder rosé-orange-blauer Spiegel des Himmels darüber – nur unterbrochen von den lautlos über das Wasser gleitenden Kajaks und ihren Spuren. Es war magisch. Vorsichtig weckte ich meinen Gemahl auf, der zwar völlig verschlafen, aber nicht weniger fasziniert war. Es kam uns beiden vor, als lägen wir in einem gläsernen, über das Wasser gleitenden Flugzeug. Ein Traum.

Meine Schwiegereltern hatten es natürlich nur gut mit uns gemeint mit der Einladung zum Frühstück und wollten einfach gern einen kleineren, persönlicheren Rahmen, um uns ihr Geschenk zu überreichen – eine Menge Geld, das von meinem Schwiegervater in aufwendiger Kleinarbeit kunstvoll in der Rückwand einer ganzen Schubladenkulisse mit uns als Pappmachée-Brautpaar versteckt war. Ich freute mich fast mehr über die wahnsinnig liebevolle Verpackung, für die mein Schwiegervater sicherlich Tage und Wochen gebraucht hatte, als über das großzügige Geldgeschenk. Sie waren einfach reizend, meine Schwiegereltern!

Das also war meine Hochzeit. Als Honeymoon hatten wir uns unseren gemeinsamen größten Reisetraum Neuseeland ausgesucht. Damit mussten wir uns aber aus organisatorischen Gründen noch ein halbes Jahr gedulden, so dass wir uns von den Strapazen der Hochzeitsfeier und Vorbereitungen »nur übers Wochenende« in einem schönen Wellnesshotel erholten. Jahre nach unseren Flitterwochen dort sollte ich zum zweiten Mal an das schönste Stück Ozeanküste zurückkehren, dass ich jemals gesehen habe – Kaikoura, auf der Südinsel Neuseelands. Da dann aber unter völlig anderen Umständen – und mit dem Gefühl, als sei der erste Besuch damals zu zweit in einem anderen Leben und nicht erst sieben Jahre her gewesen. Einen Gruß per SMS in Erinnerung an unsere wunderbare Zeit dort schickte ich ihm natürlich trotzdem.

Würde ich heute noch einmal heiraten, die Hochzeit sähe wohl etwas anders aus. Zwar würde ich mir vermutlich immer noch den Stempel vom Standesamt holen – aber viel wichtiger wäre mir die buddhistische »Hochzeit«, der Segen meines Lamas und der Buddhas für die Verbindung. Eine buddhistische Hochzeitszeremonie, auch Paarsegen genannt, ist häufig wesentlich legerer als zum Beispiel eine traditionell christliche. Auch hier bleibt der Buddhismus sich treu und verlangt von niemandem, dass es sich in einer bestimmtem Weise anzieht oder etwas bestimmtes sagen und unterschreiben muss. Wenn man aber Lust hat, sich festlich anzuziehen, seine Familie und Freunde einzuladen und hinterher ordentlich zu feiern, dann kann man das natürlich gerne tun. Den meisten Paaren geht es primär darum, den Segen ihrer buddhistischen Lehrer für die Beziehung zu bekommen, sie dadurch noch mehr zu festigen und ein starkes, Seite and Seite und sich gegenseitig ergänzendes Paar zu werden und zu bleiben, das gemeinsam auch für andere wirkt.

Heute bin ich schlauer als damals, denke ich. All dieses wertvolle buddhistische Wissen, das eigentlich nichts anderes ist, als sinnvoll angewandter gesunder Menschenverstand, hätte uns sicherlich geholfen, der Traumhochzeit auch eine Traumehe folgen zu lassen. Mit der Einstellung, sich zu freuen, dem Anderen etwas geben zu können, statt Dinge vom anderen zu erwarten und zu steife Vorstellungen davon zu haben, wie der Partner sein oder aussehen oder sich verhalten sollte, tut sich eine überwältigende Vielfalt an Möglichkeiten zum gemeinsamen Glück auf.

Wir zwei waren schon in den fünf Jahren vor unsere Hochzeit im Alltagstrott gefangen und lebten aufgrund mangelnder Interessen und enttäuschter Erwartungen meinerseits aneinander vorbei. Daran änderten der Entschluss, zu heiraten, und die rauschende Hochzeitsfeier auch nicht viel. Hinzu kam aber der Kinderwunsch. In erster Linie mein eigener – und natürlich der meiner Eltern und Schwiegereltern nach Enkelkindern. Aber auch mein Mann fand, dass wir es «mal versuchen» könnten. Sozialwissenschaftlich scheint es übrigens auch nicht ratsam für Männer in festen Partnerschaften zu sein, sich langfristig einem vorhandenen Kinderwunsch der Partnerin zu widersetzen. Wenn die weibliche innere Uhr tickt und der Mutterinstinkt geweckt ist, dann ist es nur natürlich und sinnvoll, für Nachwuchs zu sorgen. Wie mein Lama, der sich jedes Jahr mit Hunderten von Paaren unterhält und ihre Situationen genau kennt, gerne anmerkt – wenn der Mann der Frau einen gehegten Kinderwunsch dauerhaft verweigert, wird sie anfangen zu versuchen, ihn statt der nicht vorhandenen Kinder zu erziehen... und welcher Mann will das schon.

Ob das auch die Hauptmotivation meines Mannes war – keine Ahnung. Jedenfalls wollte er auch Nachwuchs – und so versuchten wir es. Allerdings viel mehr als gesund für eine sowieso schon angeknackste Beziehung sein konnte. »Trying too hard«, wie die Amerikaner so treffend sagen.

Ich hatte als Teenie viel zu früh angefangen, die Pille zu nehmen – nämlich bevor sich mein Zyklus überhaupt eingespielt hatte. Fünfzehn Jahre später nahm ich zwar die Pille nicht mehr, hatte aber immer noch keinen regelmäßigen Zyklus – was es deutlich komplizierter als für die meisten anderen Frauen machte, meine fruchtbaren Tage zu ermitteln. Da unser Liebesleben ja sowieso schon vor Jahren ziemlich eingeschlafen und wenig erfüllt war, wurde der Versuch ein Baby zu machen, eher ein nervenaufreibender Krampf als die Krönung unserer Liebe. Auf Kommando bzw. nach dem Wecker ins Bett zu hüpfen, nahm so ziemlich jede Romantik aus der Liebe – führte aber auch nach Monaten nicht zum gewünschten Ergebnis.

Mein Gynäkologe empfahl uns, einen Spezialisten für – was für ein nüchternes Wort für ein emotional so aufgeladenes Gebiet – Reproduktionsmedizin aufzusuchen. Das taten wir. Die gute Nachricht war, dass die Anzahl der quietschfidelen Spermien meines Mannes sich irgendwo im beeindruckenden Millionenbereich befand – für einen starken Raucher mit leichtem Übergewicht durchaus bemerkenswert! Die Ursache für unsere Kinderlosigkeit war eindeutig mein Körper. Es stellte sich heraus, dass der selbst kaum mal einen Eisprung zustande brachte – und wenn, dann war völlig unklar, zu welchem Zeitpunkt des Monats. Deswegen rannte ich jeden zweiten Tag in die Reproduktionsklinik zum Blutabnehmen um den »richtigen« Moment nicht zu verpassen und spritzte mir selbst Hormone zum Auslösen des Eisprunges. Und danach hieß es zwei Wochen warten, warten, warten – zwei Wochen, bis ein Schwangerschaftstest möglich war. Der mir dann nüchtern zwei Monate hintereinander jeweils »nicht schwanger« mitteilte.

Im dritten Anlauf klappte es dann. Fast. Mein Bluttest zeigt deutlich erhöhte Schwangerschaftshormone... aber sie waren nur halb so hoch, wie sie eigentlich hätten sein sollen, und auf dem Ultraschall war nichts zu entdecken. Der wahnsinnig nette Arzt versicherte, dass das zwar eine Eileiterschwangerschaft bedeuten könne, aber sowohl die noch zu niedrigen Hormonwerte als auch die leichten Blutungen, die ich bekam, nichts zu bedeuten haben mussten.

In dieser Ungewissheit flogen wir auf unsere Lieblingsurlaubsinsel – die klitzekleine und touristisch quasi unerschlossene Insel. Sie ist wirklich ein Traumurlaubsziel für gestresste Businessleute – wenn man zufrieden damit ist, null Service zu haben, sich selbst zu verpflegen, tagsüber Mountainbiketouren zu einsamen Traumstränden zu machen, sich im einfachen kleinen Ferienhaus ohne Klimaanlage selbst zu verpflegen, und abends am Hafen unter den nur spanisch sprechenden einheimischen Fischern in der Hafenkneipe frischen Fisch und ein kühles Bier zu genießen – mit Blick auf das Meer und die Steilküste der nahegelegenen Insel Lanzarote. Auf La Graciosa waren wir zusammen wirklich glücklich. Lustigerweise hatten wir schon bevor wir uns kennenlernten, dieses damals unter Touristen völlig unbekannte Kleinod unabhängig voneinander entdeckt.

So bekam ich zwei Wochen lang auch keine neuen Blutwerte oder Ultraschallbilder. Nach unserer Rückkehr nach Hamburg dauerte es nicht lange, bis ich mich am Wochenende selbst ins Krankenhaus einlieferte. Dort bestätigte mir der Gynäkologe nach einem Blick auf den Ultraschall, dass es sich eindeutig um eine Eileiterschwangerschaft handelte und ich somit in Lebensgefahr schwebte. Denn wenn der Fötus den Eileiter zum Platzen bringt kann es zu Vergiftungen und Infektionen in der Bauchhöhle kommen. Deswegen sind unentdeckte Eileiterschwangerschaften so gefährlich und kosten noch heute manche Frauen das Leben. Viele von ihnen entdecken gar nicht rechtzeitig, dass sie überhaupt schwanger sind.

Ich musste also sofort operiert werden. Mal wieder war ich erstaunt über mich selbst. Offenbar hatte ich mich innerlich tatsächlich diese ganzen langen zwölf Wochen darauf eingestellt, dass diese Schwangerschaft kein gutes Ende nehmen würde. Meine Intuition hatte mich davor geschützt, vorschnell eine tiefe emotionale Bindung zu dem Leben in mir aufzubauen. Ich wollte es nur möglichst schnell hinter mir haben und wieder nach vorne blicken. Das wurde auch den operierenden Ärzten klar, als ich zwei, drei Sekunden nach der »Aufwach«-Spritze senkrecht auf dem OP-Tisch saß und Ihnen wie aus der Pistole geschossen und kein bisschen benebelt von der Narkose mitteilte, dass ich wach sei und ob es denn jetzt vorbei sei. Sie staunten nicht schlecht und sagten mir, dass ihnen jemand, der so schlagartig auf das Ende der Vollnarkose reagiert und sofort Fragen stellt, noch nicht untergekommen war.

Der Gynäkologe – der übrigens das attraktivste war, was mir jemals an Arzt begegnet war – aber die Kennenlernumstände waren ein bisschen ungünstig und wir beide zudem verheiratet – erklärte mir, dass es wirklich allerhöchste Zeit gewesen war zu operieren, und dass der betroffene Eileiter so riesig war, dass sie ihn entfernen mussten. Ich bestand darauf, dass er mir das Foto des Eileiters zeigte – und musste ihm Recht geben, dass es wohl die richtige Entscheidung gewesen war, ihn zu entfernen. Der sah nicht mehr besonders brauchbar aus. Das wichtigste, was er mir aber sagte – genau wie mein Gynäkologe später – war, dass die Eileiterschwangerschaft letztendlich vor allem eins bedeutete: dass ich sehr wohl fruchtbar war und schwanger werden konnte. Das befruchtete Ei war nur leider an der falschen Stelle hängengeblieben auf dem Weg in die Gebärmutter. Nüchterne Medizinerlogik!

Ich wollte meine hochbezahlte leitende Position als Art Director bei einer Frauenzeitschrift nicht gefährden indem ich meinem Chef, der sich sowieso schon in seiner Position von mir bedroht fühlte, meinen Kinderwunsch auf die Nase band. Daher hatte ich mich für die Dauer meines Krankenhausaufenthaltes wegen Erkältung entschuldigen lassen. Niemand im Büro kannte die Wahrheit – dass ich unter Lebensgefahr im Krankenhaus gewesen war. Für meinen Chef schien es dennoch gefundenes Fressen, um mir einen Tag nach meiner Rückkehr die Kündigung zu präsentieren. Denn ich hatte mir ausgerechnet das verlängerte Himmelfahrtswochenende ausgesucht für meinen Krankenhausaufenthalt. Er dachte wahrscheinlich, ich hätte einen »Brückentag« krankgefeiert, um das Himmelfahrtswochenende zu verlängern.

Egal. Das bedeutete das Ende eines Jobs in einer Redaktion, deren Atmosphäre aus meiner Sicht von gegenseitigem Neid und Misstrauen vergiftet war. Ich würde eine amtliche Abfindung kassieren und wurde sofort freigestellt – und freute mich eher über die Kündigung und die bezahlten Monate Freizeit, die folgten, als dass ich mir Sorgen darüber machte, wo mein nächster Job herkommen sollte.

Meine Freundinnen und unsere Familie staunten Bauklötze, dass ich mich nicht weinend zuhause einschloss, um die Eileiterschwangerschaft und den Jobverlust zu verarbeiten, sondern sofort eher einen »Jetzt erst recht«-Einstellung an den Tag legte. Dennoch war es natürlich eine Menge, die ich da innerhalb von zwei Wochen wegzustecken hatte.

Der entfernte Eileiter bedeutete, dass die statistische Chance, auf natürlichem Wege schwanger zu werden, um 50% geringer war als vorher. Logisch. Und die logische Konsequenz aus dieser und der Tatsache, dass ich mich ja sowieso schon in reproduktionsmedizinischer Behandlung befand und die Krankenkasse die Hälfte der horrenden Kosten tragen würde, hieß für mich In-Vitro-Fertilisation. Auf Deutsch – Befruchten der Eizelle im Reagenzglas und diese danach in die Gebärmutter einpflanzen.

Ich war einfach nicht der Typ, in emotionale Löcher zu fallen wegen solcher Ereignisse. Egal, was passierte, ich hatte glücklicherweise irgendwann als Teenager verstanden, dass es einfach keinen Sinn macht, Energie in bereits Geschehenes oder noch nicht Eingetretenes zu stecken, oder sich über Dinge aufzuregen, die man sowieso nicht ändern kann. Ausgerechnet aus einem Songtext hatte ich diese Weisheit gewonnen – das sogenannte »Serenity« Prayer des Theologen Reinhold Niebuhr. »Serenity« bedeut im Englischen soviel wie Gelassenheit, heitere Gemütsruhe oder Klarheit:

**»... Grant me the serenity to accept the things I cannot change,
the courage to change the things I can –
and wisdom to know the difference.«**

Zwar ist der Inhalt der ersten Zeile aus buddhistischer Sicht etwas sehr dem vermeintlichen Schicksal ergeben und berücksichtigt nicht, dass man tatsächlich mit den Mitteln der buddhistischen Lehre und deren Methoden wie sinnvollem Handeln nach Ursache und Wirkung oder Meditation mehr Dinge ändern kann, als man denkt . Aber ich finde ihn nach wie vor sehr klug. Die Verinnerlichung und praktische Anwendung dieser Weisheit kann einem wirklich eine Menge Energie, die man sinnvoller in anderes steckt, ersparen. Warum Störgefühle wegen des Wetters oder der roten Ampel haben, wenn man es sowieso nicht ändern kann und alles dadurch selbst nur noch schlimmer macht für sich und andere! Der Text ermutigt zudem, selbstständig, eigenverantwortlich und aktiv sein Leben in die Hand zu nehmen und anderen zu nützen.

Was ist denn nun eigentlich aus buddhistischer Sicht eine für andere nützliche und sinnvolle Lebensweise? Was ist das für ein Verhalten, das einen selbst auf seinem Weg und alle anderen voranbringt und ihnen nutzen kann? Und was sind Handlungen, die durch das Ansammeln von negativen Eindrücken im Geist zu unerwünschten Folgen von Karma führen?

Buddha hat dafür keine Do's und Don'ts, keine Dogmen oder Befehle, was zu tun und was zu lassen ist, gelehrt. Jeder ist für sein Leben verantwortlich und soll selbst entscheiden, was für ihn richtig oder falsch ist. Die Ratschläge, die Buddha gab, wenn er gefragt wurde, sind in unserer heutigen westlichen Welt von unseren gesellschaftlichen Werten und Grundsätzen kaum zu unterscheiden. Es ist eigentlich nur gesunder Menschenverstand, wenn man sie so gut man eben kann insLeben integriert und entsprechend handelt.

Wahrscheinlich, weil der Mensch zehn Finger hat und sie so leichter zu erinnern sind, warnte Buddha vor zehn Leid bringenden Handlungen, die starke negative Folgen haben und daher besser vermieden werden sollten: Auf körperlicher Ebene sind das Töten, Stehlen und anderen sexuelles Leid bringen. Auf verbaler Ebene sind es Lügen, Verleumdung, verletzende Rede und sinnlose Rede. Und auf geistiger Ebene Habgier, Böswilligkeit und falsche Anschauungen.

Töten

Das Töten von egal welchen Wesen und egal wie groß oder klein sie sind, bringt immer Leid, und es verursacht sehr starke negative Eindrücke im eigenen Geist, die Buddhas Lehren nach zu Wiedergeburten in schwierigen Gegenden mit viel Unglück und Krieg und kurzen Leben voller Krankheiten führen. Eine Fliege oder Mücke absichtlich zu töten bedeutet, ein Wesen zu töten, das nach der buddhistischen Lehre irgendwann in anfangsloser Zeit schon mal unsere Mutter war wie alle anderen auch – und das vielleicht schon im nächsten Leben ein Mensch wäre. Es ist also nicht weniger wert, bloß weil es so klein ist. Es hat genau wie alle anderen Wesen die Buddhanatur und trägt damit das Potential der Erleuchtung in sich – nur hat es in diesem Leben aufgrund seines Karmas ungünstigere Bedingungen.

Ich muss nicht unbedingt verstehen, dass irgendwann seit anfangsloser Zeit diese nervige Fliege, die mich gerade umschwirrt, meine Mutter war. Diese Vorstellung sprengt die Vorstellungskraft der meisten. Aber ich kann mit gesundem Menschenverstand einfach verstehen, dass es auch kein besonders fairer Kampf ist, wenn ein fast 70 Kilo schwerer Mensch es mit so einem winzigen Organismus »aufnimmt«. Und ich kann mir einfach selbst den Gefallen tun zu akzeptieren, dass es mit Sicherheit negative Folgen für mich haben wird, ein Wesen umzubringen. Muss man eigentlich nicht soviel drüber sagen, denke ich.

Stehlen

Diebstahl war in den Zeiten von Buddha Shakyamuni weiter verbreitet als heutzutage – die Menschen waren arm und nicht zu Stehlen bedeutete, nicht zu nehmen, was einem nicht gegeben wurde. Es führt karmisch dazu, dass man seinen Besitz zukünftig immer wieder verlieren wird.

Sexuelles Leid bringen

Was sexuelles Leid bringt, ist stark abhängig von dem kulturellen Hintergrund, in dem man lebt und von den individuellen Bedürfnissen und Empfindsamkeiten. Da alle Menschen auf diesem Gebiet sehr verletzlich sind, ist es wichtig, ihre persönlichen Empfindungen in der Sexualität achtsam zu respektieren. Es gibt kaum einen Bereich, der soviel Glück und soviel Leid bringen kann – weil er auf Vertrauen und emotionaler Offenheit basiert. Der weise Buddha gab aus diesen Gründen keine konkreten Richtlinien fürs Schlafzimmer. Die karmischen Folgen wären hier schwierige Beziehungen in diesem und in zukünftigen Leben.

Das sind die drei zu vermeidenden Handlungen auf körperlicher Ebene. Für die Rede gab Buddha ebenfalls ein paar nützliche Hinweise im Hinblick darauf, was man sich im eigenen Interesse ruhig abgewöhnen kann.

Die Unwahrheit sprechen

Es gibt zwei Arten von Lügen. Zum einen die schwerwiegenden oder großen. Das wäre zum Beispiel, jemandem kriminelle Handlungen zu unterstellen, die er nie begangen hat. Oder – noch schädlicher – das Vortäuschen von geistiger Verwirklichung oder meditativer Erfahrungen, die man gar nicht hat. Das verwirrt und schädigt einem vertrauende Menschen auf tiefer emotionaler Ebene. Zum anderen gibt es die alltäglichen »weißen« Lügen – wenn man zum Beispiel zu spät zur Arbeit kommt oder eine Einladung mit erfundenen kleinen Geschichtchen absagt. Sie schaden nicht unmittelbar, aber nützen nur kurzfristig und stellen einem dann halt irgendwann ein Bein. Kann man machen – muss man aber nicht. Die karmische Konsequenz von Lügen ist, dass man zunehmend erlebt, dass andere Menschen über einen selbst Lügen erzählen. Und Buddha meinte, lügende Menschen bekämen später starken Mundgeruch.

Lästern

Verleumdung ist besonders schädlich, weil ihre Ursache immer Zorn ist. Über nicht Anwesende zu lästern stört – und zerstört – intakte zwischenmenschliche Verbindungen und Freundschaften. Im Übrigen ist es einfach dumm, denn nichts verwandelt sich schneller in einen Bumerang als schadende Worte.

Grobe Rede

Grobe und verletzende Rede, also Kraftausdrücke und Beleidigungen, sind nicht nur ein Zeichen schlechter Erziehung und Herkunft, sondern stört einfach dauerhaft Verbindungen. Auch sie wird schnell zu einem Bumerang und man wird ebenso viel Schlechtes über sich selbst zu hören bekommen.

Sinnlose Rede

Sinnlose Rede erscheint dagegen erst einmal harmlos – so ein netter Plausch bei einer Tasse Kaffee oder abends an der Bar mit Freunden ist doch so nett! Das denken die meisten. Bis sie entdecken, wie viel Zeit man damit verbringt. Die Gefühle hinter den Worten sind sehr häufig Eifersucht oder Stolz. Sie sind viel häufiger die Motivation hinter dem Geschwätz als Mitfreude, Einsicht oder gute Wünsche. Man hält in diesen Momenten andere davon ab, etwas Sinnvolleres zu tun, als einem dabei zuzuhören – und wird auf Dauer nicht mehr ernst genommen.

Das sind die vier schädlichen Handlungen, die mittels der Rede ausgeführt werden.

8. Habgier

Habgier blockiert den natürlichen Fluss von selbst entstehendem Reichtum, der das Wesen des Raumes ist. Jede Art des Festhaltens ist letztendlich ein Ausdruck von Armut, von Trennung zwischen anderen und einem selbst – und daher von fehlendem grundlegendem Vertrauen. Man ist getrieben von Verlangen, das nicht gestillt wird. Eigentlich ist jemand, der viel besitzt, nicht zu beneiden. Bestenfalls geht er großzügig mit diesem Besitz um und setzt ihn sinnvoll für das Nutzen Anderer ein – was ihm in zukünftigen Leben zugute kommen wird. Der Geist wird durch überflüssigen Besitz unnötig gebunden – und er muss am Ende des Lebens einfach viel mehr Dinge zurücklassen als andere.

Böswilligkeit

Böswilligkeit liegt wiederum im schwierigen Bereich des Zornes. Wer sieht, wie verwundbar die Wesen sind und wie sehr sie eigentlich alle nur nach Glück streben und dabei dennoch so oft Dinge denken, sagen und tun, die nur zu Leid führen können, müsste eigentlich automatisch Mitgefühl entwickeln, statt ihnen zu grollen oder sogar auf Rache zu sinnen. Werden solche Einstellungen zur Gewohnheit, wird man ein Leben voller Ablehnung und Hass führen. Und wer will das schon.

Grundlegende Unwissenheit

Die Unwissenheit ist die ständig fröhlich vor sich hin sprudelnde Quelle aller Leid bringenden Gedanken, Worte und Taten. Wir haben sie ja schon als die grundlegende Ursache des Leides entlarvt, und sie rührt von nirgendwo anders her als vom Geist selbst. Es gibt weder Götter noch Teufel, die über einen bestimmen. Stattdessen verschleiert diese Unwissenheit in Form von falschen Anschauungen den an sich völlig klaren Geist, der aber immer die Werkzeuge zu seiner Befreiung besitzt: die Fähigkeit zur Einsicht und das Streben nach Vervollkommnung. Diese einem jeden innewohnenden Eigenschaften führen bei Anwendung zu Selbstverantwortung und Eigenständigkeit, und häufiges Vergleichen der eigenen Einstellung mit den Lehren Buddhas weist den Weg aus dem Kreislauf von störenden Gedanken, Worten und Taten.

Diese drei zu vermeidenden Geisteshaltungen sind auch die wichtigsten, denn solche Gedanken sind Störquellen im Geist, die unsere Rede von heute und unsere Taten von morgen beeinflussen.

Das war's dann aber auch schon, was man möglichst lassen sollte, wenn man vermeiden möchte, negative Samen für seine Zukunft zu säen. Natürlich braucht es Übung und man wird sich immer wieder dabei »erwischen«, das eine oder andere dann doch wieder vorübergehend außer Acht gelassen zu haben. Aber solange man diese Dinge reflektiert und zumindest hinterher bemerkt, dass es vielleicht keine so gute Idee war, sich so oder so verhalten zu haben – solange sind das keine tiefen bleibenden Eindrücke im Geist und man hat die Möglichkeit, es zu bedauern, den Entschluss zu fassen, das nächste Mal anders zu denken, zu sprechen oder zu handeln, und man kann sogar versuchen, durch gegenteiliges Handeln dieses Karma wieder in positives zu verwandeln oder zumindest zu neutralisieren.

Womit wir bei den Paramitas, den sechs sogenannten Befreienden Handlungen im Buddhismus wären. Und die sind ebenfalls nichts anderes als gesunder Menschenverstand und entsprechen den ethischen und moralischen Werten, die die Grundpfeiler unseres Zusammenlebens in der freien westlichen Welt darstellen.

# Sechs Dinge, die bestimmt eine gute Idee sind …

Das Wort Paramita setzt sich aus zwei Teilen zusammen: »ita« bedeutet in Sanskrit eine Handlung, die einfach gut ist und von jedem so wahrgenommen werden kann. »Param« bedeutet »jenseits« oder »das, was jenseits führt«. Dies deutet darauf hin, dass positive Handlungen viel schneller zu Befreiung und Erleuchtung führen, wenn man erkennt, dass es sich bei ihnen nicht um etwas Zweiheitliches handelt, sondern alles, was geschieht, sich gegenseitig bedingt und zu einem großen Ganzen gehört. Es ist also gut, beim Handeln diesen Zusammenhang zu sehen statt trennend und begrenzt zu denken, dass hier der eine etwas für den anderen tut.

Die sechs Befreienden Handlungen, die Paramitas, sind Großzügigkeit, sinnvolles Verhalten, Geduld, freudige Anstrengung, Meditation und Weisheit. Die ersten vier dieser sechs Handlungen sind Merkmale jeder erfreulichen und bereichernden zwischenmenschlichen Beziehung. Durch die zwei letztgenannten – Meditation und das Wissen darum, wie die Dinge wirklich sind – werden sie noch geschickter und schließlich befreiend. Über den Nutzen für andere hinaus ist es im Buddhismus mehr als Selbstzweck, sich entsprechend zu verhalten. Denn dies ist die Basis, die die Bedingungen für die Erkenntnis der Natur des Geistes schafft.

Großzügigkeit

Großzügigkeit ist das Teilen von Materiellem, das Teilen der eigenen Kraft und das von guten Gefühlen und Erlebnissen. Sie schafft Vertrauen und Offenheit, macht jede Begegnung reich und löst Anhaftung im eigenen Geist. Das bejahende Vertrauen und die Wertschätzung in die allen Wesen innewohnenden guten Eigenschaften drückt man durch Geben aus. Bei anderen erweckt dies den

Wunsch, ebenfalls mit anderen zu teilen. Man kann die Welt mit einem für ein riesiges Fest geschmückten Saal vergleichen. Alles ist da, jeder Reichtum an möglichen Erfahrungen liegt im Raum – aber wenn keiner anfängt zu tanzen, entsteht auch kein Fest. Den alten buddhistischen Texten nach gibt es drei verschiedene Arten von Freigebigkeit, die aber deutlich von den damaligen kulturellen und sozialen Bedingungen gefärbt sind und heute in ihrem Nutzen und ihrer Bedeutung sicherlich teils anders zu bewerten sind. Zum Ersten das Schenken dessen, was die Menschen zum Überleben brauchen. Zum Zweiten das Schenken von Schutz, Gesundheit, Wissen und Ausbildung. Das befähigt die Menschen, selbstständig und frei zu sein und anderen in diesem Leben nützen zu können. Und dann natürlich das dritte und unendlich sinnvolle Geschenk der befreienden und erleuchtenden Lehre, die in diesem Leben, beim Sterben und in allen späteren Leben wirksam ist und den Wesen maximal nutzt – bis der Geist sein Wesen erkennt und Erleuchtung erreicht.

Heute lebt der Großteil der Weltbevölkerung in Armut und in überbevölkerten Ländern, weil ihre Religionen ihnen jegliche Familienplanung verbietet. In den reichen Ländern stirbt man an Wohlstandskrankheiten wie Herzinfarkten, und die meisten sind von soviel Glas und Beton umgeben, das zwischenmenschliche Begegnungen kaum noch stattfinden. Da ist es sicherlich sehr wertvoll, ihnen vor allem Wärme, Nähe, Schutz und Zeit zu schenken.

Sinnvolles Verhalten

Sinnvolles Verhalten dient dazu, die durch Großzügigkeit entstehende gute Ausgangsposition nicht durch die schon erwähnten schädlichen Handlungen und deren Konsequenzen wieder kaputt zu machen. Worte wie Moral oder Ethik, die so sehr nach erhobenem Zeigefinger und steifen Konzepten und Dogmen klingen, gibt es im Buddhismus so nicht. Buddha ermutigt die Menschen, beim Urteilen über andere erst einmal nachzudenken. »Sinnvolle Lebensweise« oder »umsichtiges Handeln« treffen sicherlich besser. Und das tut man mit Körper, Rede und Geist. Man nutzt bewusst den Körper, um andere zu schützen, ihnen zu schenken, was ihnen fehlt, und ihnen Liebe zu geben. Aufgabe der Rede ist es, zu verdeutlichen, wie die Dinge sind, und die Leute zusammenzubringen. Man kann ihnen zeigen, wie schön die Welt ist und führt sie zu mehr Sinn und Freude in ihrem Leben. Mit dem Geist arbeitet man, in dem man allen anderen alles erdenklich Gute wünscht, sich über deren gute Bedingungen und ihre sinnvollen Taten freut, und klar denkt.

Geduld

Geduld ist wichtig, um diese guten Energien nicht zu verlieren. Sie schützt den positiven Aufbau durch Ertragen von allen Arten von Schwierigkeiten. Wer voller Mitgefühl ist und in jeder Lage einen entspannten Geist behalten kann, der kann durch nichts gestört werden. Dafür braucht es Ausdauer. Da Zorn als das schädlichste aller Störgefühle alle guten Eindrücke im Nu zerstört, nennt Buddha die Geduld »das schönste, aber schwierigste Gewand, das man tragen kann.« Geduld bedeutet nicht nur, nicht ungeduldig in nervenaufreibenden Situationen wie langen Warteschlangen zu sein.

Es bedeutet vor allem zu sehen, dass alle Wesen ihr Bestes tun und man ihnen die Zeit gibt, die sie brauchen, um noch mehr zu wachsen. Wenn Menschen sich seltsam verhalten, ist es gut, wenn man sich in diesen Momenten bewusst sein kann, dass sie eigentlich auch nur glücklich sein wollen und sich und anderen dabei manchmal etwas im Weg stehen. Ihr vielleicht unangebrachtes Verhalten basiert ja immer auf der Unfähigkeit, die Dinge so zu sehen, wie sie wirklich sind – nicht auf Böswilligkeit. Wenn man in der Lage ist, sich das im richtigen Moment in Erinnerung zu rufen, kann man mit mehr Mitgefühl und besonnener reagieren und ihnen so besser helfen, es das nächste Mal hoffentlich besser zu machen. Auch das bedeutet geduldig zu sein.

Begeisterte Aktion

Freudige Anstrengung oder die begeisterte Tat bedeutet, dass wir selbst immer unser Bestes geben und mit Ausdauer und Kraft für andere und ohne Stolz an uns selbst arbeiten. Damit ist gemeint, dass man einfach gern etwas Nützliches tut und deshalb die Faulheit besiegt. Wenn man diese natürliche Art von Fleiß nicht hat, wird man zwar älter, aber nicht klüger, weil man nicht über seine Grenzen hinausgeht und gar nicht merkt, wie gut sich das anfühlen kann. Wenn man etwas lernen oder erreichen will, braucht das immer auch Kraft. Wie der Aufbau von Muskeln. Auch der geschieht erst ab der Schmerzgrenze. Wer sein Vorhaben mit Entschlossenheit und Freude am Schaffen anpackt, erntet erfüllende Ergebnisse.

Meditation

Meditation schafft Raum und Freiheit im eigenen Bewusstsein. Innerlich sieht man auf der Grundlage einer guten Konzentration die Gedanken und Gefühle, wie sie erscheinen. Äußerlich erfährt man die Wesen und die Welt aus freier Sicht. Die persönlich begrenzte Wahrnehmung von Anhaftung und Abneigung, Erwartung und Befürchtung weicht der Einsicht in die vielfältige Bedingtheit aller Erscheinungen. Man erfährt, »wie die Dinge sind«. Und dies ist die Weisheit, die sechste Paramita.

Letztendliche Weisheit

Diese Weisheit, das vollkommene Unterscheiden aller Dinge und das Erkennen, das Subjekt, Objekt und Tat Teile der selben Ganzheit sind, ist die letztendliche spontane Einsicht, die durch die angesammelte Masse an positiven Eindrücken durch die vier Paramitas Großzügigkeit, sinnvolles Verhalten, Geduld und begeisterter Tat entsteht. Aus positiven Eindrücken entsteht mehr Weisheit. Die

Meditation schafft weitere gute Eindrücke und ist eine besondere Voraussetzung für die Entwicklung von Weisheit. Die Verwirklichung von Weisheit ist also die Folge der fünf ersten Befreienden Handlungen. Letztendliche Weisheit ist spontaner Ausdruck des Geistes, wenn er frei von jeder Begrenzung und im vollen Besitz der Verwirklichung seiner unbedingten Eigenschaften von Furchtlosigkeit, Freude und aktiver Liebe ist.

Was vielleicht auch damals schon dazu beitrug, dass es mich nicht großartig aus der Bahn warf wenn ich mit dem Tod konfrontiert wurde ist, dass ich mich nie besonders stark mit meinem Körper identifizierte und Verletzungen und Krankheiten mich meist nur wenig leiden ließen. Allerdings war ich auch nur sehr selten ernsthafter krank und habe mir noch nie einen einzigen Knochen gebrochen. Zudem habe ich keine besonders hohe Schmerzempfindlichkeit, wie mir von einigen Zahnärzten und Orthopäden immer wieder bestätigt wird.

Man ist nicht sein Körper – man hat ihn. Und man ist sich der Tatsache bewusst, dass dieser Körper, in dem man steckt, jeden Tag älter wird, krank werden kann und vielleicht heute, vielleicht morgen, aber mit absoluter Sicherheit auf jeden Fall irgendwann stirbt.

Was aus buddhistischer Sicht unzerstörbar ist, ist das sogenannte klare Licht des Geistes. Der Geist hat keine Farbe, keine Größe, kein Gewicht – nichts, was physikalisch erfassbar ist. Der Buddhismus versteht den Geist als die unendliche Weite des Raumes, in dem alles, was wir in unserer Welt sehen, entsteht, darin herumspielt, sich verändert und wieder vergeht. Und eben dieser Raum, aus dem alles entsteht und in dem alles wieder verschwindet, ist unzerstörbar. Körper und Rede sind im Buddhismus Werkzeuge und Mittel, mit denen man anderen mglichst viel nützt und Glück bringt. Was jman wirklich ist – und dessen ist man sich möglichst ständig bewusst – ist die klare, unbegrenzte Bewusstheit des Raumes, die auch da war, als der Körper als physische Form nicht existierte.

Dies ist es, was man beim Meditieren mehr und mehr selbst erfahren kann – am Anfang vielleicht nur für Bruchteile von Sekunden, später für Minuten und Stunden. Es gibt da etwas Bleibendes, Unverletzbares, aus sich selbst heraus unendlich Freudvolles in uns, das viel mehr leuchtet als alles, was wir außen und in unserer Gefühlswelt erleben. Das ist der Zustand des erleuchteten Geistes – frei von ihn verschleiernden Gefühlen, Vorstellungen und Konzepten. Die Buddhas erfahren ihn ununterbrochen – wir erfahren solche Momente von unbedingter, riesiger Freude in der Meditation. Und diese einzigartige Erfahrung macht furchtlos. Denn man wird mit jeder meditativen Vertiefung und Erfahrung sicherer, dass man nicht sein Körper ist und daher auch keine Angst vor Alter, Krankheit, Tod und Verlust haben muss.

Man hat ihn einfach nur, den Körper. Wenn zum Beispiel etwas weh tut sind das Nerven und Synapsen, die chemische Reaktionen produzieren, die wir wiederum als Schmerz empfinden. Durch das Meditieren lernt man, dazu geistig Abstand zu halten und sich nicht mit ihnen bzw. seinem Körper zu identifizieren.

Man sagt nicht mehr »Oh, ich leide so sehr!« sondern »Oh, aha, das also ist es, was man als Schmerz bezeichnet. Interessant. Aber es kann mir nicht wirklich irgendetwas anhaben, denn es sind nur chemische Prozesse in meinem Körper.« Das heißt natürlich nicht, dass Buddhisten keine Schmerzen haben. Klar haben sie die – zumindest bis zu einer bestimmten Stufe der hohen Verwirklichung. Sie sind aber besser in der Lage, damit umzugehen. Weil sie in der Meditation gelernt haben, ihren Geist in seiner wahren Natur als unzerstörbar wahrzunehmen, statt sich durch und durch mit ihrem Körper zu identifizieren und entsprechend zu leiden. Ein riesiges Geschenk.

Ein beeindruckendes Beispiel, wie ein hochverwirklichter, also erleuchteter Lama mit dem Tod umgeht – also mit dem Moment, in dem er seinen Körper verlässt, war Seine Heiligkeit der 16. Karmapa Rangjung Rigpe Dorje, der Lehrer von Lama Ole und Hannah Nydahl. Als er starb, rüttelte er das Weltbild der Ärzte und aller Anwesenden ordentlich durcheinander. Nichts, was sie an Unis und im Beruf gelernt hatten, schien noch Bestand zu haben. Der ihn monatelang betreuende Chefarzt und das professionelle und routinierte Pflegepersonal in Chicago fragten sich jedes Mal, wenn sie sein Zimmer betraten, mehr und mehr, wer da nun eigentlich der Patient sei – er oder sie selbst. Denn er hörte nicht eine Sekunde lang auf, für andere da zu sein. Sie fragten ihn täglich: »Haben Sie Schmerzen?« und er verneinte nur immer wieder und erkudigte sich nach ihrem Wohlbefinden. Die Untersuchungsergebnisse ließen keinen Zweifel, dass der Körper von schweren Krankheiten zerfressen war – er schenkte Ihnen meist nur das gleiche, von innen strahlende, durch und durch aufmerksame, warme und mitfühlende Lächeln, arbeitete, oder nahm alle Kräfte zusammen, um seinen Körper aus einer weiteren lebensbedrohlichen Krise, die den behandelnden Ärzten nach für jeden anderen den Tod binnen Minuten oder Stunden bedeutet hätte, mit der Kraft seines Geistes wieder herauszuholen. Er war nicht sein Körper. Er hatte ihn und er war sein Werkzeug. Und er wusste schon lange vorher, wann er sterben würde.

Eineinhalb Jahre bevor er starb, ließ er seine westlichen Schüler wissen, wann er sterben würde. Er bat sie, »am ersten Tag des 11. Monates nächstes Jahr« zu ihm zu kommen und ihre Freunde mitzubringen. Sie kamen. Mit 111 Freunden – und er starb fünf Tage später.

Lama Ole Nydahl, der sich wie viele sicher ist, dass der 16. Karmapa voll erleuchtet war, über den Tod seines Lehrers und die beeindruckenden Zeichen tiefster Meditation, die nach seinem klinischen Tod von vielen gesehen wurden:

»Als sich die Zeit seines Todes näherte, hatte er sechs bis sieben ernste Krankheiten auf sich gezogen. Er hatte seinen Körper verwandt, um sie umzuformen und dadurch – zumindest für die Menschen in seinem Kraftkreis – viel von ihrer Schädlichkeit entfernt. Bei Chicago, in der Nähe der größten Schlachthäuser der Welt, zeigte er sein zeitloses Beispiel für nicht unterscheidende Liebe. Er hatte den Ärzten erlaubt, ihre Medikamente an ihm zu testen. Darunter waren auch Schlafmittel in riesigen Dosen, die überhaupt keine Wirkung bei ihm zeigten. Die ganze Zeit über dachte er an Andere. Er kümmerte sich darum, dass es ihnen gut ging, und redete gar nicht von sich selbst.

Am Abend des 5. November 1981, dem Tag der Befreierin (skt. Tara), stellten die Ärzte mit Erstaunen fest, dass die Maschinen, an die er angeschlossen war, nicht mehr in Betrieb waren; sie hatten sich von selbst ausgeschaltet. Alle dachten das gleiche: »Er spielt uns einen Streich« und in diesem Augenblick fingen sie wieder an zu arbeiten. Nach fünf Minuten hörten sie endgültig auf. Am nächsten Morgen, als die Krankenpfleger seinen Körper aus dem Bett entfernen wollten, fragten die anwesenden Lamas, ob denn auch wirklich alle Todeszeichen eingetreten seien. Das waren sie nicht: Karmapas Körper war noch immer warm; vor allem sein Herzzentrum was so heiß, dass man es ein gutes Stück vom Körper entfernt spüren konnte. So verbrachte er vier Tage in Meditation im Bett. Als er im indischen Sikkim ankam, war er immer noch warm und ohne Anzeichen von Todesstarre. Ich weiß das, weil ich beim Abschied lange meine Stirn gegen sein Bein drückte« erinnert sich Lama Ole.

»Karmapas Körper wurde oben im kleinen Saal in ein Mandala gesetzt, damit alle sein Kraftfeld aufnehmen konnten. Anderthalb Monate später wurde Karmapas Körper aus dem Mandala herausgeholt. Statt während der 45 Tage, die er in dem warmen Raum gesessen hatte, zu verwesen, war er ganz einfach geschrumpft. Er saß jetzt in einem etwa 50 Zentimeter hohen Kasten dem Altar gegenüber. Ein dünner Schleier hing über seinem Gesicht, das sich kaum verkleinert hatte, während der Rest von seinem ehemals kräftigen Körper kindsgroß war.«

Soweit Lama Ole über die Wochen, in denen das Oberhaupt der Karma Kagyü Linie und sein eigener geliebter Lehrer Karmapa, in dessen Namen sie den Buddhismus in den Westen trugen, den Körper seiner 16. Inkarnation verließ, und schon allein damit vielen Schülern jeden Zweifel daran nahm, dass die buddhistischen Lehren bis ins Detail stimmen und durch entsprechende Praxis selbst erfahren und verwirklicht werden können.

Der Tod von Hannah Nydahl war ein weiteres Beispiel dafür, dass zwar natürlich auch der Körper jedes noch so gut meditierende Buddhisten früher oder später stirbt – aber auch sie zeigte noch im Sterben ihren Schülern, wie gut man seinen Körper durch regelmäßige Meditation unter Kontrolle bringen kann und wie wenig man sich gleichzeitig mit ihm identifizieren muss. Und vor allem, was für ein riesiges Geschenk die schon beschriebene Praxis des Phowa ist.

Sie starb im Alter von nur 60 Jahren an Lungenkrebs. Den Untersuchungen ihrer Lunge nach waren es vielleicht die in frühen Jahren eingeatmeten Dämpfe der tibetischen Butterlampen und der Kohlen- und Zementfeinstaub auf den Baustellen, auf denen sie und ihr Mann gejobbt hatten, die ihre Krankheit auslösten.

Da der Krebs sich ausgebreitet hatte, war ihr einziger Wunsch, die Zeit, die ihr blieb, falls kein Wunder geschehen würde, mit ihrem Ehemann zuhause zu verbringen – und weiter zu arbeiten, so lange sie konnte. Sie starb zuhause im buddhistischen Zentrum in den Armen ihres Mannes. Aber nicht, ohne vorher noch 15 Mal aus der Bewusstlosigkeit zurückzukehren, um zu sehen, ob ihr Körper nicht doch noch irgendwie nützlich sein könnte... bis ihr Mann sah, dass es keinen Sinn mehr hatte und sie bat, loszulassen und durch die Phowa Meditation in die Reinen Länder zu gehen. »Am nächsten Morgen sah sie so friedlich und froh aus – mit einem bezaubernden, gelösten Lächeln auf ihrem Gesicht, als hätte sie gerade etwas sehr Süßes und Leckeres gegessen!« erinnert er sich.

Hannah wird allen in dankbarer Erinnerung bleiben. Als die große Yogini und buddhistische Lehrerin, die sie war, als Übersetzerin für die hohen Lamas aus dem Osten und vieler wichtiger buddhistischer Texte, die sonst wahrscheinlich verloren gegangen wären – als die zurückhaltende, aber immer beobachtende und im richtigen Moment durchschneidend-scharfsinnige und weise Frau an der Seite eines großen buddhistischen Lehrers, die ihm in jeder Situation den Rücken stärkte und mit der man wirklich hätte Pferde stehlen können. Leider habe ich sie nicht persönlich kennengelernt. Aber dank ihres Kraftfeldes, der Berichte ihres Mannes und einer großen Menge Audio- und Video-Aufzeichungen habe ich dennoch das sichere Gefühl, sie gut gekannt zu haben und als Freundin und Lehrerin zu schätzen. Jeden Tag vor Augen habend, was weltweit aus der unermüdlichen Aktivität der Beiden zum Besten aller entstanden ist, kann ich nur versuchen, meinen kleinen Teil dazu beizutragen, dass dieses Werk mehr Menschen zugänglich und ihre Arbeit fortgesetzt wird. Es ist eine große Aufgabe – und eine noch viel größere Ehre, das zumindest mit vielen anderen Freunden zusammen zu versuchen.

Dass Buddhisten sich nicht mit ihrem Körper identifizieren, bedeutet aber nicht, dass sie ihn nicht achtsam behandeln oder Krankheiten einfach ignorieren würden. Denn dieser Körper ist ein sehr,

sehr wertvolles Werkzeug, um zum Besten aller befreit und erleuchtet zu werden und ihnen bestmöglich nutzen zu können. Die Lehre Buddhas spricht sogar von dem kostbaren menschlichen Körper als einem geeigneten Gefäß für die buddhistische Lehre und deren Anwendung – der kostbaren und sehr seltenen Möglichkeit im Laufe von unzähligen vorherigen Wiedergeburten in allen möglichen nichtmenschlichen Formen, die keinen Zugang zum Buddhismus ermöglichen. Und deswegen behandelt man ihn auch wie ein wertvolles Werkzeug – man hält ihn »in Stand« und pflegt ihn bestmöglich. Es müssen viele Bedingungen zusammenkommen, um diesen kostbaren menschlichen Körper, der einem ermöglicht, Buddhist zu sein, zu erlangen. Selbst wenn man nicht Buddhist ist, ist es zweifellos sinnvoll, sich dieser kostbaren Umstände, unter denen wir alle leben, bewusst zu sein.

Denn diese Umstände sind aus buddhistischer Sicht statistisch so wertvoll und schwer zu erlangen, dass wir es uns kaum vorstellen können. Vielleicht hilft dieses klassische Beispiel aus den buddhistischen Schriften, überliefert von dem großen buthanesischen Meditationsmeister Lopön Tsechu Rinpoche, der erste buddhistische Lehrer von Lama Ole und Hannah Nydahl, der sie vor über 40 Jahren mit dem 16. Karmapa bekannt machte – und so einen sehr wichtigen Grundstein für den Buddhismus im Westen legte.

»Stellt Euch vor, dass ein Ring von Wind und Wellen auf einem Ozean hin und her geworfen wird. Auf dem Grund des Ozeans lebt eine besondere Schildkröte, die nur einmal alle hundert Jahre kurz an die Oberfläche auftaucht. Die Wahrscheinlichkeit, dass ihr Kopf dabei ausgerechnet durch genau diesen Ring stößt, ist ziemlich gering. Aber es ist noch schwieriger, einen kostbaren Menschenkörper zu erlangen.

Man kann den Wert und die Seltenheit eines kostbaren Menschenkörpers auch anhand von Zahlen verdeutlichen, indem man die Anzahl der verschiedenen Arten von Wesen vergleicht. Zum Beispiel gibt es ziemlich genaue Schätzungen darüber, wie viele Menschen in diesem Land leben – es ist eine bekannte Zahl. Wenn man jedoch versuchen würde zu zählen, wie viele Insekten auf einem kleinen Stück Land leben, so wäre dies unmöglich. Dies ist eine Weise zu zeigen, wie selten und kostbar es ist, ein Mensch zu sein.«

Es müssen aus buddhistischer Sicht genau 18 Bedingungen zusammenkommen, um einen solchen nicht nur menschlichen, sondern auch kostbaren Körper zu erlangen.

Denn »kostbar« aus buddhistischer Sicht ist er nur, wenn er einem auch ermöglicht, die buddhistischen Lehren zu studieren und zu meditieren. In ein kriegerisches Land in Afrika oder ein die Menschenrechte mit Füßen tretendes politisches oder religiöses System geboren zu werden, ist nicht in diesem Sinne kostbar.

Zu diesen 18 Bedingungen gehören zuerst einmal acht Daseinszustände, in die man in diesem einen von unzähligen Leben nicht geboren wurde. Lopön Tsechu Rinpoche im Juli 1996 in Dhagpo Kagyü Ling, Südfrankreich:

»Wenn man sich in einer dieser acht Arten von Existenz befindet, erlebt man eigentlich nur Leiden und keine Freiheit in dem Sinne, dass man die buddhistische Lehre praktizieren könnte. In den Paranoiabereichen ist die einzige Erfahrung, dass man unter Hitze und Kälte leidet. In den Geisterbereichen leiden die Wesen ständig unter Hunger und Durst. Wesen in den Tierbereichen haben die Erfahrung, dass sie gejagt und unterdrückt werden, dass sie sich gegenseitig aufessen und gebraucht und missbraucht werden. Als Mensch in völlig unzivilisierten Gegenden hat man keine Möglichkeit, etwas zu lernen, was einen auf einen positiven Pfad bringen könnte. Als langlebiger Gott erfährt man zwar als Folge früherer positiver Taten während seines Lebens Glück und Freude. Es gibt jedoch nichts, was darüber hinausgeht und das Erleben der Folgen des positiven Karmas bedeutet, dass dieses verbraucht wird. So werden diese Götter nach ihren langen Leben in niedrigen und sehr leidvollen Zuständen wiedergeboren. Auch das Resultat der Geburt als langlebiger Gott ist also nichts als Leid. Wesen mit geistiger Behinderung sind nicht in der Lage, die Bedeutung des Dharma zu erfassen und können ihn deswegen nicht anwenden. Wesen mit falschen Sichtweisen neigen automatisch dazu, negative Handlungen und damit die Ursachen für späteres Leid anzusammeln. Wenn man in einer Zeit geboren wurde, in der es keinen Buddha gibt, so gibt es auch nichts wie den Buddhismus und man bekommt keine Hilfe für einen Weg aus den Leiden Samsaras heraus.«

Die buddhistischen Daseinsbereiche füllen ganze Bücher und tagelange Erklärungen buddhistischer Lamas. Es würde zu weit führen, sie hier viel näher zu erläutern. Es sei aber soviel gesagt, dass sich diese Daseinsbereiche auch auf die unterschiedlichen Formen und Bedingungen menschlicher Existenz beziehen können, die einen daran hindern, mit dem Buddhismus in Berührung zu kommen. Die Paranoiazustände findet man zum Beispiel bei psychischen Krankheiten. Die Menschen sind in den schlimmsten Fällen völlig in ihrem Innenleben gefangen und ihr Denken, Sprechen und Handeln wird fast ausschließlich von großen Ängsten bestimmt.

Oberflächlich gesehen sind das Gegenteil dessen die Götter- und Halbgötterbereiche. Sehr wohlhabende Menschen, die in wunderschönen Häusern an wunderschönen Orten auf dieser Welt leben, aber ihren weltlichen Reichtum und ihr Glück primär genießen und für sich behalten, statt damit anderen, die es nötig hätten, zu helfen und ihren äußeren und hoffentlich inneren Reichtum zu teilen, gehören zum Beispiel dazu. Sie verbrauchen schlicht eine Menge in früheren Leben angesammeltes gutes Karma, kommen der Erleuchtung damit aber sogar weniger schnell näher als Tiere oder Menschen in den niederen Daseinsbereichen – denn die bauen durch ihre Leiden dort zumindest jede Menge negatives Karma ab, was zu einer weniger leidvollen oder günstigen Wiedergeburt führen wird.

So können Sie sich jetzt sehr wahrscheinlich guten Gewissens selbst und ihre Mitmenschen beglückwünschen – sie haben genau das, was hier so hoch gepriesen wird von den buddhistischen Meistern – die kostbare Möglichkeit eines menschlichen Körpers, zahllosen Wesen mit den Mitteln eines Buddha nutzen zu

1. Man erkennt die kostbare und seltene Möglichkeit, die dieses Leben gerade jetzt bietet, um zum Besten aller Wesen Befreiung und Erleuchtung zu erlangen.

2. Man denkt über Ursache und Wirkung nach. Darüber, dass man selbst bestimmt, was geschieht. Frühere Taten, Worte und Gedanken wurden zu unserer heutigen Welt, und wir sähen ständig die Samen für unsere Zukunft.

3. Man erinnert sich der Vergänglichkeit aller Dinge. Nur die offene, klare Unbegrenztheit des Geistes ist dauerhaft, und niemand weiß wie lange die Bedingungen bleiben werden, um sie zu erkennen.

4. macht man sich klar, warum es sinnvoll ist, mit dem Geist zu arbeiten. Erleuchtung bedeutet zeitlose, höchste – weil durch nichts bedingte – Freude, und man kann nur wenig für andere tun, solange man selbst verwirrt ist oder schmerzvolle Erfahrungen macht und leidet.

können. Denn nur sehr wenige begegnen überhaupt diesen Lehren, und noch viel weniger sind dann auch fähig, sie zu verwenden. Das ist übrigens der erste der sogenannten Vier Grundgedanken im Diamantweg-Buddhismus. Man ruft sie sich vor jeder Meditation ins Gedächtnis und versucht im Alltag entsprechend zu handeln. An der Pinnwand in der Küche sind sie daher zum Beispiel auch gut aufgehoben.

Wie erwähnt machte ich zu dieser Zeit gleich mehrere schmerzhafte Erfahrungen. Und das war noch nicht das Ende der Fahnenstange. Der monatelange psychische Druck hinterließ sowohl bei meinem Mann als auch bei mir Spuren. Ich »funktionierte« zwar trotz der Belastung im Alltag, aber meine Haut spielte verrückt, besonders auf dem Rücken. Es juckte überall und mein Rücken sah nicht schön aus. Das wiederum führte in dieser eh schon an meinem Selbstwertgefühl nagenden Situation dazu, dass ich mich zunehmend zurückzog. Mein Süßer war auf seine Art sehr lieb und bemüht, mir etwas Halt zu geben – verbrachte aber mehr Zeit als je zuvor vor seinem Rechner. Seit etwa einem Jahr war er wirklich süchtig nach einem online Multiplayergame, in dem man sich durch Fantasiewelten kämpft und sich in einer erschreckend realistischen, aber halt dennoch virtuellen Parallelgesellschaft befindet. Das Spiel hat weltweit eine so große Fangemeinde, dass Attribute wie Waffen oder besondere übersinnliche Fähigkeiten, die man sonst mühsam im Spiel erhandeln oder erkämpfen müsste, hochpreisig auf Ebay zu kaufen sind. Ich war nicht die einzige, die sein nächtelanges Verschwinden im Arbeitszimmer bzw. in diesem Spiel beängstigend fand. Seine Mutter sah hilflos zu, seine Doppelkopffreunde dachten sich ihren Teil und machten höchstens mal ironische Kommentare – nur unser gemeinsamer Freund und Kollege versprach mir zu versuchen mit ihm zu reden. Er erfüllte alle klassischen Merkmale eines Suchtkranken. Psychologen haben heute keinen Zweifel mehr daran, dass Computerspielsucht genauso eine Familie und soziale Bände zerstören kann wie Alkoholismus, Drogen oder Spielsucht.

Aber es sollte nicht mehr dazu kommen, dass sein Freund mit meinem Mann sprechen konnte. Es hätte kaum mehr »anders« kommen könnten, als wir gedacht hatten.

Ich weiß bis heute nicht, warum ich wenige Tage später morgens vor unserem Computer sitzend sein Handy, dass er eigentlich sowieso nie zum Telefonieren oder SMS schreiben benutzte, in die Hand nahm. Es war nicht mein Stil, hinter ihm her zu spionieren – und ich sah auch keine akuten Anlass dazu. Dennoch tat ich es – und es gab in seinem Posteingang nur eine einzige SMS. Er war am Tag zuvor krank zuhause geblieben und die SMS war vom vorigen Abend. Der neckisch-zärtliche Wortlaut der SMS konnte auch bei nicht-eifersüchtige oder gerne mal Gespenster sehende Menschen keinen Zweifel übrig lassen, in welchem Verhältnis Absenderin und Adressat offensichtlich zueinander standen. Den genauen Wortlaut habe ich vergessen oder verdrängt, und das ist wahrscheinlich auch ganz gut so.

Ich atmete ein paar Mal sehr tief durch und zwang mich, nüchtern zu überprüfen, ob ich hier Gespenster sah oder die SMS wirklich eindeutig war. Nach drei langen Minuten beschloss ich, dass sie es war, und ich ging wie im Trance in die Küche, hielt ihm das Handy mit der SMS entgegen, sah in ausdruckslos an und fragte, wie ich diese SMS bitte verstehen sollte. Ihm wich sofort jedes Blut aus dem Gesicht. Seien erste Reaktion war – ja auch zu recht – irgendetwas wie »Wie kommst Du dazu, in meinem Handy rumzuspionieren?!« Ich erwiderte immer noch mit der Ausdruckslosigkeit einer komplett unter Schock stehenden, dass das ja wohl nun keine große Rolle mehr spielen würde. Er möge mir jetzt bitte einfach sagen, ob er eine Affäre habe und seit wann das schon so ginge.

Er brach in den Tränen aus, wie ich es noch nie zuvor gesehen hatte. Ja, er habe seit einigen Tagen – auf meine Nachfrage korrigierte er sich auf Wochen – eine Affäre mit ihr. Da war es vorbei mit meiner Schockstarre. Immer noch leise, aber mir sprangen die Tränen nur so aus den Augen, war das einzige, was ich herausbringen konnte: »Aber warum? Warum???« Wir standen einander entgeistert und jeder für sich völlig aufgelöst im Flur gegenüber. Er konnte mir nicht in die Augen sehen und weinte und weinte.

Es war Donnerstag. Zehn Minuten später würde unsere Putzfrau kommen, um die Wohnung aufzuräumen. So absurd es war, wir beschlossen, beide nicht zur Arbeit zu gehen, schafften es irgendwie, mit den Rädern zum nahe gelegenen Park Planten un' Bloomen zu fahren und uns dort hinzusetzten – immer noch beide unter Tränen und völlig aufgelöst – und zu reden. Er war fassungslos, dass die Lügen an den Tag gekommen waren. Ich meinerseits war nur fassungslos darüber, dass mein Worst-Case-Szenario eingetreten war, und darüber, wie sehr ich es anscheinend doch geahnt hatte. Denn ich hörte relativ schnell auf zu weinen, und versuchte dann mit nüchternen Fragen, die Situation der letzten Wochen zu verstehen. Wie hatte er eine Affäre haben können, wenn er doch jede Nacht vor dem Computer saß und das Haus nur zum Arbeiten und für seine Doppelkopfabende verließ? Ich hatte noch Witze gemacht mit seinem besten Freund, dass ich dann ja zumindest nicht Gefahr liefe, betrogen zu werden, wenn er sowieso immer vor diesem Spiel saß – oder Doppelkopf mit seinen Freunden spielte. Nun erfuhr ich, dass es genau diese Doppelkopfabende gewesen waren – sie waren keine.

»Aber wie hast Du das geschafft, mir in die Augen zu sehen und mich in den Arm zu nehmen und zu küssen, wenn Du nach Hause kamst und so zu tun, als wäre nichts?« Er war sogar noch einfühlsamer und netter gewesen die letzten Wochen. Aber er hatte auch eine bestimmt Bekannte eine Zeit lang auffällig oft erwähnt – und dann die letzten Wochen überhaupt nicht mehr. Er antwortete, dass er diese Geschichte wie eine andere Welt einfach draußen vor der Wohnungstür gelassen habe. Das glaubte ich ihm sogar. Er war dermaßen schockiert davon, dass alles, was wir uns gemeinsam erarbeitet hatten, gerade komplett zusammen gebrochen war – es konnte wirklich nicht anders sein. Er tat mir ehrlich leid an diesem Morgen mitten im Park.

Ich ging nach ein paar Minuten, die ich mit diesen Fragen und Weinen verbrachte, dazu über zu überlegen, wie wir jetzt weitermachen sollten. Ich wollte uns nicht einfach aufgeben – und er wollte das auch nicht. Wir waren uns sofort einig, dass wir einen ernsthaften Versuch starten wollten, zu retten, was wir uns in so vielen Jahren gemeinsam aufgebaut hatten. Gequält aber entschlossen erklärte er sich damit einverstanden, noch am selben Tag mit seiner Geliebten zu sprechen und ihr zu sagen, dass sein Verhältnis mit ihr beendet sei und wir versuchen wollten, unsere Ehe zu retten. Er widersprach noch nicht mal meiner Forderung, uns einen Paartherapeuten zu suchen, um uns helfen zu lassen. Und mir war klar, dass das für ihn ein riesiges Zugeständnis war – sozusagen eine Art Psychotherapie zu machen. Meine Zweifel, ob das so Sinn machte, während er immer noch jeden Tag mit ihr zusammen arbeiten würde, wollte er nicht teilen. Also gut, dann würden wir es so versuchen. Und ich war entschlossen, selbst dafür sorgen, dass sie uns eine wirkliche Chance geben würde, unsere Ehe zu retten. Ich rief die Geliebte meines Mannes an und bat sie, uns eine Chance zu geben zu retten, was wir über Jahre aufgebaut hatten. Sie sagte, sie respektiere das und versprach, es zu versuchen.

Binnen weniger Stunden fand ich uns per Internetrecherche einen Paartherapeuten, von dem ich glaubte, dass auch er ihn würde akzeptieren können – die Website klang seriös und nach moderner Psychologie und Kommunikationsberatung. Die Praxis lag im superschicken Harvestehude an der Alster. Das deutete auf ausreichend großen Erfolg seiner Praxis, der die Miete in dieser Gegend zahlen konnte, und das gab mir zusätzlich Vertrauen, einen wirklich geeigneten Therapeuten gefunden zu haben.

Es ist kein Geheimnis, dass Paarberatung eigentlich nur dann Sinn macht, wenn das Kind noch nicht in den Brunnen gefallen ist. Dann kann sie aber sehr sinnvoll sein. Die moderne Paarberatung bedient sich quasi der gleichen Methoden wie moderne Unternehmensberatung. Ein guter Paarberater ist in erster Linie ein guter Kommunikationscoach, der es versteht, Paaren die völlig unterschiedlichen Arten von weiblicher und männlicher Sicht- und Ausdrucksweise zu verdeutlichen und damit ein wesentlich größeres und besseres Verständnis zwischen den Partnern ermöglicht.

In diesen Wochen lernte ich eine Menge – Dinge, die mir heute in allen zwischenmenschlichen Beziehungen – Partner, Freunde, Familie, Kollegen, Kunden – durchaus nützen. Zwischen Partnern ist es zum Beispiel sehr wichtig, dass das Verhältnis von Lob zu Kritik nie ein Häufigkeitsverhältnis von 2:1 unterschreitet. Wenn man nicht doppelt so viel am Partner lobt wie kritisiert, wird er früher oder später für die Kritik unempfänglich und sie geht zum einen Ohr rein und zum anderen wieder hinaus: »Was ich auch tue – es ist ja sowieso verkehrt!«.

Dass das zu nichts führt, weiß auch jeder schlaue Manager mit Personalverantwortung. Es hört sich zwar nach einer plumpen Pauschalformel an, ist aber sozialpsychologisch nachgewiesen und funktioniert.

Ein zweiter wertvoller Tipp des Paarberaters war es, sich mindestens einmal pro Woche zu einem festen Zeitpunkt, an dem nicht gerüttelt wird – gemütlich zusammenzusetzen und gemeinsam und in Ruhe zu reflektieren, was die vergangene Woche so los war und was vielleicht wer von beiden auf dem Herzen hat. So kann man noch mal näher erklären, wie man etwas gemeint hat, was beim Partner vielleicht als Irritation angekommen ist und man klärt die Dinge einzeln und ohne hochgekochte Gefühle. Mein Noch-Ehemann und ich hatten in diesen Gesprächen großartige Aha-Momente. Wir waren beide erstaunt, wie einfach es war, potentielles Konfliktmaterial in Form von Missverständnissen aus der Welt zu räumen – und wie einfach es vor allem ist, sich überhaupt erst misszuverstehen! Männer und Frauen sprechen nun mal zwei völlig unterschiedliche Sprachen, und das bedarf manchmal wirklich einer Erklärung. Frau sollte sich wirklich von der Idee verabschieden, dass der Mann ihre Gedanken lesen kann oder gar können sollte. Was nicht 1:1 so formuliert worden ist, kommt bei ihm mit großer Wahrscheinlichkeit auch nicht korrekt an. Und anders herum läuft die Frau ständig Gefahr, eine Äußerung von ihm, die sich vielleicht nur auf ein kleines Detail, einen kleinen Umstand bezog, wesentlich allgemeiner aufzufassen und dadurch verletzt zu werden. So ein regelmäßiges Zusammensetzen ist großartig für jede Beziehung – es ist das perfekte Mittel, um zu vermeiden, dass beide Dinge in sich hineinfressen und der Topf dann irgendwann überläuft – was dann keine gute Basis für die Klärung dieser aufgestauten Konflikte mehr ist und viel mehr Energie verbraucht.

Ein dritter und letzter in meinen Augen sehr nützlicher Rat des Psychologen und jedes halbwegs auf der Höhe der Zeit befindlichen Kommunikationscoaches: Wenn man miteinander redet, dann sollte man sich selbst »Du«-Botschaften und Pauschalisierungen konsequent verbieten und stattdessen ausschließlich »Ich«-Botschaften verwenden. »DU hast Schuld« und »DU hast das und das gesagt oder getan«, »DU bist IMMER so unaufmerksam« und so weiter und so fort. Diese Aussagen sind nichts anderes als Frontalangriffe auf das Gegenüber, die nicht zum gewünschten Ergebnis – sondern zu dessen Gegenteil führen. Der Partner fühlt sich verständlicherweise in die Ecke gedrängt und sieht sich vollautomatisch in der Defensive. Das ist nicht konstruktiv. Sagt man dagegen Dinge wie »Ich fände es toll, wenn wir mehr miteinander reden würden« statt »Du redest nie mit mir!« oder »Ich fühle mich verletzt, weil Deine Aussage neulich bei mir so und so angekommen ist« statt »Du hast mich verletzt, indem Du das und das gesagt hast!« dann lässt man dem Partner den Freiraum, selbst erkennen zu können, was passiert ist und vielleicht besser laufen könnte. Es tun sich ungeahnte Möglichkeiten und massenhaft gegenseitiges Verständnis auf.

Diese drei einfachen aber so wertvollen Tipps des Psychologen haben mir seitdem schon so häufig genützt, dass ich schon allein deswegen mein Geld nicht zurück will. Ansonsten fiel die Paartherapie für uns auf nicht sehr fruchtbaren Boden – der bestand einfach zum Großteil aus zu verbrannter Erde.

Wir schleppten uns zweimal die Woche zur Paarberatung um zu analysieren, was geschehen war und warum. Mein Mann versuchte, mitzuspielen, aber es war in jedem Detail seiner Körpersprache während der Beratungstermine offensichtlich, dass er nicht wirklich mit dem Herzen dabei war und sich vorkam wie am Marterpfahl. Zum einen war der Therapeut mit seinem Verständnis meist tendenziell auf meiner Seite – zum anderen war mein Mann schlicht zu verliebt in eine Andere. Wie sollte er da nicht früher oder später weich werden. Aber das sagte er nicht, und gestand es sich wahrscheinlich zu dem Zeitpunkt auch tatsächlich noch gar nicht ein. Er wollte seine Pflicht erfüllen und hatte sicherlich genauso sehr wie ich Angst davor, unsere Ehe endgültig für gescheitert zu erklären und ein neues Leben anzufangen. Und so bat er mich auch, den gemeinsam geplanten Urlaub auf unserer Lieblingsinsel nicht abzusagen, obwohl ich die Vorstellung absurd fand. Er schien ernsthaft die Hoffnung zu haben, dass diese gemeinsame Zeit – weit weg von seiner neuen Liebe – uns noch helfen könnte. Ein paar Tage vor Abflug war die Lage allerdings wieder so angespannt, dass ich es nicht länger in seiner Gegenwart aushielt und beschloss, mich für einige Tage bis zu unserem Abflug bei meiner Freundin Fenja und ihrem Mann einzuquartieren. Ich brauchte den Abstand.

Die beiden waren reizend und machten mir das Leben so leicht wie möglich.

Ich telefonierte mehrmals täglich mit meinem Mann – auch am dritten Abend. Er war sehr lieb und freundlich. Wir unterhielten uns ein bisschen darüber, wie unser Tag gelaufen war und planten die Abreise in den Urlaub, auf den ich so gar keine Lust mehr hatte. Dann meinte er, dass er sich nicht sicher sei, ob er schon ins Bett gehen oder noch fernsehen sollte. Ich schlug ihm vor, doch im Bett noch etwas fernzusehen. Er hatte ja schließlich einen Fernseher in seinem Zimmer. Dass wäre wohl eine gute Idee, meinte er. Wir sagten gute Nacht und ich legte mich in mein gemütliches Gästebett im Arbeitszimmer meiner Gastgeber.

Nach einer Stunde konnte ich ungewöhnlicherweise immer noch nicht einschlafen. Ich wälzte mich mit einem seltsamen Gefühl hin und her – bis ich schließlich entschlossen aufsprang und ins Wohnzimmer zu Fenja und Stefan zurückging. »Freunde, nennt mich gern verrückt, aber ich nehme mir jetzt ein Taxi nach Hause und schaue nach, ob mein Mann dort ist, wo er sein sollte.« Meine Freundin erklärte mich nicht für verrückt, nickte nur verständnisvoll und ein wenig besorgt und rief mir ein Taxi. Als ich nach einer nicht enden wollenden nächtlichen Fahrt durch die schönsten Stadtteile Hamburgs in unserer Wohnung im Karoviertel ankam, war die Wohnungstür nicht abgeschlossen. Das war ungewöhnlich – er schloss normalerweise sowohl von innen als auch von außen ab. Ich rief gar nicht erst nach ihm, sondern ging wie ferngesteuert oder in Trance hinunter zu seinem Schlafzimmer. Das Licht brannte – und der Fernseher lief. Aber er war nicht da. Offensichtlich hatte er wirklich völlig überstürzt und in einer Kurzschlussreaktion die Wohnung verlassen.

Ich hatte keine weiteren Fragen. Mir war völlig klar, wo er war. Und so vergingen keine fünf Minuten, bis ich sowohl ihm als seiner Geliebten je eine SMS schrieb, ihnen nicht ohne sarkastischen Unterton viel Spaß wünschte und ihn höflich bat, bitte innerhalb von 24 Stunden seine Sachen aus der Wohnung zu holen. Es kam keine Antwort. Was hätte er auch antworten sollen. Das war's. Und er wusste das. Die ganze Situation fühlte sich plötzlich an wie ein weites, großes Vakuum. Ich empfand nur Leere – und Erleichterung darüber, dass die Fronten jetzt klar waren. Die ständige Ungewissheit, dieser große Druck, unsere Ehe zu retten und das einengende und immer stärker werdende Gefühl, dass das nicht funktionieren würde, waren auf einen Schlag verschwunden, und die Dinge fühlten sich wieder weit an. Jetzt wusste ich, woran ich war – und konnte ab sofort wieder ungebremst nach vorne denken und handeln.

Ein paar Minuten nachdem ich die leere Wohnung betreten hatte, fuhr ich zurück zu Fenja. Sie war nicht sehr überrascht über das, was ich ihr berichtete. Ihre Hoffnungen, dass mein Mann es schaffen würde, seine Ehe zu retten, hatten sich offenbar auch über die vergangenen Wochen hinweg mehr und mehr in Luft aufgelöst. Meine liebe Trauzeugin machte paradoxerweise die folgenden Wochen einen großartigen Job, zwischen uns beiden die notwendigen Dinge zu klären und zu vermitteln, wo es notwendig war. Vorsorglich weigerte ich mich die ersten Wochen nach der Trennung, mit meinem zukünftigen Exmann zu sprechen. Ich war mir nicht sicher, ob ich meinen Stil hätte halten können. Das war vermutlich auch besser so. Sehr buddhistisch bevor ich überhaupt Buddhistin wurde – schwierige Situationen zu vermeiden, wenn man gerade nicht stark genug ist, um in einer Konfliktsituation einen kühlen Kopf zu bewahren.

Er flog zwei Tage nach dem Tag Null tatsächlich auf die Insel. Er wollte offenbar um jeden Preis raus und weit weg. Wie er mir später erzählte, stürmte es dort tagelang, er saß in der Ferienwohnung und an dem Strand, an dem wir so viele wunderschöne Stunden miteinander verbracht hatten – und suchte nach einem Neuanfang ohne mich. Ich hätte das nicht ausgehalten, aber für ihn war es das richtige. Nach den zwei Wochen auf den Kanaren zog er erst einmal zu einer scheidungserfahrenen Freundin – nicht etwa zu seiner neuen Liebe. Er hatte seinen Stil nicht verloren und versuchte, mich nicht noch mehr zu verletzen. Oder er brauchte seinen Raum für sich. Ich weiß es nicht. Ist auch egal.

Binnen weniger Tage nachdem ich ihn per SMS gebeten hatte, seine Sachen zu packen und er das auch widerspruchslos getan hatte, bot ich ihm an, mit oder ohne seine Freundin unsere Wohnung zu übernehmen, da ich sie auf gar keinen Fall behalten wollte. Er war von Anfang an derjenige gewesen, der mehr an dieser Wohnung hing, und ich wollte auch in jeder Beziehung einen Neuanfang für mich – auch wohnungstechnisch. Er wollte aber auf gar keinen Fall mit ihr gemeinsam einziehen – und wahrscheinlich wollte sie das auch nicht. »Das kann ich nicht machen, das war doch unsere Wohnung!«. Ich fand es mittlerweile etwas zu spät für Sentimentalität, was das anging, und es hätte mir wirklich nicht viel ausgemacht, wenn er mit ihr eingezogen wäre. Aber ich fand es auch nett, dass er feinfühlig genug war, sich darüber überhaupt Gedanken zu machen. Ich versicherte ihm, dass ich – mit oder ohne sie – froh wäre, wenn wir die schöne Wohnung nicht ganz aufgeben würden. Wir einigten uns, dass ich so lange in der Wohnung bleiben würde, bis ich eine neue gefunden hatte, in der ich mich wirklich wohlfühlen würde, und er dann zumindest fürs Erste wieder einziehen würde – allein.

Seine Eltern waren schockiert von unserer Trennung und boten mir zahllose Male jegliche Unterstützung an. Es war rührend, wie sehr sie sich sorgten und bemühten, und ich bin Ihnen bis heute sehr dankbar dafür. Nichts desto trotz wollte ich einfach auch hier einen konsequenten Schnitt machen und sie nicht im Falle eines eskalierenden Scheidungsprozesses zwischen die Stühle setzen. Schließlich war er ihr Sohn, Blut ist dicker als Wasser – und ich hatte wunderbare Freunde, die sich um mich kümmerten.

Dank der Vermittlung von Fenjas Mann fand ich schnell eine zauberhafte Wohnung im beliebten Hamburger Stadtteil Winterhude. Winterhude hat einen sehr edlen Teil, aber auch einen etwas bodenständigeren, der an das riesige Arbeiterviertel Barmbek angrenzt. Dieses Viertel, die Jarrestadt, fühlte sich eher an wie ein Dorf mitten in der Großstadt. Auf der Straße grüßt man sich und die Bäckersfrau um die Ecke packte schon meine zwei Vollkorn-Franzbrötchen in die Tüte, bevor ich sie überhaupt bestellt hatte. Eher ungewöhnlich im riesigen Hamburg. Großartig! Meine neue Wohnung samt gemütlicher Terrasse war im Nu perfekt eingerichtet. Ich genoss es sehr, niemanden mehr fragen zu müssen, wo ich welches Möbelstück hinstellen konnte oder welche Wand ich in welcher Farbe streichen konnte. In meiner Küche installierte ich eine Lichtpanele mit barocker grün-goldener Ornamenttapete, mein Schlafzimmer strich ich dezent blau, kaufte romantische farblich passende Bettwäsche, weiße Holzregalen und einen traumhaften weißem Kronleuchter, den man natürlich dimmen konnte – das wäre sicherlich nicht das Schlafzimmer gewesen, dass ich gemeinsam mit meinem zukünftigen Exmann hätte einrichten können.

Aber jetzt konnte ich mich ungebremst austoben – und das Ergebnis beeindruckte nicht nur mich. Es stellte sich heraus, dass ich, wenn ich mich nicht vorher mit ihm über die Inneneinrichtung einigen musste, durchaus Talent in Sachen Inneneinrichtung zu haben schien. Ich wollte mich möglichst schnell richtig wohl fühlen in meiner Wohnung, und nach zwei Wochen sah sie aus, als hätte ich sie schon monatelang eingerichtet. Meine Freundinnen waren begeistert von meinem Wohnzimmer und dem Esszimmer, in denen warme Hölzer in Kombination mit Samt- und Seidentaftvorhängen in edlen Grüntönen eine sehr warme Stimmung verbreiteten. In meinem himmelblauen Schlafzimmer, dass gerade mal die Breite des Doppelbettes und einen abgeteilten Schrank fasst, fühlte ich mich unglaublich geborgen und wohl, und meine Küche diente mir mit einem Blick ins Grüne und ihrer frischen Einrichtung gleich noch als Arbeitszimmer, in dem es sich irgemdwie leicht arbeiten ließ.

All das trug sicherlich maßgeblich dazu bei, dass es mir einfach wirklich schnell wieder sehr gut ging. Nun glaubten es mir auch meine Freunde und meine Familie.

Nach dem Abend, an dem ich mich endgültig von meinem Mann trennte, hatte ich morgens meine Chefredakteurin angerufen, sagte ihr, was passiert war und dass ich gern zwei Tage zuhause bleiben, und dann noch in derselben Woche zurückkommen und mich aufs Arbeiten konzentrieren wolle. Sie war reizend und fragte, ob ich sicher sei, so schnell wiederkommen zu wollen – was auch immer für mich richtig sei, würde sie unterstützen. Zwei Tage später kam ich zurück ins Büro. Ich fühlte mich in meinem gläsernen Büro, umgeben vom

Großraumbüro der Grafikabteilung, die ich leitete, zwar wie im Zoo – aber eigentlich war es einfach nur wundervoll zu spüren, wie sehr sich alle um mich sorgten und heimlich zu mir, ihrer Chefin, rüberschauten um zu checken ob es mir gut ging oder ich vielleicht doch weinend mit dem Kopf auf der Tastatur lag. Aber das tat ich nicht. Es tat mir gut, mich auf die Arbeit und andere zu konzentrieren. Da alle anderen mit dem Redaktionsalltag sehr beschäftigt waren, gingen wir dann doch bald zur Tagesordnung über, und das tat mir noch viel mehr gut! Meine Kollegen inklusive der Verlagsleitung ließen keine Gelegenheit aus um mir erneut Hilfe anzubieten und gleichzeitig zu versichern, wie bewundernswert sie es fänden, dass ich die schwierige Situation scheinbar wirklich so souverän meisterte.

Nicht nur im Büro legte ich eher mehr als weniger Kraft als zur Zeit meiner Ehe an den Tag. Ich erledigte alles auf meinem Mountainbike, joggte morgens durch den Hamburger Stadtpark, der quasi vor meiner Haustür begann, und zog jeden Tag mit großer Disziplin meine Bahnen im Schwimmbad. Meine Freundin Karoline schaffte es nach Jahren der vergeblichen Versuche endlich, mich zu überreden mit ihr, ihrem Mann und ein paar anderen Freunden in den Winterurlaub in die französischen Alpen zu fahren. So lernte ich mit 32 endlich Snowboarden. Es war großartig. Ich genoss meine neu gewonnene Freiheit in vollen Zügen – und einen der schnuckeligen Freunde ihres Mannes, gleich mit. Hurra, ich hatte wieder ein Nachtleben!

Nach einigen Wochen fühlte ich mich dann auch stark genug, meinen hoffentlich baldigen Exmann wieder zu treffen. Ich glaube nicht, dass einer von uns in der Zeit nach der Trennung oder bis heute auch nur einmal negativ über den anderen geredet hat. Ich verteidigte ihn meinen und seinen Eltern gegenüber und versuchte jedem, der ihn für den Alleinschuldigen am Scheitern unserer Ehe hielt, klarzumachen, dass es eine lange Vorgeschichte gab – und auch er in unserer Beziehung viel hatte aushalten müssen. Was sicherlich mit dazu führte, dass er in eine neue Liebe flüchtete.

Ich bin sehr glücklich und auch ein bisschen stolz darauf, dass wir es so gut geschafft haben, in den zwei Jahren von unserer Trennung bis zur tatsächlichen Scheidung vor Gericht die Bälle flach zu halten. Wir trafen uns alle paar Wochen zum Lunch. Einerseits um unsere Verbindung zu halten und andererseits schlicht, um notwendigen Papierkram zu besprechen. Es war gut, dass wir das taten. Denn wir wurden beide auch von zwar wohlmeinenden, aber scheidungsgeschädigten Freunden beeinflusst, die uns mit Schreckensszenarios, was vielleicht zum Beispiel passieren könnte weil wir uns auf dem Papier mit der Scheidung Zeit ließen – gegeneinander hätten aufbringen können. Ich sah ihn ein oder zweimal bei diesen Treffen aus gegebenem Anlass lange und offen in die Augen und fragte ihn, ob ich ihm jemals irgendeinen Grund gegeben hatte, mir zu misstrauen. Er war sofort wieder auf meiner Seite und verneinte das. Und so schafften wir es, gemeinsam vor Gericht zu erscheinen, als es endlich soweit war. Die Anwälte und der Richter waren begeistert, in welcher echten Harmonie und gegenseitigem Respekt wir die Verhandlung hinter uns brachten. Niemand wollte Geld oder Haus oder Hamster vom anderen – wir waren uns komplett über alles einig und wollten einfach nur endlich schriftlich haben, was für uns schon seit weit über einem Jahr klar war.

Man sagt, die Buddhas lieben Zahlen. Nach unserem Gerichtstermin, der ein paar Monate nach meiner buddhistischen Zuflucht stattfand, war ich davon auch überzeugt. Wohl in erster Linie um die Frauen zu schützen, wird bei jeder Scheidung anhand einer Formel und diverser Faktoren wie dem Einkommens der letzten Jahre berechnet, wie viel Unterhalt wem theoretisch zustünde. Selbst dann, wenn ein getrenntes Paar sich völlig einig ist und keiner irgendeine Entschädigung vom anderen fordert – so wie es bei uns der Fall war. Es war großartig. Wir hatten seit Jahren völlig unterschiedliche Gehälter und Fixkosten. Aber nachdem der Richter diese unterschiedlichen Zahlen durch die Mühle der komplizierten Unterhaltsformel gedreht hatte, kam bei uns beiden die exakt gleiche Summe heraus, die uns vom anderen zugestanden hätte. Ein dreistelliger Betrag, inklusive zwei Nachkommastellen – die exakt gleichen Ziffern. Der Richter und die Anwälte waren baff und sagten, sie hätten das alle noch nie erlebt. Ich lächelte in mich hinein.

Ein weiterer guter Grund für uns zwei, nach dem Gerichtstermin im Park gegenüber die Champagnerkorken knallen zu lassen – dem selben Park, in dem wir uns an jenem schrecklichen Morgen gemeinsam die Augen halb aus dem Kopf geweint hatten und fast dachten, unsere Welt sei am Ende.

Anderthalb Jahre später waren wir beide glücklich zu wissen, dass es nicht so war – und immer noch dankbar für all das, was wir einander hatten schenken und voneinander lernen können. Ein echter, wunderbarer Erfolg! Hätte ich mich schon vor oder während meiner Ehe intensiver mit dem Buddhismus beschäftigt – zweifellos hätten wir eine bessere Chance gehabt. »Hat nicht sollen sein« wie der Norddeutsche sagt. Da ich aber in der Zeit zwischen unserer Trennung und der offiziellen Scheidung zum Buddhismus gefunden hatte und zu meditieren begann, hatte er sicherlich einen gerüttelten Anteil daran, dass der Scheidungsprozess so entspannt verlief und wir noch heute so ein gutes freundschaftliches Verhältnis miteinander haben.

Wahrscheinlich ist es in vielen Fällen langfristig gar nicht sinnvoll, in schwierigen Zeiten gleich wegzulaufen und nach dem Nächsten oder der Nächsten Ausschau zu halten. Genau das zu tun liegt uns heutzutage aber sehr nahe, weil wir in unserer Konsum- und Singlegesellschaft daran gewöhnt sind, etwas, das nicht einwandfrei funktioniert, gleich wegzuwerfen und durch Neues, hoffentlich besser Funktionierendes zu ersetzen.

Sei es das Telefon, der Toaster oder der Partner. Das mit Beziehungen oder Freundschaften ähnlich zu machen, ist aber vermutlich keine besonders gute Idee. Und warum nicht?

Weil man Karma nicht einfach so wegwerfen kann. Weil die Schwierigkeiten uns sowieso wieder einholen werden, solange wir vor ihnen weglaufen und nicht sehen wollen, dass wir sie selbst mit unserer Einstellung und das dadurch gesteuerte Handeln verursachen. Die Menschen um uns herum sind nichts anderes als Spiegel unseres eigenen Geistes. Was uns an ihnen und ihren Handlungen stört, stört uns an uns selbst – und damit wollen wir meist nicht konfrontiert werden. Hier ist also die eigene Einstellung maßgeblich. Wollen wir die Chance nutzen und gemeinsam mit dem Partner lernen und wachsen– oder wollen wir früher oder später immer wieder auf dieselben Schwierigkeiten – in leicht abgeänderter Form – stoßen? Auseinandersetzungen geben Raum für Entwicklung. Für die Beziehung, für den Partner und für uns selbst. Wenn wir uns als Opfer der vermeintlichen Unzulänglichkeiten unseres Partners und der Umwelt sehen, blockieren wir damit in erster Linie uns selbst und unsere eigene Entwicklung. Wir setzten uns in die Ecke und schmollen, der andere ist schuld – das ist nicht gerade konstruktiv, oder?

»It's your own mind that creates the world!« Nach ein paar Beziehungen fängt man unter Umständen an, sich zu wundern, dass die Partner alle ähnliche Verhaltensmuster und »Fehler« aufweisen – und kommt dann oft zu dem Schluss, dass Männer oder Frauen halt so sind. Gleichzeitig scheinen dann aber Freunde oder Freundinnen in ähnlichen Situationen ganz andere Erfahrungen zu machen oder sie ganz anders zu empfinden. Mit Glück kommt man früher oder später auf die Idee, dass es vielleicht doch die eigene Wahrnehmung durch eine Brille ist, die in hohem Maße von eigenen Vorstellungen, Eindrücken und Erfahrungen gefärbt ist. Man regt sich also in erster Linie deshalb so über den Partner und dessen Verhalten auf, weil man darin die eigenen Schwächen sieht. Erst durch die Störgefühle in unserem eigenen Geist – Eifersucht, Stolz, Verwirrung, Geiz, Neid oder Festhalten wollen – wird das Verhalten des Partners oder allgemein des Gegenübers als störend erlebt.

Wenn man sich, statt dies zu erkennen, mehr und mehr zurückzieht und der Partner nicht mehr im Bilde ist, wird die Nähe verschwinden und die Beziehung ist am Ende. Dann sollte man es wirklich lieber früher sagen, denn nicht nur das eigene Leben ist zu kurz, um es zu verschwenden.

Und daher lohnt es sich aus meiner Sicht oft – zumindest wenn es noch nicht zu spät ist und noch genügend Vertrauen, Anziehung und Spaß vorhanden sind – gemeinsam die Herausforderungen anzugehen, und sich dabei wie gesagt primär an die eigene Nase zu fassen – sich sozusagen der eigenen schwierigen Gespenster anzunehmen und sie zu besiegen. Man kann den Partner bewusst aufbauen – alte gemeinsame Visionen wieder zum Leben erwecken oder gemeinsam neue und sinnvolle Aktivitätsgebiete entdecken. Das lohnt sich auf jeden Fall, denn diese neuen schönen Erfahrungen geben der Beziehung Frische und neue Energie und lassen sie in neuem Glanz strahlen. Die eigenen sinnlosen festen Vorstellungen, wie der Partner doch bitteschön idealerweise zu sein habe, lösen sich langsam auf und es gibt plötzlich viel mehr tolle Eigenschaften am Anderen zu entdecken. Man verabschiedet sich von der inneren Checkliste des idealen Partners, weil man verstanden hat, dass sie einfach nur einengt und viele gute Möglichkeiten nimmt, die sonst für das Paar entstehen könnten. Plus jede Menge neue Power für beide, die dann wiederum der Beziehung gut tut!

Manchmal fehlt aber einfach einem oder beiden Partnern die Kraft, sich noch bis an diesen Punkt durchzukämpfen. Meist ist das der Fall, wenn das Paar schon zu tief im Schlamassel sitzt. Dann ist es sicherlich besser, sich gegenseitig eine harmonischere Beziehung und mehr Glück mit einem neuen Partner zu wünschen, statt krampfhaft zusammen zu bleiben. Denn das Allerwichtigste auf

Dauer ist es, den Geist geschmeidig zu halten und positive Energie für sich selbst und andere zu generieren, damit sich dann alle besser entwickeln können. Und natürlich kann letztendlich nur jeder für sich selbst entscheiden, was dann das Beste ist, um dort schnellstmöglich wieder hinzukommen.

Wie auch immer man sich entscheidet – selbst wenn man gut »im Rennen« ist und sich attraktive, neue Partner ohne viel Mühe finden lassen – die Schmetterlinge des frisch Verliebten weichen eigentlich immer irgendwann, und alte Muster tauchen auch hier wieder auf – nur selten findet man in der neuen Liebe wieder die selbe Tiefe und Nähe, die über so lange Zeit in der alten gewachsen war.

Wo zieht man aber nun den Strich zwischen Beziehung retten oder wirklich getrennte Wege gehen, weil das Kind eh schon in den Brunnen gefallen ist?

Wenn noch ausreichend gegenseitige Anziehung und ungebrochenes Vertrauen vorhanden ist, lohnt es sich sehr häufig, für die Beziehung einzustehen und später gemeinsam gestärkt aus der überstandenen Krise hervorzugehen. Wenn man über eine lange Zeit fast nur noch Fehler am Partner findet und sich nicht mehr in die Augen schauen mag, dann ist es mit an Sicherheit grenzender Wahrscheinlichkeit wirklich zu spät.

Und dann gibt es noch die Fälle, in denen sich der Partner einfach aufgrund von starken Verbindungen von früher so sehr zu jemandem anders hingezogen fühlt und so verliebt ist, dass man ihm am besten wirklich nur noch alles erdenklich Gute für sein neues Glück wünscht – und ihn gehen lässt. Letzteres war sicherlich bei meinem Exmann und mir der Fall, aber ich brauchte einige Zeit, um das akzeptieren zu können und zu verstehen – und er tat mir den Gefallen, den unmöglichen Rettungsversuch zu starten. Jetzt weiß ich, dass er sich wirklich sehr verliebt hatte. In die zukünftige Mutter seines Sohnes, mit der er heute eine glückliche und wunderschöne Familie hat. Ich bin aufrichtig froh, dass aus unserem Auseinandergehen etwas so Wertvolles und Schönes entstanden ist. Glauben Sie mir nicht? Macht nichts. Hat auch etwas gedauert, bis er es mir glauben konnte. Heute hat er keinen Zweifel mehr daran, dass meine Einstellung sich durch den Buddhismus so sehr geändert hat, dass ich wirklich in der Lage bin, mich uneingeschränkt über sein Glück freuen zu können, weil ich weiß, dass echtes Glück nicht von anderen Menschen abhängig ist – und schon gar nicht von deren Unglück.

Womit wir wieder beim eigenen Geist, den eigenen Störgefühlen und den eigenen steifen Vorstellungen wären, die uns das Verhältnis zum Partner manchmal schwer machen, weil er oder sie uns diese schlicht widerspiegelt. Man kann die Partner wechseln, wie man lustig ist – der eigene Geist bleibt derselbe. Klar kann man darauf hoffen, dass die eigenen inneren Schwächen sich in der aufregenden neuen Liebe nicht so schnell oder stark zeigen und dann vielleicht leichter zu bearbeiten sein könnten. Aber das bringt auch keinen dauerhaften Frieden. Solange in der eigenen Entwicklung etwas fehlt, bekommt man es immer wieder serviert, denn die Umwelt spiegelt nun mal nur den eigenen Geist und die eigenen Unzulänglichkeiten. Und zwar solange, bis man sich damit beschäftigt und die Ursachen behebt. Man kann also der Lage erst dann sinnvoll entkommen, wenn man sie hinter sich gelassen und damit gearbeitet hat, statt sie kategorisch abzulehnen, ohne sich zu fragen, inwiefern man sie selbst verursacht hat und was man vielleicht daraus lernen sollte.

Das funkelnde Beziehungspotenzial, dass hinter dem zu überwindenden Berg wartet, kann also riesig sein. Wenn die Konflikte allerdings so ausarten, dass sie jeglichen Stil vermissen lassen, laut gestritten wird oder man ernsthaft Gefahr läuft, sich zu blamieren, weil man sich nicht gut genug unter Kontrolle hat, dann sollte man es vielleicht tatsächlich lieber sein lassen. Es kann wirklich zu viel auf einmal sein, und das verschwendet dann nur die Zeit aller Beteiligten und zerstört zusätzlich die sowieso schon angeknacksten zwischenmenschlichen Verbindungen. Dann lieber einen Schlussstrich ziehen und mit geschärftem Bewusstsein im Hinblick auf die eigenen Störgefühle einen Neuanfang erst mal allein oder mit neuem Partner wagen, indem man von Anfang an schlauer handelt.

Wie gelingt dann eine Trennung aus buddhistischer Sicht – und eigentlich einfach auch aus gesundem Menschenverstand heraus?

Wenn man selbst der oder diejenige ist, der sich trennen möchte, dann schaut man sich aus meiner Sicht am allerbesten im gemeinsamen Bekannten- und Freundeskreis nach einem geeigneten neuen Partner für den anderen um. Gibt es da vielleicht jemanden, dem er oder sie nahe ist? Hier wäre vielleicht vorausgegangene Eifersucht ausnahmsweise glatt mal als zumindest im Nachhinein nützlich zu bezeichnen – vielleicht hat man dadurch jetzt einen guten Riecher, wer besser passen könnte als neuer Partner für den anderen!

Das Ziel sollte meiner Meinung nach immer sein, dass keiner von Beiden verliert. Wenn es gelingt, dem Partner zu einer neuen, harmonischeren Beziehung zu verhelfen, dann hat man echte Verantwortung für das Glück des Anderen übernommen. Für seine und die eigene neue Beziehung wird es bei so einem harmonischen Auseinandergehen ohne Altlasten sicherlich mehr und hoffentlich dieses Mal länger andauerndes Glück geben.

Das krasse aber weit verbreitete Gegenteil zu diesem Verhalten ist einfach nur peinlich: Menschen, die Nächte, Nähe und Glück miteinander geteilt haben, können sich gegenseitig und sich selbst kaum etwas Schlimmeres antun, als sich im Nachhinein aus Rache oder Verletzungen heraus schädigen zu wollen und schlecht übereinander zu reden. Trennt man sich mit schlechten Wünschen, friert man dadurch auch die ganzen Erfahrungen ein, die während der Beziehung gemacht wurden. Niemand erinnert sich gern an Dinge, die von Zorn verfärbt sind. Wertvolle Lebenserfahrung, die man in einer Partnerschaft gemacht hat, ist in zukünftigen Beziehungen nur abrufbar, wenn man sich weiterhin schätzt. Ist das nicht so, wird man vieles wiederholen müssen, was eigentlich schon längst gelernt worden war. Deswegen ist es einfach sinnvoll, sich mittel- oder zumindest langfristig zusammenzureißen und sich um ein gutes Verhältnis mit ehemaligen Partnern zu bemühen. Wenn man es schafft, sich in emotional aufgeladenen Situationen nach der Trennung lieber auf die Zunge zu beißen oder spazieren zu gehen statt den ehemaligen Partner und sich selbst zusätzlich zu verletzen, kann aus einer alten Liebe aufgrund der Tiefe der Verbindung nach einiger Zeit des Wundenleckens eine wundervolle Freundschaften werden. Sicherlich ist das nicht immer einfach – aber es lohnt sich! Denn wer kennt einen schon besser als sein ehemaliger Partner? Mit wem hat man so viel Schönes und so viel Leben geteilt?

So ist es einfach das Schlaueste, das Streiten im Fall der Fälle den Anwälten und Richtern zu überlassen und sich trotzdem zu vergeben, sich alles Gute zu wünschen und dann einen konsequenten Schlussstrich zu ziehen. Verbindung vorbei, auf zu neuen Ufern! Damit erspart man sich nicht nur in diesem, sondern auch in zukünftigen Leben, dass diese Gesichter wieder auftauchen. Wenn man nicht vergeben kann und im Zorn auseinandergeht, wird dieser Zorn diese Beiden immer wieder zueinander führen – auch wenn es für beide leidvoll ist. Wer will das schon? Eine Trennung wegen wirklich unüberbrückbarer Differenzen, wie die Amerikaner so schön sagen, hat aber auch ihre guten Seiten. Scheinbar bin ich zumindest nicht die einzig, die sich danach einfach um ein paar Zentner leichter und befreit fühlte.

Wir schafften es also tatsächlich, uns in gutem Stil zu trennen und ich stürzte mich nach unserer Trennung relativ schnell in mein aufregendes neues Leben. Und in dem neuen Leben gab es auch jede Menge interessante und äußerst attraktive neue Männer – schließlich hatte ich nach über sieben Jahren wieder die freie Auswahl!

Mein guter Freund Pierre – was für ein Klischee! – war mir nicht nur eine große Stütze, sondern auch der Mann, mit dem ich die Leidenschaft wiederentdeckte. Seine erste Amtshandlung, als er erfuhr, dass mein Mann und ich uns getrennt hatten, war sofort vorbei zu kommen, mich sanft aber keinen Widerspruch duldend aufs Sofa anzukommandieren, uns einen Apfelkuchen zu backen und 50er Jahre Audrey Hepburn Filme mit mir zu gucken, die er mitgebracht hatte. Wie gut kann ein heterosexueller Mann sein...? Ich war gerührt und begeistert.

Zweifellos war Pierre einer der attraktivsten Männer, die ich kenne – und ganz der Typ, auf den ich immer stand, bevor ich es irgendwie unbewusst aufgab, optisch auf einen bestimmten Männertyp zu fliegen. Dunkelbraune kurze Haare, Dreitagebart, durchtrainiert und mit einem Kreuz, dass jedem Profischwimmer zur Ehre gereicht hätte. Und dazu wunderschöne fröhlich blitzende grüne Augen und eine sehr angenehme männliche Stimme.

Und es geschah trotzdem ein paar Wochen lang gar nichts zwischen uns. Er war einfach nur da, wenn ich ihn brauchte, und war schlau genug, mich erst einmal wieder zur Ruhe kommen zu lassen nach der Trennung. Wir kannten uns schon länger als ich meinen zukünftigen Exmann kannte.

Als wir uns zum ersten Mal im Büro trafen, war Pierre verheirateter Familienvater und damit tabu – außerdem war er so ein Charmeur, dass ihm die Bewunderinneno reihenweise vor den Füßen lagen und ich wollte es partout nicht mit meinem Stolz vereinbaren, mich da einzureihen oder zuzugeben, dass ich auch durch aus für seine Flirtereien empfänglich war. Nach seiner Scheidung war dann ich gerade mit meinem zukünftigen Mann zusammen gekommen und damit tabu für ihn. Und so fand er nun nach meiner Trennung, dass wir nach all den Jahren ruhig noch ein bisschen länger warten konnten. Er hatte keine Lust, sich aus seiner Sicht zum »Witwentröster« herabzustufen – was ich als Kompliment an unsere Freundschaft nahm.

Aber er war da für mich, und war genau die perfekte Schulter zum Anlehnen, die ich zu dieser Zeit brauchte. Ich bin mir nicht sicher, wie viele gemeinsame Freunde mir in diesen Wochen sagten, dass sie darauf ja schon seit über zehn Jahren warten würden – es sei immer so offensichtlich gewesen, dass Pierre und ich sozusagen noch eine Rechnung miteinander offen hatten – im positivsten Sinne.

Ich war mir ziemlich schnell sehr sicher, dass ich mehr wollte. Und später auch bekam. Es war eine wundervolle Zeit und es half mir sicherlich auch, in Rekordtempo wieder auf die Beine zu kommen. Nach anfänglicher Skepsis verstand Pierre, dass ich nicht etwa den Trennungsschmerz verdrängte, sondern dass ich mich innerlich schon in Monaten und Jahren des Zähnezusammenbeißens auf eine Trennung eingestellt hatte – und nun dementsprechend schnell damit abschließen konnte. Unsere lang gewachsene Freundschaft war uns beiden sehr wichtig, und wir wollten sie nicht für eine kurze und oberflächliche Affäre aufs Spiel setzen. Und das taten wir auch nicht. Es wurde eine wundervolle Zeit mit langen, leidenschaftlichen Nächten. Pierre war ein fantastischer Liebhaber, der selbst großen Spaß daran hatte, mir so viel Freude wie möglich zu machen. Er verwöhnte mich nach Strich und Faden... Tag und Nacht. Mit ihm war es einfach, meine in den letzten Jahren meiner Ehe schon fast verloren geglaubte Libido wieder zu entdecken und auch tagsüber nachzuholen, was ich in meiner Ehe so sehr vermisst hatte – lange Spaziergänge und Ausflüge und vieles andere gemeinsam zu unternehmen und zu erleben. Dennoch wollten wir auch beide unsere Freiheit behalten und ich wollte mich nicht gleich in die nächste Beziehung stürzen.

Auch in Pierres Leben geschahen zu dieser Zeit eine Menge Dinge, bei denen ich ihn teilweise unterstützen konnte, und teilweise nicht. Es war für uns Beide das Richtige, keine Beziehung zu haben, aber einander sehr nah zu sein, wenn wir es beide wollten und ansonsten unser unabhängiges Leben zu genießen. Wir sind noch heute sehr gute Freunde – mit Leben, die abgesehen von unseren freiberuflichen Medienjobs unterschiedlicher kaum sein könnten: Er in der Nähe von Hamburg mit einem Jagdschein und fünf bezaubernden Hunden, gegen die ich fürchterlich allergisch bin – und ich weit weg von Hamburg im Allgäu oder in der Weltgeschichte herumreisend. Und wir sind beide sehr glücklich mit diesen Leben!

Pierre war nicht der einzige Mann in meinem neuen Leben – ich genoss meine neue Freiheit in vollen Zügen, platzte fast vor Energie, Lebensfreude und Tatendrang und nahm locker zehn Kilo ab. Interessant übrigens, wie viel Aufmerksamkeit man damit generieren kann. Zwar war ich wirklich gertenschlank, aber nicht zu dünn. Dennoch bekam ich viele Kommentare in der Art »Meine Herren, bist Du dünn geworden – iss' mal wieder was!!!« Ich konnte schon fast nachvollziehen, dass manche Mädchen aus mangelndem Selbstwertgefühl oder einem Aufmerksamkeitsdefizit heraus magersüchtig oder bulimisch werden – die gut gemeinte Aufmerksamkeit ist einem sicher, und meist hat sie doch einen bewundernden Unterton.

Ich probierte alles Mögliche aus und holte nach, was ich noch nie oder seit Jahren nicht gemacht hatte – Snowboarden, Wellnessewochenenden mit meinen Freundinnen, lange Partynächte, Sport bis zum Umfallen oder lange Spaziergänge. Partnerbörsen im Internet fingen gerade an, cool und gesellschaftsfähig zu werden. Blinddating kann lustig sein, wenn man ohne Erwartungen hineingeht und es einfach nur spannend findet, neue Leute kennenzulernen, ohne zu erwarten, dem Traumpartner zu begegnen. Die Zeiten, in denen man über solche Partnervermittlungen meist nur schräge Vögel und alte Jungfern finden konnte, sind zweifellos vorbei. So normal wie das Internet in unserem Alltag geworden ist, so normal und gesellschaftsfähig ist es auch schon fast geworden, sich dort kennenzulernen – ich kenne viele großartige Paare, die sich online »getroffen« haben. Meine Freundinnen und ich waren jedenfalls ziemlich beeindruckt davon, was für gutaussehende, charmante und gut verdienende Architekten, Ärzte und Anwälte uns so über den »virtuellen« und danach »echten« Weg liefen. Allerdings sind diese modernen Online-Singlebörsen auch gute Beispiele dafür, wie sehr die Menschen durch ihre superkonkreten Erwartungen und Idealvorstellungen ihrem Glück selbst im Weg stehen können. Viele haben eine detaillierte Checkliste, wie der ideale Partner auszusehen und zu sein hat, im Kopf. Und verbauen sich damit einfach nur jede Menge wunderbarer Möglichkeiten.

Die andere Krux an der Sache: Häufig kommuniziert man tage- und wochenlang erst einmal per E-Mail. Man kennt die Antworten des anderen auf sehr intime Fragen, bevor man ihn oder sie überhaupt ein einziges Mal getroffen hat – entweder von dem Fragebogen auf seinem Profil oder aus dem regen Kennenlern-Mailverkehr vor dem ersten Treffen. Ob diese Fragen allerdings realistisch beantwortet worden sind oder ob eher das Wunschdenken da der Herr der Selbsteinschätzung war – man weiß es nie so genau.

Durch diesen intensiven Austausch bevor man sich überhaupt das erste Mal direkt in die Augen geschaut hat, entsteht eine riesige Projektionsfläche für die eigenen Vorstellungen und Erwartungen – mit denen man dem Anderen quasi im Vorfeld schon kaum eine realistische Chance gibt und sich selbst wiederum immens einengt. Kein großes Wunder, dass das erste Treffen dann häufig eine Enttäuschung ist, weil man sich vorher schon in irgendwelche Ideen und Idealvorstellungen über das gegenüber gesteigert hat und dadurch nicht wirklich offen für die Qualitäten des anderen sein kann, die vielleicht noch toller sind als die eigenen Vorstellungen vom Traumpartner. Schade!

Es ist vermutlich einfach wichtig, dass man neuen Bekanntschaften als Single rechtzeitig klar macht, was man prinzipiell möchte und was nicht. Selbst die Dinge etwas lockerer zu sehen und vielleicht nur Spaß haben zu wollen, kann natürlich auf keinen Fall bedeuten, anderen falsche Hoffnungen zu machen oder ihre Gefühle zu verletzen. Ich hoffe, dass ich niemanden verletzt habe damals – aber ich denke nicht.

Einerseits war es toll, sich auszutoben und Dinge auszuprobieren – andererseits merkte ich bald, dass mich nichts davon wirklich erfüllte. Es war gut, meine eigene Kraft, Freiheit und Selbstständigkeit zu spüren. Aber was ich tat, ging nicht in die Tiefe und schien mir doch etwas zu sinnlos auf Dauer. Mir fiel wieder ein, dass ich es eigentlich schon zehn Jahre vorher meist eher als Zeitverschwendung empfunden hatte, mir die Nächte auf Parties um die Ohren zu schlagen und dann am nächsten Tag dank Kater oder Schlafmangel nicht sonderlich brauchbar zu sein.

Als mir das wieder klar wurde, war ich gerade seit einigen Wochen mehr oder weniger mit einem tollen Mann zusammen, den ich auch über eine der Singlebörsen im Netz kennen gelernt hatte – und der zur großen Belustigung meiner Freunde und meiner Familie auch noch den selben Namen hatte! Viele schauten mich entgeistert an, wenn ich ihn zum ersten Mal erwähnte und dachten, mein zukünftiger Exmann und ich hätten wieder zueinander gefunden. Es war sehr amüsant.

Der »Neue« war ein paar Jahre jünger als ich und befand sich an dem Punkt in seinem Leben, an dem ich schon gewesen war – er hatte eine Vorzeigekarriere hingelegt und wusste schon nicht mehr, wohin mit seinem Geld – und merkte, das irgendwie die Tiefe in seinem Leben fehlte. Auf der Checkliste für sein perfektes Lebensmodell fehlte noch das Häkchen vor dem Punkt »Vorzeigefrau mit Vorzeigefamilie«. Und so war er auf der Suche nach der ersten, um das zweite zu realisieren – und allgemein auf der Suche nach mehr Erfüllung in seinem Leben. Ich war definitiv nicht die richtige für diesen Job – aber ich bin ihm bis heute sehr, sehr dankbar – denn er brachte mich – wenn auch eher unbeabsichtigt – zum Buddhismus!

Wir saßen in einem Café in der Hamburger City und waren gerade dabei, unser Wochenende zu planen. Beiläufig sagte er: »Samstagnachmittag kann ich schon mal nicht – ich war neulich mal auf so einer Infoveranstaltung vom Buddhistischen Zentrum Hamburg, und da gibt es eine Folgeveranstaltung, zu der ich gern gehen möchte.« Das klang interessant. Buddhismus hatte ich schon immer sympathisch gefunden, mich aber nie tiefer gehend damit beschäftigt. Und hier war eine großartige Gelegenheit um das nachzuholen! Also fragte ich ihn, ob er mich vielleicht einfach mitnehmen könne, und er war einverstanden.

Am nächsten Samstag hatten wir das, was ich einen typischen Hamburger Schicki-Vormittag nennen würde. Wir fuhren mit seinem teuren Auto in die City, um einzukaufen, waren gestresst von langen Auto- und Kassenschlangen und unseren unterschiedlichen Vorstellungen davon, was wir am Sonntag kochen wollten und diskutierten. Die Stimmung war nicht gerade romantisch oder harmonisch.

Entsprechend »durch den Wind«, wie man in Norddeutschland sagt, kamen wir danach im Buddhistischen Zentrum im berühmten alternativen Hamburger Stadtteil St. Pauli an. Es war weniger als zehn Fußminuten entfernt von der Wohnung, in der mein Mann und ich zwei Jahre lang gewohnt hatten. Schon allein das Gebäude von außen war alles andere als das, was ich mir unter einem buddhistischen Zentrum vorgestellt hatte – im positivsten Sinne. Der elegante vierstöckige Eckbau mit moderner Beton-Glas-Fassade, minimal asiatisch inspirierten Holzaufbau und dem schweren Holztor vor der Einfahrt war imposant – und sah überhaupt nicht nach Tibet oder Buddhismus aus. Wenn überhaupt buddhistisch, dann erinnert das Hamburger Zentrum optisch vielleicht noch am meisten an den schlichten, hellen Stil des Zen-Buddhismus.

Durch das unverschlossene Tor trat man in den großen hellen Atriumhof des Gebäudes – und von innen beeindruckte die Architektur noch viel mehr. Eine Menge riesiger Fenster, bepflanzte Laubengänge auf jeder Etage, und das von Tageslicht durchflutete Zentrumscafé, in dem wir landeten, konnte was die Einrichtung anging, jeder Szenebar Konkurrenz machen.

In dem Gewusel von Menschen, die sich gut gelaunt und lebhaft miteinander unterhielten, trafen wir als erstes auf eine Frau, die mich sofort tief beeindruckte. Sie war Anfang, Mitte 40 und nicht nur äußerlich wunderschön. Sie strahlte einfach von innen und ihre Augen funkelten uns aufmerksam und freundlich an.

Mein spontaner Gedanke war »Wow! Meditieren macht so schön?!« Heute weiß ich, dass diese Frau durch eine Menge gegangen ist. Im Leben wäre ich nicht auf die Idee gekommen, dass sie schon so viel durchgemacht haben könnte. Als mein Begleiter sie nach der einführenden Infoveranstaltung fragte, wurde sie etwas verlegen und erklärte uns, dass diese heute leider ausfallen würde, weil es Vorträge mit einem buddhistischen Lehrer und Wissenschaftler aus England zum Thema »Buddhismus und Wissenschaft« geben würde. Sie entschuldigte sich für die Programmänderung und lud uns ein, doch für die Vorträge zu bleiben, die seien sicherlich auch für uns sehr interessant.

Ich fand das eine gute Idee. Meine Begleitung allerdings schien etwas Schwierigkeiten zu haben, sich spontan mit der Alternative anzufreunden und grummelte, dass man doch nicht einfach so das Programm ändern und das dann noch nicht einmal auf der Website bekannt geben könne. Mir war das etwas peinlich, so freundlich wie sie war, und beschwichtigte ihn, dass sie persönlich doch sicherlich gar nichts dafür könne. Aber er war einverstanden, wir blieben und gingen über das Kopfsteinpflaster des sonnigen grünen Innenhofes hinüber in den großen Meditationsraum, die Gompa, wo der Vortrag stattfinden sollte. Wir nahmen uns zwei Meditationskissen und setzten uns irgendwo zwischen die vielen anderen Zuhörer.

Die 240 Quadratmeter große Hamburger Gompa ist für mich heute, nachdem ich viele unterschiedliche Meditationsräume auf der ganzen Welt gesehen habe, immer noch eine der imposantesten. Als wir sie betraten und ich mich zum ersten Mal in diesem Leben auf ein Meditationskissen setzte, hatte ich das Gefühl, dass plötzlich alles von mir abfiel. Das ganze Samstagvormittagsgewusel zwanzig Minuten zuvor schien ganz weit weg und sehr lang her zu sein. Ich spürte einfach nur Weite, Glück und so viel Ruhe, dass ich bequem noch jemandem davon abgeben konnte. Eine halbe Stunde nach Beginn des Vortrages schien mein Begleiter sich immer noch nicht so recht wohl in seiner Haut zu fühlen. Seine langen Beine waren nicht daran gewöhnt, im so genannten Lotussitz, der Meditationshaltung mit gekreuzten Beinen, zu sitzen. Er zappelte von einer Pobacke auf die andere und strahlte so viel Unruhe aus, dass ich intuitiv seine Hand nahm aus dem Gefühl heraus, ihn vielleicht mit dieser tiefen inneren Ruhe, die ich hier spürte, anstecken zu können. Tatsächlich entspannte er sich ein bisschen und wir hörten Matts Vortrag zu. Matt war als Berater für die Führungsebene von globalen Unternehmen und Regierungen tätig. Seine Doktorarbeit hat er an der berühmten Cambridge University über den Klimawandel in den Polargebieten geschrieben, wodurch er ein gefragter Experte auf dem Gebiet des Klimawandels, seiner Ursachen und seiner wirtschaftlichen Folgen wurde. Waschechter Brite mit dem entsprechenden Humor, Wissenschaftler, und Buddhist – diese Mischung machte seinen Vortrag über Buddhismus und Wissenschaft für mich sehr spannend. Ich hing an seinen Lippen.

Buddhismus und Wissenschaft überschneiden sich wie schon erwähnt in vielen Punkten – und widersprechen sich bis heute in keinem einzigen. Einstein sagte, dass Buddhismus die einzige Religion sei, die ein konsistentes, logisches System ist, das der Erfahrung der Wirklichkeit als Ganzem folgt, und das deswegen wissenschaftlichen Standards entspricht.

So bestätigt die Klinikforschung zum Beispiel immer mehr das buddhistische Verständnis von Wiedergeburt durch das Untersuchen von Nahtoderfahrungen. Die Atomphysik erforscht mit Milliardenaufwand den Raum auf der Suche nach irgendeinem Kleinstteilchen, das wirklich Bestand hat – bisher vergeblich. Der Buddhismus sagt, dass der Raum – also der Geist – alle Informationen enthält und daraus jede Materie und alle Phänomene entstehen können, sich ständig ändern und sich wieder auflösen und in den Raum zurückkehren. Im Raum ist jede Information abrufbar – wir sind ungetrennt von allen Informationen unabhängig von Ort und Zeit. Buddha drückte das so aus: »Form ist Leerheit, Leerheit ist Form. Form und Leerheit sind untrennbar.« Heute würden Lamas es vielleicht so ausdrücken: Wenn nichts ist, ist das der »Raum« des Geistes. Was innerlich oder äußerlich erscheint, ist das freie Spiel des Geistes. Schließlich ist die Tatsache, dass beides, Raum wie Erfahrung möglich sind, der ungehinderte Ausdruck des Geistes.

Darauf basiert auch unsere Intuition. Menschen mit ausgeprägter Intuition können diese im Raum immer vorhandene Information, von der wir denken, dass Ort und Zeit sie von uns trennen würden, partiell abrufen und verarbeiten. Die Hirnforschung ist auf dem Gebiet von Intuition und damit verbunden auch dem der Empathie – also quasi dem natürlichen Mitgefühl für andere – in den letzten Jahren dank der Entdeckung der Spiegelneuronen im Gehirn von Tieren und Menschen, deutlich voran gekommen. Auch die Hirnaktivität und die physischen und psychischen Effekte der Meditation geraten zunehmend ins allgemeine und damit auch ins wissenschaftliche Interesse.

Lama Ole Nydahl zum Beispiel stellt sich mit seiner über 40jährigen Meditationserfahrung immer wieder gern als Versuchskaninchen für Universitäten und Klinik auf der ganzen Welt zur Verfügung. Die Wissenschaftler staunen dann teilweise nicht schlecht über die ungewöhnlichen Ausschläge und Werte auf ihren Monitoren. Beispielsweise strahlen Meditierende sogenannte Thetawellen aus, die vielleicht die Erklärung dafür sind, dass Tiere und Kinder sich gern in der Nähe von oder in Körperkontakt zu Meditierenden aufhalten. Diese Wellen werden unbewusst als angenehm empfunden.

Das sind nur einige der spannenden Überschneidungen von moderner Wissenschaft und buddhistischer Philosophie. Sowohl Buddhismus als auch Wissenschaft machen von Logik und rationeller Beweisführung Gebrauch, um ihre Erklärungen zu untermauern. Die buddhistische Philosophie und Logik hat sich über fast 2500 Jahre ihrer Existenz kontinuierlich entwickelt und sah sich häufig auch mit anderen Weltanschauungen und Religionen konfrontiert. Die Wissenschaften entwickeln sich durch einen unendlichen Kreislauf des Widerlegens und Beweisens – jede neue Generation von Wissenschaftlern ersetzt die Theorien der vorherigen mit ihren neuen, noch genaueren Modellen und Konzepten. Nur eines hat die Wissenschaft bis heute noch nicht geschafft: die buddhistische Lehre auch nur in Teilen zu widerlegen.

So findet sich unter der rasant wachsenden Zahl von Buddhisten im modernen Westen eine erstaunliche Anzahl von hochseriösen und international renommierten Wissenschaftlern – weil der Buddhismus bestätigt und ergänzt, was ihre Forschungen ans Tageslicht befördern. Und eines ist im Buddhismus, wie schon erwähnt, ganz klar – wenn es einen Punkt gäbe, an dem Buddha und die Wissenschaft nicht übereinstimmen und die Wissenschaft offensichtlich Recht hätte, dann sollte man der Wissenschaft vertrauen. Selbst der Buddha würde das wünschen. Es kann keine Lehre geben, die über der Wahrheit steht, sowie meiner Meinung nach keine Religion anerkannt werden sollte, die gegen die Grundgesetze und die Freiheit der Geschlechter geht.

Dass Buddhismus und Wissenschaft sich nicht widersprechen, sondern eher gegenseitig bestätigen, faszinierte mich. All diese Zusammenhänge und das, was Matt im Laufe seines Vortrags über die Grundlagen des Buddhismus erzählte, riefen in mir viele Aha-Momente hervor. Vor allem aber lachte ich viel, denn Matts gnadenlos trockener Londoner Humor war ganz meine Wellenlinie. Ich fühlte mich hier in diesem Raum mit diesen Menschen wirklich ausgesprochen wohl. Die Atmosphäre war klar, warm und herzlich – genau wie die vielen strahlenden Gesichter, in die ich um mich herum blickte. Vielleicht war es ja wirklich so – dass Buddhisten die glücklicheren Menschen sind?

Während Matt die buddhistische Sicht der Dinge erklärte, dachte ich einfach nur dauernd »Genau, genau, genau!!! Mehr oder weniger so sehe ich das doch auch schon lange!« – aber irgendwie ist das hier noch schlüssiger als das, wozu ich bisher an vorläufigen Schlussfolgerungen über das Leben als solches und seinen Sinn gekommen war. Ich wollte unbedingt mehr erfahren.

Meinem Freund neben mir ging es anders. Ich konnte gut spüren, dass er dem Vortrag mit viel weniger Offenheit begegnete als ich und nicht so richtig anwesend war. Und so war er auch hinterher nicht dafür zu gewinnen, nach einer Pause auch noch zum zweiten Vortrag von Matt zu gehen – er hatte andere Pläne. Also verließen wir das buddhistische Zentrum wieder.

Sicherlich war mir da noch nicht klar, wie sehr dieser Tag mein Leben verändern sollte – aber ich war mir bewusst, dass etwas Wichtiges geschehen war und ich unbedingt mehr über Buddhismus wissen wollte. Die Menschen in diesem buddhistischen Zentrum hatten mich in ihrer offenen und aufrichtig freundlichen, wachen und gleichzeitig in sich ruhenden Art nachhaltig beeindruckt.

Gleich am nächsten Tag machte ich mich wissbegierig auf die Suche nach mehr Informationen. Matt hatte in seinem Vortrag auch seine Lamas erwähnt, deren Bilder auch in der Gompa an der Wand hingen: Den 16. und den 17. Karmapa und eines von einem charismatischen westlichen Lehrer, seinem Hauptlehrer – Lama Ole Nydahl. Wer war dieser Mann, der aussah, als würde er jeden Tag fünf Stunden Sport machen und dessen Bild schon allein soviel innere Ruhe, Mitgefühl, Weisheit und tiefe, furchtlose Lebensfreude ausstrahlte, dass ich mich fragte, wie er erst in Wirklichkeit sein müsste?!

Vor allem wollte ich mehr über diese mir völlig neue Art von buddhistischer Denkweise, die sich problemlos auf die Lebenssituationen moderner westlicher Menschen anwenden ließ, erfahren. Kaum wieder zuhause verlor ich keine Zeit. Ich setzte ich mich an den Computer, bestellte zwei Bücher von Ole Nydahl und begann damit, viele Artikel über Vajrayana Buddhismus im Internet zu lesen. Als die Bücher ankamen, verschlang ich sie geradezu. Diese Sicht der Dinge war so rund und komplett, so alles umfassend, dass ich einen Aha-Moment nach dem nächsten hatte. An vielen Stellen fand ich meine bisherige Sicht der Dinge wieder und dachte »Ja, genau, endlich sagt's mal einer – nur noch runder, als ich es jemals hätte formulieren können!«. Die beeindruckendsten Erlebnisse waren aber die, durch die mir klar wurde, dass ich trotz guter Allgemeinbildung noch längst nicht alles wusste und mir eingestand, dass wohl auch eine 34 jährige Karrierefrau noch jede Menge lernen kann, wenn sie dieses Leben wirklich sinnvoll nutzen möchte. Und ich wollte unbedingt diesen Mann kennenlernen. So schnell wie möglich, um mir ein realistisches Bild zu machen.

Kein Problem. Bei meinen Recherchen stolperte ich schnell über die Website des Berliner Buddhistischen Zentrums, auf der ein ganzer Wochenend-Meditationskurs mit ihm einige Wochen später angekündigt wurde. Keine Frage, ich wollte da unbedingt hin. Ungewöhnlich für mich. Normalerweise hätte ich alles gegeben, um nicht irgendwo allein hin zu müssen – geschweige denn über mehrere Tage, in eine andere Stadt zu einer Veranstaltung mit Hunderten von Leuten, die ich nicht kannte. Aber dieses Mal war das irgendwie nicht so wichtig. Ich buchte ein Bett in dem coolen Hostel, von dem aus meine Freundinnen und ich Jahre zuvor meinen Junggesellinnenabschied gefeiert hatten. Um nicht völlig allein in der großen Stadt zu sein, schickte ich meiner früheren Kollegin Carola in Berlin eine Mail, ob sie nicht Lust hätte, einen Kaffee mit mir zu trinken an dem Wochenende Ende März – ich sei in Berlin, um mir ein paar buddhistische Vorträge anzuhören. Die Antwort kam prompt – Kaffee? Ja, klar, gerne... und das seien aber nicht zufällig die Vorträge von diesem westlichen Lama, zu denen ich da wollte?

Ich war baff. Das hatte ich ja überhaupt nicht mehr auf dem Schirm gehabt – Carola war selbst Buddhistin! Als ich Jahre zuvor mit ihr in der gleichen Redaktion arbeitete, hatte ich dem nur wenig Beachtung geschenkt und es wieder vergessen. Was ich nicht vergessen hatte: Carola hatte nach dem Seebeben im Indischen Ozean und dem verheerenden Tsunami an Weihnachten 2004 ihre Sachen gepackt und war für viele Monate nach Banda Aceh in Indonesien gegangen, um bei der Bewältigung der Katastrophe und dem Wiederaufbau zu helfen. Dafür hatte sie all meine Bewunderung und meinen tiefsten Respekt.

Natürlich beschlossen wir, gemeinsam zu den Vorträgen zu gehen, soweit es Carolas vollgestopfter Terminplan zuließ. Ich war erleichtert – nun kannte ich doch schon jemanden auf dem Meditationskurs!

Nicht nur in Sachen alleine reisen wurde ich plötzlich mutig und unabhängig nach der Trennung von meinem Mann. Die letzten Jahre hatte ich festangestellt in leitender Funktion in Verlagshäusern gearbeitet – auch mit dem Sicherheitsdenken im Hinterkopf, dass Kinder kriegen wirtschaftlich dank Elternzeit meist einfacher ist, wenn man sich in einer Festanstellung befindet. Der Zeitschriftenmarkt befand sich damals aufgrund der Konkurrenz durch das Internet und die steigenden Papierpreise in einer tiefen Krise. Ein Magazin nach dem nächsten wurde eingestellt und massenhaft hochqualifizierte Journalisten und Grafiker entlassen. So schien es mir die vernünftigste Lösung, etwas mehr Solidität, Sicherheit und Ruhe in meine Arbeit zu bringen. Meinen künstlerischen Stolz stellte ich in der Ecke ab und arbeitete stattdessen für die bestverkauften Frauenzeitschriften Deutschlands, die zwar aus Designersicht keine Augenweide waren, aber wirtschaftlich – weil massentauglich – auf deutlich stabileren Beinen standen als die durchgestylten Lifestyle Magazine, für die ich bisher gearbeitet hatte. Mein Bedürfnis, mich als Mediendesignerin selbst zu verwirklichen, hielt sich mittlerweile in Grenzen. Es machte mir nach wie vor großen Spaß, mich in Zielgruppen hineinzufühlen und anhand ihres Geschmacks und ihrer Bedürfnisse Zeitschriften zu layouten – aber die mussten jetzt nicht mehr zwingend meinem persönlichen ästhetischen Empfinden entsprechen. Ich hatte gelernt, dass man doch eine Menge Energie damit verpulvern kann, verzweifelt zu sein, wenn jemand, der mehr zu sagen hatte – der Leser, der Kunde oder der Verlagsleiter – meine Designs nicht so genial fand wie ich selbst. Ich sah mich mittlerweile mehr als Dienstleister und Berater denn als unfehlbare Designgöttin mit dem einzig ultimativen ästhetischen Empfinden!

Aber nun war es vorbei mit meinem Sicherheitsdenken – die Gründe dafür waren weggefallen. Ich wollte lieber selbst mein Geld investieren statt es in eine gesetzliche Rentenversicherung stecken zu müssen, von der ich vielleicht sowieso nie wieder etwas sehen würde. Und vor allem wollte ich unbedingt die Freiheit zurück, mir meine Zeit frei einteilen zu können. Deshalb machte ich mich wieder als freischaffende Grafikerin selbstständig – lustigerweise zu genau dem Datum, an dem der Kurs in Berlin stattfinden und zweifellos mein Leben dauerhaft verändern sollte. Es war ein klarer Schnitt – ein deutliche Neuausrichtung meines Lebens sowohl auf privater als auch auf professioneller Ebene. Ich lief wie auf Gleisen. Neben meinen Internetrecherchen zum Buddhismus brachte ich mir voller Energie und Tatendrang in wenigen Wochen Programmiersprachen wie XHTML und CSS bei und baute mir mit großer Motivation und dem neu erworbenen Wissen eine ganz flotte Internetseite, die mir beim Start in die Selbstständigkeit und der Akquise von Kunden helfen sollte.

All diese neugewonnene Freiheit und die damit einhergehende neue Energie fühlten sich einfach nur großartig an! Mein Körper schien das auch zu finden. Meine Neurodermitis, die sich die letzten Jahre so verschlimmert hatte, verschwand fast vollständig. Scheinbar war ich wirklich eine Menge psychischen Druck losgeworden – ich kenne keinen einzigen von dieser Krankheit Betroffenen, der nicht bestätigen würde, dass man am Zustand der Haut sehr gut die innere Verfassung ablesen kann. Wenn man sich nicht wohl fühlt, kann man leider so ziemlich jede Diät und jede medizinische Behandlung der Welt ausprobieren – es ändert häufig rein gar nichts. Auf der anderen Seite gibt es dann Zeiten, in denen es einem psychisch so gut geht, dass der Körper plötzlich selbst mit Nahrungsmitteln umgehen kann, auf die man vorher reagiert hatte. Meine Neurodermitis ist bis heute nie wieder aufgeflammt. Die letzen Reste verschwanden, als ich wenig später anfing zu meditieren. Heute kenne ich eine gute Handvoll Leute, bei denen diese und andere Krankheiten verschwunden sind – meist kurz nachdem sie anfingen zu meditieren und durch den Buddhismus eine entspanntere Sichtweise für ihren turbulenten Alltag lernten.

So fuhr ich also nach Berlin – gut erholt, weil ich die Tage zuvor noch meinen Resturlaub abgefeiert hatte, nachdem ich mich von meiner Redaktion und meinem Schreibtisch dort verabschiedet hatte. Ich war sehr gespannt und aufgeregt. Als ich morgens an der Technischen Universität ankam, traf ich auf einen bunten Haufen von ein paar Hundert Menschen, die sich alle bestens zu kennen schienen und mit fröhlichem Begrüßen und Schnattern beschäftigt waren. Da Carola erst am Abend Zeit haben würde, war ich alleine zur ersten Veranstaltung des Kurses gekommen.

Das hier war wirklich eine Situation, in der ich mich nur wundern konnte, wie ich mich da selbst hinein manövriert hatte. In einer Menge von gut 800 Menschen kannte ich keinen einzigen – normalerweise der blanke Horror für mich! Aber komisch – es war gar nicht so schlimm. Wohin ich auch blickte schaute ich in aufgeschlossene, fröhliche und entspannte Gesichter. Als es ein paar Minuten später losging, stellte ich fest, dass dieser Teil des Kurses wohl nicht ganz so geeignet war für Neueinsteiger – die Leute wurden in unterschiedliche Gruppen je nach persönlicher Meditationspraxis eingeteilt. Ich verstand nur Bahnhof. Also beschloss ich, den Nachmittag mit Shoppen auf dem Berliner Ku' Damm zu verbringen und ging abends zum öffentlichen Vortrag wieder hin.

Die Aula der Universität barst schier aus allen Nähten. Es war supereng und ich fand gerade noch einen Platz. Aber das Sardinenbüchsenfeeling schien hier niemandem etwas auszumachen. Die meisten saßen auf Meditationskissen auf dem Boden direkt vor der Bühne und alle schienen immer noch allerbester Laune zu sein, obwohl sie die Knie ihrer Sitznachbarn eher auf als neben den eigenen hatten.

Der Hauptakteur des Abends kam mit gut 40 Minuten Verspätung und entschuldigte sich damit, dass soviel zu tun gewesen war. Dann fing er an, die Grundlagen des Tibetischen Buddhismus zu erläutern. Mir fiel es schwer, mich auf das, was er sagte, zu konzentrieren. Das lag nicht an ihm – oder zumindest nicht an seinem fließenden Deutsch mit dänischem Akzent. Es lag eher daran, dass ich eh schon überzeugt war, bevor er zehn Sätze von sich gegeben hatte. Als ich ihn das erste Mal sah, war ich – eher unbewusst – ein bisschen überrascht, dass ich das Gefühl hatte, ihn schon oft gesehen zu haben. Gut – ich hatte natürlich mittlerweile eine Menge Fotos im Internet gesehen und zwei seiner Bücher gelesen.

Aber es war eine andere Art von Wiedererkennen – ein tief sitzendes Vertrauen und die Gewissheit, hier genau am richtigen Platz zu sein. Meine Menschenkenntnis war recht ausgeprägt und hatte mich bisher nie im Stich gelassen. Wenn mein Bauchgefühl mir sagte, dass ich jemandem vertrauen konnte, dann tat ich das auch.

Dieser Mann hier, der so überhaupt nicht nach buddhistischem Lama aussah in seinem Poloshirt und Jeans, mit seinen sportlich kurz geschnittenen fast weißen Haaren, seinem sonnengegerbten, markanten Gesicht, den vielen tiefen Lachfalten und muskulösen Oberarmen, die ich so bei einem 67jährigen noch nicht gesehen hatte – dieser Mann hier war einfach nur durch und durch authentisch und echt. Er drückt das selbst meist so aus: »Ich kann nicht lügen. Ich würde mich in kürzester Zeit verstricken bei den Tausenden von Leuten, mit denen ich zu tun habe. Ich würde den Überblick verlieren, wem ich was erzählt habe und es wäre nur peinlich. Ich tue 100%ig was ich sage – immer.« Bis heute hätte ich ihm auch mit der größten Mühe das Gegenteil nicht beweisen können. Es schien jedenfalls keine Fragen zu geben, auf die er nicht umgehend eine glasklare und logische Antwort parat hatte.

Scheinbar hatte ich mir in den vorangegangenen Wochen doch schon ein ganz gesundes Basiswissen angeeignet und erkannte vieles von dem, was er sagte, wieder. Aus meiner eigenen Sicht der Dinge und dem angelesenen buddhistischen Wissen heraus. Wie auch in seinen Büchern konnte und wollte er sich den einen oder anderen typisch trockenen und etwas derben Witz nicht verkneifen – und freute sich selbst diebisch und mit schallendem Gelächter, wenn er gut bei den Zuhörern angekommen war.

Nach dem Vortrag beantwortete Lama Ole bestimmt eine gute Stunde lang Fragen aus dem Publikum – er schien es überhaupt nicht eilig zu haben und keine Frage war zu dumm oder naiv oder kompliziert. Er betonte, dass es im Buddhismus sehr wichtig sei, die Lehre nicht einfach zu schlucken, sondern den Lama und das, was er lehrt und wie er lebt, auf Herz und Nieren zu überprüfen. Es wird häufig gesagt, dass nach der buddhistischen Zuflucht der Schüler drei Jahre lang den Lehrer prüft, bis er hoffentlich von dessen Wissen, Authentizität und Verwirklichung überzeugt ist, und dann der Lehrer den Schüler drei Jahre lang prüft.

Der Buddhismus zählt mit Hinduismus und Taoismus zu den sogenannten Erfahrungsreligionen. Man muss keine Dogmen annehmen und an Dinge oder Götter glauben und Gebote befolgen, die jemand irgendwann mal so festgelegt hat. Erstens gibt es im Buddhismus in diesem Sinne keinen Gott – Buddha ist nichts anderes als die Verkörperung der einem jedem innewohnenden erleuchteten Qualitäten, der vollständigen Entfaltung des Geistes – und zweitens kann man jeden Aspekt, den Buddha lehrte, durch Meditation und Anwendung im Alltag Stück für Stück selbst prüfen und dann nachvollziehen. Das macht den Buddhismus für Wissenschaftler und andere selbstständig und kritisch denkende Menschen in der modernen westlichen Welt so interessant und annehmbar.

Ich war jedenfalls fürs Erste überzeugt. Am Ende seines Vortrages wurde erwähnt, dass es für diejenigen, die wollten, am nächsten Tag möglich sein würde die buddhistische Zuflucht zu bekommen.

Carola hatte mich vielen Leuten aus dem Hamburger Zentrum, die nach Berlin gekommen waren, vorgestellt. Eine davon war Heike. Eine gertenschlanke attraktive Mittdreißigerin, die den ganzen Abend mit uns verbracht hatte. Da Carola arbeiten musste und daher nicht mehr kommen konnte, verabredeten Heike und ich uns für den nächsten Morgen. Sie lud mich auch zu der Party ein, die nach dem Vortrag stattfand. Nach einem Drink verabschiedete ich mich, um ins Bett zu gehen. Es war schon weit nach Mitternacht und ich war so voll von den Eindrücken des langen Tages, dass mir danach war, allein zu sein um sie zu verarbeiten und eine Mütze Schlaf zu bekommen. Das war gut so, denn der nächste Tag sollte aus meiner heutigen Sicht der wichtigste meines Lebens werden. Der Tag, der mein Leben gründlich und dauerhaft verändern sollte. Ich wollte unbedingt Zuflucht nehmen.

Die Menschen nehmen eigentlich ständig zu irgendetwas Zuflucht. Irgendetwas, das ihnen geben soll, was sie in dem Moment nicht haben. Auch Tiere tun das. Es gibt eine Menge Dinge, die uns helfen können. Gutes Essen, gute Ärzte, gute soziale Systeme... alle möglichen Dinge, die ganz wunderbar und sehr nützlich sein können. Das Problem mit ihnen ist, dass sie besten-

falls bis zum Grab Bestand haben – danach können sie uns nicht mehr helfen. Deswegen rät Buddha, Zuflucht in etwas zu nehmen, in das man wirklich ultimativ vertrauen kann. Und wenn man danach sucht, muss man sich die Frage stellen, was immer und überall und damit unzerstörbar ist? Das ist nur der Raum.

Wenn wir diesen Raum betrachten, dann müssen wir uns aber über eines im Klaren sein: der Raum ist nicht ein »Nichts«. Er ist kein schwarzes Loch, er ist nicht das Nichtvorhandensein von irgendetwas – der Raum scheint, wie die Wissenschaft auch mittlerweile andeutet – Bewusstheit zu sein. Es sieht aus, als würde der Raum sozusagen Dinge wissen und verstehen. Alle möglichen Indizien und Beweise sind in den letzten Jahrzehnten dafür erbracht worden, dass der Raum kein schwarzes Loch ist, das uns voneinander trennt, sondern dass er sozusagen ein Behältnis ist, in dem alles um uns herum enthalten ist.

Wissenschaftliche Experimente zeigen, dass der Raum Information enthalten muss. Zum Beispiel gibt es von dem berühmten Wissenschaftler und Autoren Rupert Sheldrake von der Cambridge University die Untersuchung, dass Schwestern, die mit einem Telefon in einem Raum saßen, das klingelte, eine deutlich höhere Trefferquote als mathematisch wahrscheinlich dabei hatten zu erraten, wer von vier vorgegebenen Personen gerade anrief. Die statistische Wahrscheinlichkeit wäre bei vier Wahlmöglichkeiten durchschnittlich 25 Prozent Trefferquote. Nachlesen kann man das in Rupert Sheldrake's *Der Siebte Sinn des Menschen* (Fischer Taschenbuch Verlag). Bei diesen von der Presse und anderen Wissenschaftlern streng beobachteten Experimenten lag diese Trefferquote aber bei 42 Prozent, teilweise sogar bei 55 Prozent. Diese und viele, viele andere hochseriöse wissenschaftlichen Experimente haben mit an Sicherheit grenzender Wahrscheinlichkeit zu einer wichtigen Erkenntnis geführt – der Raum ist wirklich ein Behälter, der Information enthält, die wir entnehmen können, wenn wir so wollen. Das ist der erste Aspekt: Raum als Information.

Aber der Raum ist mehr als das. Dieser Raum spielt mit sich selbst, drückt sein Potential aus und macht alle möglichen Dinge. Und dieses freie Spiel des Raumes – wie Wolken, die aus der Luftfeuchtigkeit entstehen – ist der zweite Aspekt, den der Raum – der Geist – ausdrückt. Das freie Spiel von Gedanken, Gefühlen, Träumen und so weiter.

Der dritte Aspekt ist mitfühlende und »freundliche« Aktivität. So wie die Wolken, die aus der Luftfeuchtigkeit entstanden sind, sich in Niederschlag verwandeln und damit zum Beispiel bewirken, dass Pflanzen wachsen – genauso drückt der Raum sich in aktiver Güte aus. Das Wort »Güte« klingt etwas sehr christlich-moralisch – das englische Wort »kindness« trifft es vielleicht besser – übersetzt Freundlichkeit, Entgegenkommen, Güte, Weichheit oder Liebenswürdigkeit. Alle Wesen sind das von Natur aus, wenn sie eine Chance haben – freundlich und liebenswürdig. Aber viele leben unter Bedingungen, unter denen es sehr schwierig ist, sich diese Eigenschaften zu erhalten und sich dementsprechend zu verhalten.

Diese drei Aspekte also – die furchtlose Intuition zu erkennen, dass der Geist wie der Raum ist, sein freies Spiel, und die Freude, sein Potential zu erkennen, all die Dinge die er hervorbringt und tun kann, die vielen unterschiedlichen Arten, wie er sich ausdrückt, und der dritte Aspekt, tatsächliches Mitgefühl zu erkennen, dass die anderen zahllos sind und wir nur eine oder einer. Was wiederum dazu führt, dass man versucht, ihnen zu helfen oder etwas für sie zu tun.

Diese drei Aspekte sind die Essenz, die wahre Natur unseres Geistes. Das ist die erste Zuflucht: dieser Raum, der nicht gefunden werden kann – zwischen unseren Ohren oder Rippen oder wo auch immer wir denken, dass sich unser Geist »befindet«. Freude erfahren und Mitgefühl auszudrücken ist die erste Zuflucht. Wir kennen ein bisschen von beiden – zumindest soviel, dass man darein vertrauen kann, dass es das wirklich gibt. In jedem von uns sind diese

Eigenschaften grenzenlos. Und diese unbegrenzte Qualität ist die erste Zuflucht – das Ziel, das wir erreichen wollen: buddha, der erleuchtete Zustand des Geistes.

Es ist aber natürlich nicht genug, ein Ziel zu haben, das man erreichen möchte. Wir müssen auch Wege haben, die uns zu diesem Ziel führen. Etwas muss uns dorthin mitnehmen. Was kann das sein? Das sind die Mittel des Buddhas – seine Lehren. Buddha hat gelehrt, damit wir verstehen, wie die Dinge wirklich sind. Und wenn man verstanden hat, wie die Dinge sind, kann man die intelligenten und freundlichen Dinge tun, denken und sagen, die anderen Glück bringen. Man kann vermeiden, Leid zu verursachen und man kann nach und nach werden wie er. Das ist das Wichtigste – man kann und wird diese Ebene selbst erreichen, denn wir haben schon alles in uns, was man dafür braucht. Unsere Buddhanatur ist schon da und war es immer. Das einzige, was ein Buddha tun kann ist, die Schleier davon zu entfernen, damit wir sie auch erfahren können. Wie man an den Experimenten in Cambridge gesehen hat, ist Raum Information. Daher ist es nicht so, das irgendetwas zu unserem Geist hinzugefügt werden könnte oder müsste, um seinen erleuchteten Zustand zu erkennen. Es gibt nur Schleier, die uns davon abhalten, ihn zu erfahren.

Es gibt zwei verschiedene Arten dieser Schleier. Den Schleier von gemischten Jojo Gefühlen – rauf, runter, ich bin der Beste, ich bin der Schlimmste, sie lieben mich, sie hassen mich – das ganze innere Disneyland. Der zweite Schleier ist der von steifen Vorstellungen und Ideen – ständig vorgefertigte Vorstellungen zu haben, wie etwas sein sollte oder könnte oder hätte sein sollen – ohne im Hier und Jetzt einfach bewusst zu sein.

Buddhas Lehren, die Methoden und Mittel, die einen ans Ziel bringen, sind also die zweite Zuflucht. Sie entfernen die Hindernisse auf dem Weg und zeigen uns die wahre Natur, die Essenz unseres Geistes.

Die dritte Zuflucht sind die Bodhisattvas, die Freunde und Helfer auf diesem Weg. Es gibt unterschiedliche Arten von Bodhisattvas. Es gibt die verwirklichten, denen wir voll vertrauen können, weil Ihr Geist sich nicht mehr verändert – sie sind wie ein Fels in der Brandung – unerschütterlich. Von diesen gibt es allerdings nicht sehr viele in unserem Leben. Aber wenn man den buddhistischen Weg geht, ist man umgeben von seinen »normaleren« Freunden. Diejenigen, die mit einem zusammen meditieren und zum Besten aller Wesen arbeiten. Man schaut durch ihre Augen und sie durch unsere. Alle lernen so voneinander und man wächst dadurch, dass man mit den anderen zusammen ist. In der Begegnung und in der Zusammenarbeit in den Zentren, mit all den darin enthaltenen Freuden und Auseinandersetzungen, erfahren wir sehr viel über uns und unsere Verhaltensmuster. Die Sangha, die Gemeinschaft der Praktizierenden, ist ein Spiegel für unsere verzerrten Wahrnehmungen und so können wir diese leichter loslassen.

Über eine Milliarde Menschen auf der Welt nehmen Zuflucht zu diesen drei Aspekten – zum Buddha, dem erleuchteten, voll entwickelten Zustand des Geistes, zum Dharma, den Lehren, die einen dahin führen, und zur Sangha, den Freunden auf dem Weg. Von diesen Menschen gibt es ca. 400 Millionen außerhalb und 600 Millionen innerhalb Chinas. Traditionell war meist ungefähr die Hälfte der Bevölkerung buddhistisch – heute sind die offiziellen Zahlen aus dem kommunistisch geführten Land natürlich andere. Die buddhistischen Schulen, die in diese drei Aspekte Zuflucht nehmen, praktizieren Theravada oder Hinayana und Mahayana Buddhismus – den kleinen und den großen Weg, wörtlich übersetzt Kleines und Großes Fahrzeug. »Klein« oder »Groß« bezieht sich auf die Motivation, aus der heraus der buddhistische Weg gegangen wird. Im Hinayana Buddhismus wünscht der Praktizierende von seinem eigenen Leid befreit zu werden. Im Mahayana Buddhismus wünscht man – weil man selbst nur einer (»klein«) und die anderen unzählig viele (»groß«) sind, alle anderen von ihrem Leid befreien zu können. Das Wohl der eigenen Person wird dem der anderen untergeordnet.

Man nimmt also im Buddhismus erst einmal Zuflucht zu den sogenannten Drei Juwelen: Buddha – dem erleuchteten Zustand unseres Geistes–, Dharma – den Lehren, die uns dahin führen – und Sangha, den Freunden und Helfern auf diesem Weg.

Wenn man sich nun aber so schnell wie möglich Richtung Befreiung und Erleuchtung entwickeln möchte ist es sinnvoll, wie im Tibetischen Buddhismus praktiziert, auch in die sogenannten Drei Wurzeln Zuflucht zu nehmen – nämlich von einem Lama zu lernen. Genau das macht man im Vajrayana Buddhismus, im Tibetischen «Dorje Thegpa». Seine Lehren beinhalten alles, was in Hinayana und Mahayana Buddhismus gelehrt wird – wendet aber zusätzliche Mittel an und ermöglicht damit sogar Erleuchtung in einer Lebenszeit. Wenn man die Möglichkeit hat, einen Lehrer mit Lebenserfahrung zu finden, der die Lehren Buddhas kennt und Dinge ausprobiert und gründlich hinterfragt hat, kann das sehr nützlich sein. Denn schließlich ist es ja doch recht schwierig heutzutage, 2500 Jahre nach seiner Erleuchtung, direkt mit dem Buddha zu sprechen um von ihm die für einen passenden Belehrungen zu bekommen. Daher ist es schon praktisch, jemanden zu haben, der versucht, wie er zu leben und weitgehend erfahren hat, was der Buddha gesagt hat. Die buddhistischen Belehrungen sind sehr, sehr umfassend – 84.000 an der Zahl. Man kann ein Buch nach dem nächsten lesen – aber zu erkennen, welche von diesen Belehrungen und Mitteln nun für einen individuell sinnvoll sind und einen Überblick darüber zu bekommen, ist schwierig. Die Masse der Belehrungen ist verwirrend groß und in ihrer Gesamtheit von einem Individuum in einer Lebenszeit kaum konsumierbar – geschweige denn komplett verständlich. Es beschleunigt die eigene Entwicklung sehr wenn man jemanden hat, der einem helfen kann, diese ganzen tiefen Weisheiten effizient und sinnvoll in das eigene Leben zu integrieren.

Der Lama repräsentiert durch seinen Geist, seine Rede und seinen Körper den Buddha. Er sollte aber auch etwas haben, das sich »Segen« nennt. Was ist damit gemeint? Es ist die Fähigkeit, eine gewisse Wärme zu haben – die Fähigkeit, seinem Schüler zu ermöglichen sich zu öffnen. Er muss in der Lage sein einem das Vertrauen in sich selbst zu geben – dass man nicht nur älter, sondern auch klüger werden kann und dass es Ziele gibt, die es definitiv wert sind, durch Arbeit an sich selbst erreicht zu werden.

Er sollte auch »Yidam« geben können. »Yi« ist eines der tibetischen Worte für den Geist und »dam« das für Band oder Bindung. Man meditiert im Vajrayana Buddhismus auf diese Yidams als Formen aus Licht und Energie, die man in der Meditation vergegenwärtigt. Yidams sind die Methoden, die unseren Geist mit seiner erleuchteten Natur verbinden. Der Lama kann einem einen persönlichen Meditationsaspekt geben – denjenigen Buddhaaspekt, mit dem man die engste Verbindung hat und dessen Praxis daher die schnellste Methode zum Erlangen der Erleuchtung darstellt.

Außerdem ist es wie gesagt wichtig, dass der Lehrer sagt, was er tut – und tut, was er sagt – er muss durch und durch ehrlich sein und dadurch auch als Schützer funktionieren können. Ein Lama ist also nicht politisch korrekt oder versucht, allen zu gefallen. Er tut, was notwendig ist, um einem den buddhistischen Weg sozusagen frei zu halten – man muss ihm schlicht durch und durch vertrauen können. Sogenannte Schützer, die wiederum den Lama in seiner schützenden Aktivität unterstützen, sind Buddhaaspekte, deren besondere Qualität darin besteht, Hindernisse zu beseitigen und eine umfassende Aktivität zum Wohl der Wesen auszuführen.

Das also sind Drei Wurzeln, zu denen man Zuflucht nehmen kann: der Lama ist die Wurzel des Segens, die Yidams oder Buddha-Aspekte sind die Wurzel für die Verwirklichung aller Fähigkeiten, und die Schützer sind die Wurzel für die perfekte Aktivität zum Wohl der Wesen.

Buddhist zu sein, ist zu einem großen Teil eine Frage der persönlichen Lebensanschauung. Formell beschließt man in einem

Zeremoniell, sich der zeitlosen Natur des eigenen Geistes zu öffnen, indem man Zuflucht zu Buddha, Dharma und Sangha nimmt. Zuflucht zu den Drei Juwelen zu nehmen, ändert Grundlegendes im Leben. Es schützt vor dem Leiden in Samsara, dem Kreislauf der Wiedergeburten. Man entwickelt tiefes Vertrauen in seine eigene Buddhanatur und das einem innewohnende Potential. Durch das Anwenden der buddhistischen Mittel vermeidet man Taten, die zukünftiges Leid verursachen würden. So ist man vor Leiden geschützt. Man erhält die buddhistische Zuflucht von einem buddhistischen Lehrer im Rahmen einer kurzen Zeremonie, in der man als Symbol für einen Neubeginn auch einen buddhistischen Namen bekommt, der einem dabei helfen kann, die eigenen innewohnenden Qualitäten zu entdecken. Außerdem werden einem ein paar winzige Haarspitzen abgeschnitten, als Symbol dafür, dass man den selben Weg gehen möchte, den der Buddha gegangen ist, als er beschloss, Erleuchtung zu erlangen. Er schor sich allerdings die Haare komplett ab, als er das Schloss seiner Eltern verließ. Das tun heute nur die buddhistischen Mönche – aber natürlich steht auch das wie alles andere im Buddhismus jedem frei zu tun oder zu lassen.

Bei der Wahl einer buddhistischen Schule sollte man offen, aber kritisch sein – und sich vor allem ein eigenes Urteil bilden, indem man Kontakt zu verschiedenen Gruppen aufnimmt. Auch innerhalb ein und derselben buddhistischen Richtung betonen verschiedene Schulen verschiedene Gesichtspunkte von Buddhas Lehre und ziehen dadurch Menschen mit unterschiedlichen Persönlichkeiten an. Insbesondere im Vajrayana und im Zen sollte man die buddhistischen Lehrer zunächst sorgfältig prüfen, damit sich später ein vertrauensvolles Verhältnis auf natürlicher Basis entwickeln kann.

An diesem Sonntagmorgen in Berlin war ich mir zum ersten Mal in meinem Leben sicher, wie ich meine Zukunft gestalten wollte. Der Groschen war gefallen und es war mir plötzlich so einleuchtend und klar, dass der tiefe Sinn, nach dem ich bisher in meinem Leben auf alle möglichen Weisen gesucht hatte, eigentlich ganz einfach war: für Andere da zu sein, statt sich um sich selbst zu kümmern. Alle Menschen in meinem Bekanntenkreis, die ihren Fokus statt auf ihrem eigenen Wohlergehen darauf hatten, anderen zu helfen – Buddhisten oder Nichtbuddhisten – sie waren einfach so offensichtlich glücklicher. Warum hatte ich das nicht schon früher gesehen?

»Wer sich um sich selbst kümmert, hat Probleme. Wer sich um andere kümmert, hat viele spannende und erfüllende Aufgaben«. So drückt es Lama Ole Nydahl kurz und präzise aus.

Im Getümmel des Kurses telefonierten Heike und ich uns mit unseren Handys zusammen. Die rund 800 Leute, die den Vorträgen gelauscht hatten, wollten alle vor ihrer Abreise noch einen Segen vom Lama bekommen, und so war das Gedränge vor der Bühne groß. Aber mir fiel auf, dass immer noch alle sehr freundlich miteinander umgingen. Sie waren das gedrängte Schlangestehen offensichtlich gewohnt und fanden es lustig, statt davon genervt zu sein. Ohne Heike hätte ich mich vielleicht gar nicht getraut, im Gewusel der Segensschlange zum Lama durchzukommen. Sie drückte mich sanft aber entschlossen durch die Menge Richtung Bühne, rief »Zuflucht, lasst uns mal bitte durch«, und tatsächlich – schwupp, stand ich vor ihm, murmelte verschüchtert »Ich möchte gern Zuflucht nehmen« – und die bekam ich.

Dass er mir zum Abschluss der ungefähr zweiminütigen Zeremonie auch noch sanft und mit Augenzwinkern ins Ohr biss, ließ mich endgültig sprachlos zurück. Was war das denn?!?! Das war Lama Aktivität – gleich mal anfangen, dem Schüler ein paar steife Konzepte und Vorstellungen wegzubrechen, wie die Dinge seiner Meinung nach auszusehen oder abzulaufen haben. Aber ich fand es lustig und war definitiv erleichtert, Zuflucht genommen zu haben. Es würde nicht viel Sinn machen, hier zu beschreiben, wie sich das anfühlte oder was es mit mir machte – Zuflucht nehmen ist wie jede meditative Erfahrung völlig individuell und unterschiedlich. Ich starrte auf die Zufluchtskarte mit der Abbildung des Schützers der Karma Kagyü Linie, »Schwarzer Mantel«, und meinem Dharmanamen, den ich bekommen hatte. »Karma Lhamo Döndrub« – »Göttin der Verwirklichung«. Aha. Was bedeutete das nun? Bahnhof. Heute habe ich eine etwas bessere Idee davon, in welche Richtung mich dieser Name wohl weist. Er kann sehr nützlich sein, weil er einem seine ausgeprägtesten Qualitäten aufzeigt, wenn er individuell von einem Lama, der einen kennt, gegeben wurde. Häufig passt er sehr offensichtlich und verblüffend genau zu dem Charakter und der Aktivität der Person, die ihn bekommt. Es gab auch schon Leute, die – ganz pfiffig! – zu unterschiedlichen Lehrern gingen, um sich noch einmal einen Zufluchtsnamen geben zu lassen – und dann ziemlich geplättet waren, wenn sie zweimal den selben Namen bekamen. Das ist die Qualität guter buddhistischer Lehrer – sie sind so verwirklicht, dass sie intuitiv besser als wir selbst in der Lage sind, die uns innewohnenden Qualitäten zu erkennen und sie uns zu spiegeln. Auch, wenn sie einen vorher noch nie gesehen haben. Sie zeigen sozusagen die Stelle des mit Schmutz bedeckten Diamanten, an der die Schmutzschicht am dünnsten ist und man am leichtesten und schnellsten zu der erleuchteten Natur seines Geistes durchdringen kann. Man sollte den glückbringenden Dharmanamen aber auch nicht überbewerten. Er ist gleichzeitig auch immer eine Warnung, um den Schüler vor falschem Stolz zu bewahren.

Eine Stunde nach meiner Zufluchtnahme saß ich im Linienbus von Berlin zurück nach Hamburg, bis oben hin voll mit den Eindrücken dieses Wochenendes. Neben mir saß ein junger Mann. Binnen kürzester Zeit löcherte er mich mit Fragen über den Buddhismus, nachdem er das Buch bemerkt hatte, in dem ich las. Ich wunderte mich, wie leicht es mir plötzlich fiel, mich mit einem wildfremden Menschen zu unterhalten. Und ich staunte noch viel mehr darüber wie gut es sich anfühlte, das aus Interesse am anderen und aus der Motivation heraus zu tun, ihm damit bestimmt irgendwie nützen zu können, ohne ihn gleich zum Buddhisten machen zu wollen.

Meine Freude über diese Entdeckung war so groß, dass ich ihm auf dem Hamburger Busbahnhof zum Abschied nicht nur alle Gute wünschte, sondern ihm auch noch spontan meine kleine Mala, meine selbstgemachte Mantrakette aus Perlen, als Glücksbringer schenkte. Schon in den letzten Monaten hatte ich begriffen wie erfüllend es war, sich im Alltag die Zeit zu nehmen, jeden Menschen, dem man begegnete, so zu begegnen, als sei er der einzig übrig gebliebene Mensch auf diesem Planet. Sei es, der Kassiererin im Supermarkt bewusst und freundlich in die Augen zu schauen und ihr einen schönen Tag zu wünschen, oder dem Menschen, der einem im Vorbeigehen auf der Straße neugierig anschaut, zuzulächeln oder zu zwinkern statt arrogant oder schüchtern in die andere Richtung oder zurück auf den Boden zu schauen. Man kann den Menschen so viel mit so wenig geben –und damit den Anstoß für unüberschaubar viele Folgereaktionen in ihrem Leben und dem der Menschen, die sie wiederum danach treffen.

Ein schönes Beispiel sind auch Telefonhotlines von Firmen. Die Menschen, die dort arbeiten, sind daran gewöhnt, dass unzufriedene Menschen anrufen und sie oft persönlich dafür verantwortlich machen, das irgendetwas nicht nach ihren Vorstellungen gelaufen ist – und sie dementsprechend wenig freundlich behandeln. Das stumpft ab und macht die Menschen im Callcenter häufig selbst wenig zuvorkommend weil frustriert. Sich davon als Anrufer nicht irritieren zu lassen, stoisch freundlich zu bleiben, ihnen zu danken für die Mühe, die sie sich mit dem Anliegen geben und ihnen deutlich zu machen, dass man sich bewusst ist, mit einem hilfsbereiten Menschen zu sprechen und nicht mit einer emotionslosen Maschine – das bringt oft erstaunlich freundliche und motivierte Menschen am anderen Ende der Leitung hervor. Und es macht Spaß – also haben beide einen großen Vorteil davon. Genauso funktioniert es natürlich auch in jedem Fast Food Restaurant, Drogeriemarkt oder sonst wo.

Menschliche Wärme und offene Zuwendung, ein bewusster und respektvoller Umgang miteinander, sind in unserer rasend schnellen, reizüberfluteten modernen Welt mit das Wertvollste, das man den Menschen schenken kann. Und das Beste daran – es macht wahnsinnig glücklich und ist erfüllend zu bemerken, wie viel man mit schon wenig Aufwand für andere tun kann. Und wenn man dann mal eine größere Herausforderung möchte, dann versucht man es auch bei der grimmig ausschauenden Politesse, die einem gerade ein Knöllchen hinter den

Scheibenwischer klemmt. Nicht etwa, weil man das Knöllchen wieder loswerden will, sondern weil sogar sie nur ihren Job macht und glücklich sein möchte – und in ihrem Job sicherlich nicht allzu häufig auf viel Wärme oder freundliches Entgegenkommen stößt!

Zweifellos die beeindruckendsten Beispiele, die ich für dieses ständige aktive Mitgefühl und dieses scheinbare mühelose Respektieren und Bewundern der Qualitäten jedes anderen Wesens auf diesem Erdball kenne, sind meine buddhistischen Lehrer. Sie werden einfach nicht müde, jedem einzelnen Menschen, dem sie begegnen, zu nützen. Indem Gyalwa Karmapa auch bei der 1108. Person in der stundenlang andauernden Segensschlange nach einer Veranstaltung ein aufmerksames Lächeln schenkt, als wäre sie der einzige Mensch weit und breit, oder indem mein Lama auf seinen Reisen nach einem 18-Stunden-Tag auch zu dem in der hinteren Ecke der Halle stehenden Hallenaufpasser läuft und ihm mit echter Begeisterung die Hand drückt und für seine großartige Arbeit dankt und dafür, dass er es ihm mit ermöglicht hat, einen Vortrag zu halten. Und glauben Sie mir – beim Zahnarzt macht er exakt das gleiche »in Grün« – die präzise Arbeit des Zahnarztes und der Sprechstundenhilfe oder die modernen Instrumente und Techniken bewundern und seine Freude darüber zum Ausdruck zu bringen, dass es die gibt. Wertschätzung und Respekt. Egal, was kommt!

Klingt übertrieben? Man kann gar nicht anders als aufzuhören so zu denken, wenn man sieht, wie sehr die Menschen aufblühen und strahlen, wenn sie so aufmerksam behandelt und für ihre Qualitäten gepriesen werden. Ob nun der Topmanager oder der Hallenwart der Sporthalle. Probieren Sie es einfach selbst aus. Denn das ist neben dem Grad ihrer Verwirklichung auch eine der Antworten auf die häufig gestellte Frage, woher die Lamas all diese Energie nehmen, meist achtzehn und mehr Stunden pro Tag für Andere da zu sein: Es gibt einem schlicht soviel Energie und Freude zu sehen, wie vielen Wesen man schon mit Kleinigkeiten nützen kann!

Nach meiner Zufluchtnahme in Berlin dauerte es Wochen, bis ich es das nächste Mal ins Hamburger Buddhistische Zentrum schaffte, obwohl Heike und die anderen Hamburger, die ich in Berlin kennengelernt hatte, mich herzlich eingeladen hatten, bald vorbeizuschauen. Ich war beruflich sehr beschäftigt mit dem Start in meine Selbstständigkeit. An irgendeinem der folgenden Samstage gab ich mir dann aber einen Ruck. Ich wollte schließlich weiterkommen und anfangen zu meditieren!

Es vergingen keine zehn Minuten, bis ich Jasmin kennenlernte. Eine junge, vor Energie spritzende Frau mit damals zwei Kindern, die sich mir sofort vorstellte und mir erzählte, dass sie gerade mit ein paar Leuten dabei war, »Augen zu malen«. Aha. Augen malen. Was war das? Sie lud mich ein, mit in den Seminar- und Werkraum zu kommen, um das herauszufinden. Es stellte sich heraus, dass diese Augen die Augen von Buddha Statuen bzw. sogenannten Tsatsas – Halbreliefs der Abbildungen unterschiedlicher Buddhaaspekte – waren. Es gab sehr präzise, aus vergangenen Jahrhunderten überlieferte Vorgaben, wie die Augen eines jeden Buddhas gemalt sein sollten, um durch sie auch den Hauptaspekt seiner Aktivität auszudrücken und das Malen erforderte große Präzision.

Im Hamburger Buddhistischen Zentrum wurden damals in wenigen Wochen ein paar Tausend Statuen und Tsatsas per Hand gegossen, kunstvoll bemalt und mit Reliquien und anderen Schätzen gefüllt. Man verwendet diese dreidimensionalen Abbildungen unterschiedlicher Buddhaaspekte unter anderem, um Stupas zu füllen.

Zögerlich nahm ich Jasmins Einladung an, es auch mit dem Malen zu versuchen. Sie war eine großartige Lehrerin. Übersprudelnd mit motivierenden Lobeshymnen für meine bescheidenen ersten Gehversuche beim Augen malen, aber auch eisenhart darin zu sagen, wenn man ein Auge doch besser noch einmal von vorne malen sollte. Eine große Geduldsübung für jemanden wie mich – und mit seinem Stolz kann man bei so etwas auch noch prima arbeiten. Ich lernte beim Augen malen eine Menge darüber, was die unterschiedlichen Gegenstände in den Händen der Buddhas, ihre Körperhaltungen und ihre anderen Attribute ausdrücken. Und ich fühlte mich vor allem unglaublich wohl und zuhause in dem hellen, modernen und warmen Bau des Zentrums – wie schon bei meinem ersten Besuch Monate zuvor – und lernte schnell eine Menge wunderbarer Menschen kennen, die alle mit großer Freude, Tatkraft und schier unendlicher Ausdauer und Geduld bei der Sache zu sein schienen.

Das für mich Bemerkenswerteste an diesem Wochenende fiel mir und anderen allerdings erst später auf. Wir hatten beim Malen kleine Schreibtischlampen an die Tische geklemmt, um gut sehen zu können. Irgendwann war ich beim Malen mit dem Unterarm an die Glühbirne meiner Lampe gestoßen und verbrannte mich dabei etwas – schenkte dem aber keine große Beachtung. Zwei Tage später fragte mich eine Kollegin in der Redaktion, in der ich frei arbeitete, wer mir denn das lustige Auge auf meinen Arm gemalt hätte und ob das ein echtes Tattoo sei. Ich schaute auf meine Arm. Und es gab wirklich nicht viel Interpretationsspielraum – auf der hellen Innenseite meines Unterarmes zeichnete sich deutlich in braun ein mandelförmiges Auge mit perfekt geschwungener Augenbraue darüber ab – offensichtlich die Verbrennung durch die Glühbirne und einen Teil der runden Metallfassung der Schreibtischlampe.

Ich dachte: »Wow, interessant. Okay, liebe Buddhas, danke, ich verstehe den Wink mit dem Zaunpfahl – ab sofort komme ich häufiger ins Zentrum!«. Sie denken vielleicht: »Naja, netter Zufall, aber mal schön auf dem Teppich bleiben!«. Steht Ihnen natürlich absolut frei, das zu denken. Ich für mich habe bloß irgendwann in den letzten Worten verstanden, warum Buddhisten das Wort »Zufall« nicht wirklich in ihrem Wortschatz haben, sondern der Meinung sind, dass alles aus einem Grund heraus passiert, entweder als Schutz oder als etwas, aus dem wir lernen können. Obwohl es keine starke Verbrennung war und meine Haut normalerweise recht schnell heilte, blieb das »Auge« ein halbes Jahr lang. Ich nahm es als gutes Zeichen und beschloss, es auf der anderen Seite aber auch nicht überzubewerten. Wenn man im Buddhismus anfängt Ereignisse, die sich mit unserer Schullogik nicht erklären lassen, überzubewerten und an ihnen zu haften, dann werden sie zu einem Klotz am Bein, der einem seine Entwicklung erschwert, weil er von Wichtigerem ablenkt. Aus diesem Grunde erwähne ich in diesem Buch auch nicht viele dieser Ereignisse, obwohl mir mittlerweile selbst vieles passiert und etliches davon auch fotografisch oder auf Film gut dokumentiert und durch Zeitzeugen bestätigt ist. Solche Dinge wie auffällig viele doppelte Regenbögen um die Sonne auf Meditationskursen oder Vögel und Blumen, die sich bei Einweihungszeremonien von Stupas verhalten, wie sie es eigentlich gar nicht können – es sind wunderbare Zeichen von Schutz und Segen für einen Buddhisten auf seinem Weg und sie können sehr beeindruckend sein. Aber sie sind nicht der Grund, warum man diesen Weg geht und meditiert!

Ach übrigens – Sie können mir jetzt einfach glauben, dass während ich das hier gerade geschrieben habe, über mir für ein paar Minuten ein Regenbogen um die strahlende Sonne auftauchte und drei große Greifvögel am blauen Himmel kreisten – oder Sie tun das halt nicht. Auch in Ordnung. Ich sollte als Buddhistin bloß lieber nicht flunkern... erst recht nicht in so einem Zusammenhang. Wäre kein besonders gutes Karma, das sich da für mich ansammeln würde...

Mal kulturell – was sind eigentlich Stupas?

Stupas gehören zu den ältesten Formen in der Architektur und sind ein weltweites Symbol für den erleuchteten Geist. In den Ländern, in denen der Buddhismus einst blühte, sind sie ein vertrauter Anblick. Ein Stupa ist eine komplexe Visualisierung tiefster buddhistischer Weisheit.

Die Form, die Anzahl der Stufen, die Baurichtung – alle Elemente haben multiple, tiefe Bedeutung und symbolisieren so Grundpfeiler der buddhistischen Lehre wie die fünf Weisheiten, Buddha's Lebensgeschichte, die Buddhafamilien und vieles andere. Stupas sind eine Wissenschaft für sich – die Anleitungen, wie genau und in welchen Proportionen sie gebaut werden sollten, sind bis ins letzte Planungsdetail präzise und seit Jahrtausenden überliefert. Sie sind wunderschön anzusehen und glückbringend für all diejenigen, die ihn sehen, ihn umrunden oder an ihm meditieren. Sie harmonisieren ihr Umfeld haben einen positiven Einfluss auf den Geist des Betrachters, weil ihre Form ihm seine erleuchteten Qualitäten spiegelt.

Die inneren »Schatzkammern« eines Stupas sind mit symbolischen Objekten gefüllt. Zu diesen Objekten zählen auch die vielen Tsatsas, wie wir sie damals in Hamburg fertigten. Wenig später wurde mit ihnen ein Stupa in Ungarn unweit von Budapest gefüllt – ich fuhr mit einem ganzen Bus von Hamburgern zu dessen Einweihung. Während der Einweihungszeremonie durch einen buddhistischen Lama wird die Kraft eines Stupa aktiviert, die ab diesem Zeitpunkt den Belehrungen Buddhas zufolge allen Wesen nützt, die mit ihm in Berührung kommen, ihn sehen oder sogar nur seinen Namen hören.

In ihrer frühen Geschichte wurden Stupas als Reliquienbehälter und Gräber genutzt – ähnlich der ägyptischen Pyramiden. Zur Zeit des Prinzen und späteren Buddha Siddharta Gautama im 6. bis 5. Jahrhundert vor Christus, änderte sich die Bedeutung von Stupas und sie gewannen sehr an Wichtigkeit. Der symbolische Aspekt rückte nun in den Vordergrund. Stupas wurden ein multifunktionales Symbol, ein echter Schatz von Weisheit über Phänomene, das Universum, die Natur des Geistes und den Weg zu voller Entfaltung des innewohnenden Potentials und damit zur Erleuchtung.

Es wird gesagt, dass Stupas auf vielen bewussten und unterbewussten Ebenen mit einem arbeiten. Sie ziehen Energie aus der Natur, konzentrieren sie und verteilen sie neu. Es wird Ihnen auch

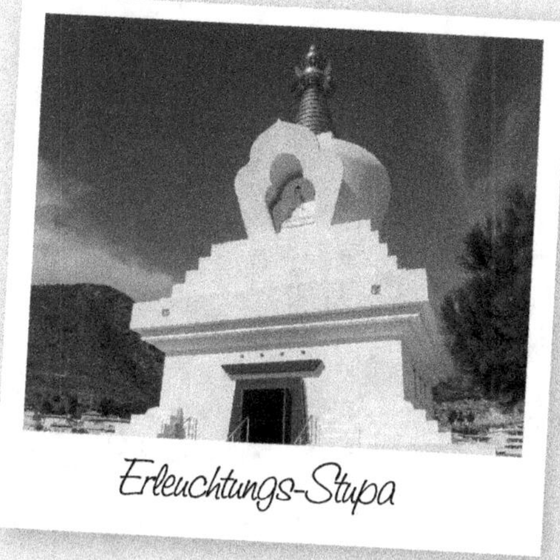

Schutzkraft nachgesagt – gefüllt mit positiver Energie befrieden und verwandeln sie Quellen von negativer Energie in ihrer Umgebung. Eines der Ziele von Buddhisten ist es, die zu schützen, die Schutz brauchen. Beim Bau eines Stupas zu helfen ist daher sehr sinnvoll und glückbringend.

Als rein symbolische Monumente – Stupas sind keine Tempel oder normale Gebäude – laden uns Stupas dazu ein, über ihre Bedeutung nachzudenken und zu meditieren. Dadurch werden sie auf Gebieten wie Religion, Philosophie, Geschichte, Geografie, Archäologie und der Erforschung des eigenen Geistes zu »Animateuren« unserer Entwicklung. Einmal gebaut, ruhen sie in ihrem steinernen Fundament, unveränderlich und frei vom Einfluss gesellschaftlicher und politischer Ereignisse und Turbulenzen. Aufgrund dieser tiefgreifenden Aspekte sind Stupas aus buddhistischer Sicht die nützlichsten Gebäude, die der Mensch nur bauen kann. Meist sind sie geschlossene Monolithen, die von Buddhisten im Uhrzeigersinn umrundet werden, während sie ihren Wünschen Ausdruck verleihen. Und zwar genauso, als stünden sie vor dem Buddha selbst. Wünsche zum Besten aller spielen im Buddhismus eine große Rolle und Praktizierende machen sie gern an Stupas da ihnen eine wunscherfüllende Wirkung nachgesagt wird. Ich würde das sofort unterschreiben – wenn es nicht so wäre, dann wäre die Zahl der »glücklichen Zufälle« in meinem Leben mittlerweile nur noch als absurd hoch zu bezeichnen. Aber auch das ist wieder etwas, was niemand glauben muss – wohl aber selbst erfahren kann wenn gewünscht!

n den Monaten nach meiner Zuflucht war ich wohl das, was man in westlichen buddhistischen Kreisen oft scherzhaft einen Senkrechtstarter nennt. Für den durchschnittlichen westlichen Buddhisten kam ich mit 33 Jahren relativ spät »zum Dharma« – und hatte entsprechend das Bedürfnis, so schnell wie möglich »aufzuholen«. Ich wollte so viel wie möglich über den Buddhismus lernen, schnell Meditationserfahrung sammeln und stürzte mich im Hamburger Zentrum in alle möglichen Aktivitäten. Endlich, endlich, hatte ich das Gefühl, das alles, was ich tat, einen tiefen Sinn hatte.

Es gibt Leute, die der Frage, wie lange man schon Buddhist ist, große Bedeutung beimessen. Es gibt aber auch gute Gründe, warum man diese Frage von erfahrenen Lamas nie gestellt bekommt. Jeder entwickelt sich anders – manche zum Beispiel von frühen Jahren an in behutsamem aber stetigen Tempo – Schritt für Schritt – und manche halt rasant mit einem späten Start. Mein Lama vergleicht das gern damit, zum ersten Mal zu schwimmen – manche gehen Schritt für Schritt eher zögerlich und vorsichtig hinein, manche springen aus zehn Metern Höhe, tauchen ein, fühlen sich sofort in ihrem Element und schwimmen los, was das Zeug hält. Ich war dann wohl einer der letztgenannten Fälle. Nicht zuletzt sicherlich deswegen, weil ich mir so 100% sicher war, endlich den für mich einzig richtigen Weg gefunden zu haben. Ich hatte so ziemlich alles ausprobiert, nach dem junge Frauen und auch Männer meist so streben in unserer Gesellschaft: nach einem guten Schulabschluss, einer gut bezahlten Position in einem Job, der einem Spaß macht, dem damit einhergehenden Geld, das die Erfüllung von großen Träumen wie einer großen, schicken Wohnung, einem tollen Auto und einem aus materieller Sicht erfüllten Leben ermöglicht, einem Partner, mit dem man das alles teilen kann oder danach wildes Singleleben mit allem Luxus, den man sich dann leisten kann... und so weiter und so fort.

Hatte es mich dauerhaft glücklich gemacht? Nein. Und deswegen war er jetzt so einfach, mein Leben komplett umzukrempeln und mich auf meine neuen, und dieses Mal wirklich unkaputtbaren Werte zu konzentrieren. Im Übrigen ist die Sicht der Lamas sicherlich auch, dass man meist eh schon aus früheren Leben eine tiefe Verbindung mit dem Buddhismus hatte, wenn man in diesem Leben Zuflucht nimmt. So hat man also wahrscheinlich schon früher meditiert und sich mit den buddhistischen Lehren auseinandergesetzt –»Auffrischung« würde man das in einem Sprachkurs nennen. Deswegen fällt es vielen sehr leicht, die Lehren auf Ihr Leben anzuwenden, und sie haben schnell tiefgreifende Meditationserfahrungen und entwickeln sich entsprechend schnell.

Übrigens bedeutet das nicht, dass ich meine gerade begonnen Karriere als freie Grafikdesignerin vernachlässigte. Zwar zweifelte ich zwischendurch mal bei all den Freunden mit so offensichtlich der Menschheit nützenden medizinischen oder sozialen Berufen um mich herum, ob ich da einen Job gewählt hatte, der aus buddhistischer Sicht vielleicht nicht so wahnsinnig sinnvoll war. Mir wurde aber schnell klar, dass meine Fähigkeiten durchaus nützlich waren und sogar heiß begehrt.

Einerseits konnte ich dabei helfen, Meditationshefte, buddhistische Magazine, Bücher und Infomaterial zu gestalten, die interessierten Menschen die Möglichkeit geben, mit dem Buddhismus in Berührung zu kommen, wenn sie danach suchen. Andererseits sicherte mir meine professionelle Arbeit die Bedingungen, die ich brauchte, um in den nächsten Jahren an jeder Menge buddhistischer Seminare teilzunehmen, mit meinem Lama um die Welt reisen und dadurch sehr schnell von ihm und anderen lernen zu können. Und das freiberufliche Arbeiten ermöglichte es mir außerdem, ins wunderschöne Allgäu zu ziehen um dort vor Ort das für die Karma Kagyü Linie im Westen bedeutendste Zentrum der Welt mit aufbauen und während dessen meine professionelle Arbeit einfach online erledigen zu können. Das sind Bedingungen, für die ich unendlich dankbar bin und wirklich jedem wünsche, der sie gern hätte, um anderen nützen zu können!

Nach einigen Monaten, in denen ich entdeckte, wie leicht es mir fiel zu meditieren und was für große Freude es mir machte, fing ich an, ein weltweites Netzwerk von Grafikern aufzubauen, um sie in ihrer ehrenamtlichen Arbeit im Buddhismus zu unterstützen. Es gab viele, die genug Überschuss hatten, um kleinen neuen Meditationsgruppen oder Zentren anderswo auf der Welt, die keine »eigenen« ehrenamtlichen Grafiker hatten, zu unterstützen. Auf diese Weise internationale Teams zusammenzubringen, die gemeinsam Beeindruckendes auf der ganzen Welt zustandebrachten, machte mir großen Spaß. Es führte aber auch dazu, dass ich noch mehr vor dem Computer saß. Das Buddhistische Zentrum in Hamburg lag mit dem Fahrrad gut zwanzig Minuten von meiner Wohnung entfernt. Bald kam in mir das Bedürfnis auf, direkt ins Zentrum oder sehr nah dran zu ziehen, um nicht soviel Zeit mit der Fahrerei verbringen zu müssen – aber das wollte nicht nur ich gern und der verfügbare Wohnraum war begrenzt. Durch all meine Computerarbeit hätte ich nur sehr begrenzt die Möglichkeit gehabt, noch andere Aufgaben und Verantwortlichkeiten dort zu übernehmen – ich hätte mich damit nicht gut gefühlt, weniger als die anderen zur alltäglichen Arbeit in dem riesigen Zentrum mit über 500 Mitgliedern beitragen zu können – und für das Zentrum wäre es daher auch sinnvoller gewesen jemandem anderes ein frei werdendes Zimmer anzubieten.

Das internationale Onlinenetzwerk aus Freiwilligen, dass ich aufbaute und koordinierte, wuchs schnell und ich lernte in kürzester Zeit eine Menge über ehrenamtliche, überpersönliche Arbeit auf internationaler Ebene. Sie funktioniert so völlig anders als ein professionelles

Unternehmen – sie ist die Kunst des Möglichen eines jeden einzelnen Beteiligten und des gesamten Teams – und damit permanente Improvisation. Man lernt schnell, dass viele Wege nach Rom führen und macht sich nicht mehr selbst das Leben schwer, wenn man zu sehr an seinem eigenen Plan und damit seinen eigenen Konzepten und steifen Vorstellungen festhält – stattdessen staunt man Bauklötze, was für ein riesiges Potential in jedem Einzelnen und wie viele fantastische Ideen und Wege dieses Improvisieren hervorbringt – solange man das selbe Ziel aus der selben überpersönlichen Motivation heraus verfolgt. Und was auf dieser Basis entstehen kann, ohne dass irgendwem auch nur ein Cent für all die harte Arbeit gezahlt wird, macht mich regelmäßig sprachlos.

Wir weiteten das internationale Netzwerk aus Grafikern nach kurzer Zeit aus. Nun waren nicht nur Designer, sondern auch Programmierer, Übersetzer, Schreiber und Fotografen mit dabei. Sozusagen alle, die im Medienbereich tätig waren und gern mehr ehrenamtliche Arbeit übernehmen wollten. Ich möchte an dieser Stelle noch mal betonen, dass im Buddhismus nicht missioniert wird – aus den bereits erwähnten Gründen. Es ist aber wichtig, von sich aus interessierten Menschen einen Zugang zu ermöglichen. Wie sollen sie – so neu wie der Buddhismus im Westen ist – wissen, dass es in Hintertupfingen oder sonst wo eine Meditationsgruppe gibt, bei der sie gern mal unverbindlich vorbeischauen und sich eine Meinung bilden können. Aus diesem Grund gibt es ab und zu Flyer oder Veranstaltungshinweise in Zeitungen. Was die Leute daraus machen, können sie natürlich nur selbst entscheiden. Interessierten Menschen aber diese Möglichkeit zu geben, fand ich wunderbar. Und es brachte mich auf eine ganz andere Idee, wohin ich vielleicht ziehen wollte... und zwar ins Allgäu!

Nur vier Monate, nachdem ich in Berlin beschlossen hatte, mein Leben für den Buddhismus auf den Kopf zu stellen, fuhr ich für mein erstes Phowa mit einigen Freunden zum größten buddhistischen Kurs, den es bis dahin in Deutschland jemals gegeben hatte – dem Internationalen Sommerkurs. Der hatte bisher jährlich in der Nähe von Kassel auf zu diesem Zweck angemietetem Terrain stattgefunden – und nun zum ersten Mal – nur wenige Monate nach dessen Erwerb – im neuen internationalen buddhistischen Zentrum im Oberallgäu bei Immenstadt. Seine Funktion ist es, die vielen im Auftrag des 16. Karmapa gegründeten buddhistischen Zentren miteinander zu verknüpfen und so einen internationalen Austausch der rasant wachsenden buddhistischen Gemeinde im Westen zu ermöglichen.

Spätestens wenn man den riesigen internationalen Sommerkurs miterlebt hat, müsste sich eigentlich jeder Zweifel daran, ob Buddhisten wirklich die glücklichsten Menschen auf dem Planeten sind, von selbst erledigen. Wie sonst soll ich mir eine Ansammlung von ungefähr 3000 Menschen erklären, die zwei Wochen lang in ihren mitgebrachten kleinen Zelten hausen, in Gummistiefeln über die vom Allgäuer Sommerdauerregen in Schlamm verwandelten Wiesen stapfen, um dann wie die Sardinen in der Büchse dicht an dicht im großen Zelt stundenlang Vorträgen über Meditation zu lauschen, locker mal eine halbe Stunde lang geduldig für ihre Mahlzeiten Schlange zu stehen oder selbst beim Gemüse Schnibbeln in der Großküche zu helfen – dafür sogar noch bezahlen und dabei auch noch wie die Honigkuchenpferde übers ganze Gesicht strahlen!?!

Ich jedenfalls war tief beeindruckt. Nicht nur von dem fröhlichen Gewusel auf dem Kurs und den fantastischen Vorträgen und Meditationen, sondern auch von dem wunderschönen knapp 50 Hektar großen Anwesen mit den denkmalgeschützten Gutsgebäuden darauf – einer einhundert Jahre alten Jugendstil Villa hoch über den Ufern eines wunderschönen Bergsees. Eine Industriellenfamilie hatte das prachtvolle, mittlerweile denkmalgeschützte Gut im romantischen Jugendstil bauen lassen und selbst bewohnt, bis sie es zu sehr freundschaftlichen Konditionen »den Buddhisten« überließen, statt es an höher bietende Investoren aus Fernost zu verkaufen. Durchaus erstaunlich, in einer erzkatholischen Gegend wie Bayern. Aus meiner Sicht sagt es eine Menge über die Offenheit der Leute in dieser Gegend Deutschlands.

Es war nicht der Plan gewesen, ein einhundert Jahre altes Gut zu kaufen. Der gemeinsame Wunsch, ein großes internationales Zentrum zu haben, um die weltweit rasant wachsende buddhistische Gemeinde miteinander zu verbinden und gegenseitigen Austausch zu ermöglichen, war über zehn Jahre alt, als dieses Objekt – ermöglicht durch eine beeindruckende weltweite Spendensammelaktion – von inspirierten Buddhisten gekauft wurde. Es war klar gewesen, dass das Zentrum irgendwo in Deutschland sein sollte. Aufgrund der zentralen und gut erreichbaren Lage in Westeuropa, und weil der Vajrayana-Buddhismus in den vergangenen dreißig Jahren von Deutschland aus in die ganze westliche Welt getragen worden war und hier nach wie vor seine Aktivitätsschwerpunkt hat. Jahrelang wurde nach still gelegten Truppenübungsplätzen und ähnlich großen Flächen gesucht – das perfekte Objekt, um dort den großen internationalen Sommerkurs und andere große Events ausrichten zu können, war aber nie dabei gewesen. Als dann das hochherrschafltiche Gut mit seinen knapp 50 Hektar Wiesen und Waldgelände rund um seine architektonisch traumhaften großen Gebäude entdeckt wurde, war klar – das ist es!

In einer Hauruck Aktion, die ihresgleichen auf dem Gebiet ehrenamtlichen Engagements sucht, wurde das Geld aufgebracht. In nur drei Monaten kam durch verschiedene Spendenaktionen und Projekte das notwendige Geld zusammen. Jeder, der damals Geld spendete, tat es, um Teil dieser einzigartigen Aktion zu sein, und vor allem aus dem Vertrauen in die Vision, einen Platz zu schaffen, an dem die weltweit wachsenden Sanghas Erfahrungen austauschen, Freundschaft wachsen und die Lehre in den Westen gelangen kann – durch mündliche Übertragung. Die ersten Bewohner zogen quasi über Nacht aus aller Welt ein und viele Freiwillige brachten das Gelände und die alten Gebäude in nur wenigen sehr schlafarmen Monaten in einen Zustand, der den ersten Sommerkurs ermöglichte.

Und nun fallen jedes Jahr bis zu 3000 gummistiefelbewaffnete Menschen auf dem Berg ein – die Immenstädter nehmen es bis heute mit großer Gelassenheit, Mitfreude und ehrlichem Interesse am Buddhismus und den Aktivitäten im Zentrum und besonders während des großen Sommerkurses. Nicht nur für mich ist es aufgrund dieser Vorgeschichte – aufgrund all der Wünsche, all der ehrenamtlichen Arbeit und all des gespendeten Geldes aus der ganzen Welt jeden Tag von Neuem eine große Ehre, eine der wenigen Glücklichen zu sein, die hier wohnen und zum Wachsen dieses weltweit einmaligen Projekts vor Ort beitragen zu können und zu dürfen.

Oft werde ich gefragt, woher ich die Kraft und Motivation nehme, mein Leben und meine Aktivität zu einem sehr hohen Anteil der Aktivität in diesem Zentrum zu widmen – und warum ich scheinbar immer gute Laune habe. Aber da beißt sich die Katze in den eigenen Schwanz. Denn wenn man die Möglichkeit hat, jeden Tag so inspirierenden Menschen aus der ganzen Welt zu begegnen, die alle ihre Talente und Fähigkeiten, ihre Zeit und auch Geld geben, um anderen einen Weg zu bleibendem Glück und bleibenden Werten zu ermöglichen, und die selbst wunderbare Beispiele dafür sind, was Buddhismus für glückliche und strahlende Menschen »produziert«, die ständig nur noch weiter wachsen in ihren Möglichkeiten und ihrer Furchtlosigkeit – dann kann man eigentlich nicht anders. Mir bleibt gar nichts anderes übrig, als mich jeden Tag rein und raus zu freuen und dankbar zu sein für die Möglichkeiten, die ich habe. Irgendwann muss ich wohl einiges richtig gemacht haben, was mein Karma angeht. Denn die Menschen um mich herum sind für mich ein nicht enden wollender Quell der Inspiration und Energie, die ich dann wiederum weitergeben kann.

Die komplett ehrenamtlich organisierte Logistik hinter der Großveranstaltung Meditationskurs ist beeindruckend. Niemand käme auf die Idee, sich zwei Wochen lang Vorträge seiner höchsten Lehrer aus Ost und West anzuhören, ohne zwischendurch zum »Jobcenter« im

Nachbarzelt zu laufen, um sich dort ein paar freiwillige Helferjobs aus-
zusuchen. Vom Shuttlefahrer über die Küchenhilfe, vom Putzteufel bis
zum Barkeeper oder vom Mechaniker bis zur freundlichen Infopoint-
Dame – jeder wird gebraucht und kann sich die Jobs aussuchen, zu denen er Lust hat und die seinen Qualitäten entsprechen. Da kann man
sich auch schon mal wundern, dass die Putzjobs tatsächlich meist mit
die ersten sind, die »ausverkauft« sind. Aber tatsächlich macht auch
mir Putzen auf solchen Kursen oder in buddhistischen Zentren Spaß,
weil es ja dazu beiträgt, dass der Buddhismus im Westen wachsen
kann – in meinen eigenen vier Wänden bin ich aber wahrlich immer
noch kein sehr ambitionierter Putzteufel geworden!

Man wird auf so einem Kurs von einem deutlich wahrnehmbaren
Kraftfeld getragen. Plötzlich schafft man es problemlos, Tag für Tag
stundenlang und bis in die Nacht hinein im sauerstoffarmen Zelt Knie
an Knie mit den Nachbarn zu sitzen, zwischendurch in der Küche zu
helfen, mehrmals pro Tag Schlange zu stehen und meist noch die halbe
Nacht fröhlich durchzutanzen statt im Zelt zu schlafen. Diese Erfahrung macht man immer wieder auf Meditationskursen oder auf Reisen
mit den Lamas, egal wo auf der Welt. Im Umfeld von hoch verwirklichten Yogis wie ihnen und Hunderten ebenfalls fleißig meditierender
und zum Besten anderer arbeitender Leute baut sich ein sogenanntes
Mandala, ein Kraftkreis, auf. Es gibt eine hohe Konzentration von positiver Energie – und plötzlich wachsen einem Flügel – was die körperliche Leistung und die Sicht der Welt angeht. Alles wird plötzlich leicht.
Das nennt sich Segen. Die Präsenz und das direkte Beispiel der Lamas
zeigt einem für einige Zeit deutlich klarer als im Alltag wahrnehmbar
die wahre Natur des Geistes, die von sich aus freudvoll, furchtlos und
mitfühlend ist. Den Unterschied zur »normalen« Welt bemerkt man
dann meist, wenn man wieder zuhause in der normalen Umgebung in
seinem Alltagsumfeld ist. Das ist das Kunststück, dass einen in seiner
Entwicklung hinterher weiterbringt – sich zumindest etwas von dieser Leichtigkeit und dem gesunden Abstand zu den Geschehnissen zu
erhalten und daraus zu lernen. Das gelingt mit der Zeit immer besser
– natürlich auch durch das Anwenden von Meditation und buddhistischer Sichtweise im Alltag.

Die Herbsmonate nach dem Sommerkurs war ich in Hamburg mehr als ausgelastet damit, mich erfolgreich in der Selbstständigkeit zu etablieren, glücklicherweise sofort gutes Geld zu verdienen und mich dem Netzwerk von ehrenamtlich tätigen Medienspezialisten zu widmen, das ich gegründet hatte, um die Zentren weltweit zu unterstützen und so Menschen einen leichteren Zugang zu Informationen über Buddhismus zu ermöglichen. Ich lernte durch diese sehr kommunikative Tätigkeit, diverse Meetings und Workshops und auf Kursen in sehr kurzer Zeit sehr viele spannende Leute kennen. Es ist sehr einfach, ins Gespräch zu kommen und sich zu mögen, wenn man grundlegend ähnliche Interessen hat – nämlich sein Leben so zu gestalten, dass es möglichst vielen Wesen möglichst dauerhaftes Glück bringt, und zu meditieren! Und wenn man vor allem noch eines gemeinsam hat – nicht alles so furchtbar ernst zu nehmen, viel miteinander zu lachen und sich einfach gegenseitig für die unterschiedlichen Qualitäten zu schätzen und zu respektieren.

Da kommt es schon mal vor, dass man davon spricht, mit ein paar hundert »Freunden« statt »Leuten« auf einem Kurs gewesen zu sein – und das sogar so meint! Ich weiß, das klingt nach Sekte. Leider gab es in der Tat viele sehr unerfreuliche Beispiele für solche Gruppen. Sie wurden geführt von sogenannten »Gurus«, die nicht dasselbe taten wie sie sagten und ihre Anhänger damit in tiefe Verwirrung, Abhängigkeit und noch Schlimmeres stürzten. Im Tibetischen Buddhismus ist jedoch normalerweise genau das Gegenteil der Fall. Zwar ermöglichen gerade Offenheit, Hingabe und Vertrauen in den Lama im Vajrayana Buddhismus, den Weg zur Erleuchtung zu fliegen statt zu gehen. Aber seine Aufgabe ist simpel und klar: jeden seiner Schüler schnellstmöglich und in der für ihn oder sie besten Weise einhundertprozentig frei und selbstständig zu machen! Das ist es, was den Vajrayana-Buddhismus so rasant wachsen lässt in unserer modernen westlichen Welt. Mit solchen fröhlichen und selbstständigen Menschen, die aus Mitgefühl und wachsender Weisheit und aufgrund ihrer hohen menschlichen Wertvorstellungen einfach gute Gesellschaft sind, möchte man verständlicherweise so viel Zeit wie möglich verbringen!

Einige Monate nach dem Sommerkurs war für mich klar, dass ich wenigstens versuchen wollte, ins Allgäu zu ziehen. In Hamburg zu bleiben, machte keinen Sinn mehr mit dem Leben, das ich seit Monaten lebte und das mich sehr erfüllte. Ich hing nicht mehr an der schönen glitzernden Elbmetropole, in der die alltäglichen Lebenshaltungskosten so hoch sind, dass man schon allein deswegen deutlich mehr arbeiten muss als in kleineren Städten oder auf dem Land, um sie wieder hereinzubekommen. Meine Fixkosten zu reduzieren und damit meine freie Zeit, die ich für ehrenamtliche Arbeit verwenden konnte, war eines meiner Hauptziele. Geld, das ich nicht ausgebe, muss ich ja schließlich auch nicht verdienen!

Die ehrenamtliche Arbeit, die mittlerweile mindestens die Hälfte meiner Zeit einnahm, machte mir riesigen Spaß. Ich hatte mich noch nie zuvor in meinem Leben so nützlich gefühlt. Und diese Koordination eines internationalen buddhistischen Netzwerkes war genau die Art Aktivität, für die in den folgenden Jahren das internationale Zentrum im Allgäu aufgebaut werden sollte. Erfahrungsaustausch und gegenseitiges Unterstützen mit Freunden aus aller Welt – um dem Buddhismus in der freien westlichen Welt ein Gesicht zu geben und damit der weltweiten buddhistischen Gemeinde die Möglichkeit, über landeskulturelle Brücken hinaus zusammenzuwachsen.

In Sachen Entscheidungen fällen hatte ich mir einen Rat meines Lamas sehr hinter die Ohren geschrieben: »Entscheide Dich immer für das, was auf längste Sicht den meisten Wesen nützt!«. Es ist großartig, kleine und große Entscheidungen durch das Beantworten dieser Frage zu fällen. Falsche Entscheidungen gibt es dann gar nicht mehr! Und nun gab dieser Ratschlag meiner Meinung nach auch klare Auskunft darüber, ob es sinnvoller war, in Hamburg zu bleiben oder mich im Allgäu mit viel weniger Fixkosten, die es zu begleichen gab, meiner ehrenamtlichen Arbeit zu widmen.

Da ich aber nun ja erstens noch ein «junger Hüpfer» im Dharma war und sich zweitens viele andere Buddhisten mit mehr Erfahrung im Dharma wahrscheinlich nichts Schöneres vorstellen könnten als in dieses internationale buddhistische Zentrum zu ziehen, war das in der Tat ein ziemlich kühner Gedanke. Da mir aber vor wenigen Dingen so sehr »graut« wie vor verpassten Gelegenheiten, beschloss ich, dass einfach mal Nachfragen mich nicht umbringen würde und ich nichts zu verlieren hatte, es einfach zu versuchen! Also schrieb ich eine Mail mit der Bitte um ein Gespräch über eventuelle Möglichkeiten eines Umzugs nach Immenstadt, wenn ich zwei Wochen später für eine Workshop im Allgäuer Zentrum sein würde. Zwei Tage später bekam ich eine Antwort – oder auch nicht: »Liebe Meike, ich bin gerade mit dem Lama auf Weltreise. So wird das leider nichts. Was machen wir? Liebe Grüße aus Delhi!«. Bumm! Da saß ich nun in der Küche einer schnuckeligen Wohnung vor dem Laptop – und schrieb statt eines Treffens sofort und postwendend eine lange Antwortmail, warum es mir ein Bedürfnis war, aus Hamburg ins Allgäu zu ziehen – und brauchte ein bisschen, bis ich mich überwand, auf »Senden« zu klicken – und bekam binnen weniger Stunden eine Antwort: »Also… ich finde die Idee schön, wenn Du nach Immenstadt kommst. Kann mir Dich zwar nicht ganz auf dem Land vorstellen, aber warum nicht? «

Für mich war sofort alles klar. Ich schrieb zurück, dass ich ja sowieso vorgehabt hatte, anderthalb Monate später für zwei Wochen ins internationale Zentrum im Allgäu zu kommen – und nun dann halt bis dahin meine Zelte in Hamburg abbrechen und meinen Aufenthalt im Allgäu dann statt für zwei Wochen »open end« wäre. Wir einigten uns darauf, dass ich mir eine Bleibe in der Stadt oder Umgebung suchen sollte, aber die ersten Monate zum »Beschnuppern« und Einleben direkt im buddhistischen Zentrum in einem Mehrbettzimmer bleiben konnte. Einzelzimmer waren auf dem denkmalgeschützten alten Gut Mangelware und schon belegt.

»Mal eben so« aus der Elbmetropole ins Oberallgäu im tiefsten Bayern zu ziehen – ich – das Nordlicht!!! Für die meisten Hamburger und Münchener ist es quasi undenkbar, in die jeweils andere Stadt zu ziehen – und im Groben gilt das selbe ungeschriebene Gesetz für Schleswig-Holsteiner und Bayern. Mir war dieses Konzept mittlerweile auf gut bayerisch extrem wurscht – ich kannte glückliche Exil-Bayern in Hamburg und ich kannte auch noch viel glücklichere Exil-Hamburger in Bayern. Und in sechs Wochen würde auch ich eine von denen sein! Ich konnte kaum glauben, wie gut und leicht sich diese Entscheidung anfühlte – und fing sofort an, meinen Haushalt aufzulösen.

Es gibt ein paar Leute in Hamburg, die heute noch einen fassungslosen Gesichtsausdruck kriegen, wenn sie sich daran erinnern, mit welcher Entschlossenheit und gleichzeitigen Gelassenheit ich mich damals freiwillig von so ziemlich all meinen Habseligkeiten trennte – und mir das nicht sonderlich schwer fiel. Fröhlich stellte ich kistenweise hochwertige Bücher, CDs, meine bis dahin so geliebte DVD Sammlung und viele Klamotten entweder zum Verkauf ins Internet oder gleich kistenweise zum Verschenken ins Hamburger Zentrum. Ich wollte mit so wenig Ballast wie möglich ins Allgäu ziehen. Innerhalb einer Woche hatte ich per Telefon ein Zimmer in einer Wohngemeinschaft zusammen mit drei anderen Buddhisten in einem großen alten Bauernhaus mitten auf der Alm oberhalb des buddhistischen Zentrums gefunden. Ich erklärte mich bereit, schon während der Monate Miete für das Zimmer auf dem Bauernhof zu zahlen, die ich eigentlich gar nicht dort, sondern direkt im Zentrum wohnen würde. So hatte ich auch die Möglichkeit, dort mein Hab und Gut unterzustellen – aber es fühlte sich einfach gut an, mit möglichst kleinem Gepäck umzuziehen. An vielen Dingen aus meinem Hausstand hing ich einfach nicht mehr. All diese wunderschönen Deko-Teilchen für die Wohnung, meine sündhaft teuren Büroklamotten oder mein Fernseher, den ich eh schon seit Monaten nicht benutzt hatte – sie kamen mir vor wie aus einem vorigen Leben.

Niemand hatte mir gesagt, dass ich irgendetwas von meinem Hab und Gut weggeben sollte. Ich sah nur einfach den Sinn in vielen Dingen nicht mehr. Das vergangene Jahr hatte ich sowieso schon kaum noch etwas davon benutzt. Es war viel erfüllender und macht viel mehr Spaß, mich mit sinnvollen Dingen, die andere und mich selbst in meiner Entwicklung weiterbrachten, zu beschäftigen. Damit meine ich jetzt aber nicht, dass wir uns in unserer westlichen Welt kahlgeschoren in eine Höhle setzen sollten. Fernseher haben ja auch durchaus ihren Sinn, wenn man sich lieber dort als im Internet Nachrichten oder Informationen über wissenschaftliche oder soziale Entwicklungen holt oder einfach mal einen guten Film schauen möchte. Ordentlich angezogen sein führt in unserer Gesellschaft erstaunlicherweise immer noch dazu, bemerkt und ernst genommen zu werden. Und das wiederum führt dazu, dass man den Menschen viel besser nützen kann, weil sie einem eher ihre Aufmerksamkeit schenken und zuhören. Deswegen – und weil's Spaß macht! – behielt ich dann am Ende zum Beispiel auch viele der schönen Kleider, die ich erst auch weggeben wollte – sie waren nicht nur schick, sondern auch immer noch nützlich.

In meinem Hamburger Freundeskreis sorgte mein Entschluss, ins Allgäu zu ziehen, für beachtliches Erstaunen – sowohl unter den »Nichtbuddhisten« als auch unter den Buddhisten. Den erstgenannten erklärte ich dann, dass ich nicht vorhatte, auf einem einsamen Alm-Bauernhof um vier Uhr morgens Kühe zu melken oder Wiesenkräuter zu sammeln, sondern dass ich in ein vor Leben und Abwechslung nur so brummendes internationales Meditationszentrum zog, in dem jeder Tag durch ständig wechselnde Gäste aus aller Welt und immer neue Aufgaben anders und sicherlich alles andere als langweilig war. Das erleichterte schon mal einige von ihnen. Darauf folgte meist die besorgte Frage, ob ich denn dort mit meinem Medienberuf Grafikdesignerin überhaupt über die Runden kommen würde. Ich erzählte dann davon, dass ich in dem vergangenen Jahr meiner Selbstständigkeit von meinen Kunden herzlich wenig gesehen hatte – es lief sowieso fast alles per Telefon und E-Mail. Und sollten sie mich doch einmal sehen wollen, gab es eine sehr günstige Flugverbindung vom Allgäu nach Hamburg.

Der berufliche Aspekt war auch das, was die Buddhisten am meisten an meinem Umzug interessierte. Ihnen brauchte ich natürlich nicht zu erklären, warum ich gern in das internationale buddhistische Zentrum ziehen wollte – selbst wenn es in Sibirien gelegen hätte! Da ich die Frage nach der Auftragslage im Allgäu aber jeden Tag ein paar Mal gestellt bekam, fing ich knapp zwei Wochen vor meinem Umzug selbst an, mich zu fragen, ob ich eigentlich noch alle Tassen im Schrank hatte. Aus der Medienmetropole Hamburg in die bayerischen Berge zu ziehen. Wo sollten denn da bitte die Aufträge herkommen ... noch hatte ich keinen einzigen!

Was dann geschah, ließ mich jeden Zweifel daran vergessen, ob ich wirklich das Richtige tat. Seit Jahren hatte ich ein Profil auf dem erfolgreichsten deutschen Business Netzwerk im Internet. Ich hatte es ein bisschen zur Akquise genutzt, als ich in die Freiberuflichkeit gestartet war – dann aber gar nicht mehr gepflegt, weil ich ausreichend mit Jobs versorgt war. Dementsprechend hatte ich auch meinen Eintrag noch nicht aktualisiert – meine Seite verriet meinen Lebenslauf, dass ich freie Grafikerin in Hamburg war – und kein Wort von Immenstadt. Wenn ich überhaupt einmal ernstgemeinte Projektangebote über diese Website bekam, dann waren es welche aus Hamburg.

Deshalb staunte ich wirklich Bauklötze, als ich zwei Tage nachdem ich plötzlich meine »da-find-ich-doch-niemals-Aufträge« Panikattacke bekam, ein Fotograf anfragte, ob ich vielleicht Lust hätte, seine Website zu bauen oder ob die örtliche Distanz zu Hamburg das unmöglich mache. Ich brauchte einen Moment um zu begreifen wo er wohnte. »Oy-Mittelberg... Oy-Mittelberg...« – das hatte ich doch neulich irgendwo gelesen. Und dann fiel mir die Kinnlade herunter vor Staunen. Oy-Mittelberg ist ein klitzekleiner Ort im Oberallgäu. Eine halbe Autostunde vom Zentrum, in dem ich heute wohne, entfernt – und es gibt dort seit über 20 Jahren ein von Lama Ole und Hannah Nydahl im Auftrag des 16. Karmapa gegründetes buddhistisches Retreatzentrum, das eines der Hauptpfeiler des Buddhismus in Deutschland ist. Später erfuhr ich, dass ich als kleines Kind schon mal in diesem Ort war. Ich erinnere mich zwar daran, dass ich auf einer Wandertour mit meinen Eltern und einer Gruppe von Kollegen meines Vaters einmal sehr krank wurde und mit hohem Fieber durch die Berge zu einer Hütte getragen wurde – aber ich wusste nicht, dass das in Oy-Mittelberg war.

Ich war geplättet. All meine Zweifel, die in den letzten Tagen aufgekommen waren – wie weggeblasen. Was ich hier vorhatte, war richtig. Ich wollte ins Allgäu ziehen, um dort so nützlich wie möglich für so viele wie möglich zu sein. Und die Buddhas standen offensichtlich hinter dieser Entscheidung. Dieser »Zufall« war einfach zu groß, um ihn nicht als sehr, sehr gutes Zeichen zu nehmen. Ich bekam den Auftrag für die Website des Fotografen – und habe jahrelang überhaupt nicht aktiv nach Aufträgen suchen müssen. Sie kommen genauso herein, wie ich sie brauche, um ausreichend Geld und freie Zeit für mein Leben und meine Reisen durch den Buddhismus auf der ganzen Welt zu haben. Aber es sollten bald noch mehr Dinge passieren, die mir die Gewissheit gaben, genau das Richtige zu tun – und zu verstehen, dass buddhistische Zuflucht und die Einstellung, möglichst nützlich für andere zu sein, einen Schutz mit sich bringt, der viele Dinge im alltäglichen Leben einfach leichter macht und unnötige Hindernisse, von denen man eh nichts lernen könnte, aus dem Weg räumt, bevor man stolpert.

Der Abschied von Hamburg fiel mir nicht schwer. Es waren zwölf wunderschöne Jahre, für die ich sehr dankbar bin und die ich in guter Erinnerung behalten werde. Nicht zuletzt wegen all der großartigen Menschen dort, mit denen ich soviel geteilt und von denen ich soviel gelernt hatte. Nun war es Zeit für einen neuen Lebensabschnitt – und ich freute mich riesig darauf.

An einem strahlend sonnigen Tag Mitte März fuhr ich mit einem Freund und meinem auf ein Minimum reduzierten Hausstand im Transporter durch das Allgäuer Tor. Diese Stelle heißt nicht von ungefähr so. Nachdem man Hunderte von Kilometern auf der selben Autobahn immer geradeaus Richtung Süden gefahren ist, tut sich vor einem plötzlich eine Märchenwelt auf. Es gibt keinen treffenderen Begriff dafür als den, den die Amerikaner geprägt haben: Winterwonderland. Die Sonne verwandelt die weichen, schneebedeckten Berge in ein Meer funkelnder Kristalle, dass unter wolkenlosem Himmel ab und zu von vor sich dahinschlängelnden Flüssen und eisblau gefrorenen Seen mit Schlittschuhläufern unterbrochen wird. Wir waren sprachlos und hätten beinahe einen Unfall gebaut, weil wir so mit dem Fotografieren der Landschaft beschäftigt waren. Ich platzte fast vor Glück, als ich nach ein paar weiteren Minuten Fahrt das weithin sichtbare, fast 100 Jahre alte Gut Hochreute mit seinem prachtvoll geschwungenen weißen Giebel und dem roten Dach am Berg über dem Alpsee liegen sah. Dort würde ich also wohnen! Wie hatte ich jemals zweifeln können, dass es die richtige Entscheidung war!

Eine Woche später lachte ich bereits laut auf als Antwort auf die freundliche Frage vieler, ob ich mich denn schon ein wenig eingelebt hätte. »Ein Wenig?!??!« Das traf es nicht ganz. Ich hatte nach sieben Tagen das Gefühl, schon seit Wochen – und nach wenigen Wochen das Gefühl, seit Monaten dort zu wohnen. Zu den meisten Bewohnern und Sangha Mitgliedern in der Stadt hatte ich schon vor meinem Umzug per Internet oder Telefon Kontakt gehabt – und alle anderen waren so nett, dass ich binnen kürzester Zeit das Gefühl hatte, sie schon ewig zu kennen. Naja – konnte ja auch tatsächlich durchaus der Fall sein – vielleicht in einem früheren Leben? Gut möglich!

Hippie-Kommune, Kloster oder WG? Das Leben in einem Buddhistischen Zentrum

Warum zieht man in ein buddhistisches Zentrum? Die Gründe sind in den meisten Fällen vielfältig. Zum einen spart man sich den Weg dorthin und wieder zurück nach Hause wenn man dort sowieso viel Zeit verbringt, um an Meditationen oder anderen Veranstaltungen teilzunehmen, Freunde zu treffen oder bei der Zentrumsarbeit zu helfen. Zum anderen kann man so mit am schnellsten lernen und sich entwickeln.

Man ist umgeben von Menschen mit der gleichen Grundeinstellung, die einem wunderbare Spiegel für die eigene geistige Entwicklung und die eigenen mentalen Trips sind. Das ist in einer kleinen Meditationsgruppe nicht anders als in einem großen Zentrum wie in

Hamburg oder eben im Allgäu. In einer kleinen Gruppe setzt man sich noch intensiver und persönlicher miteinander auseinander. Es kommt zu engen menschlichen Verbindungen, die auch individuelle Konflikte und Meinungsverschiedenheiten mit sich bringen. Und diese zwischenmenschlichen Spannungsfelder sind aus buddhistischer Sicht ja beste Gelegenheiten, den eigenen Geist zu beobachten und sich weiterzuentwickeln.

Vor solchen Konflikten könnte sich das Ego in einer größeren Gruppe noch besser verstecken. Dafür bekommt man in einem großen Zentrumvmit über 500 Mitgliedern dann wiederum quantitativ um so mehr. Wenn zehn Leute das Selbe über einen sagen oder es einem dezent zu verstehen geben – vielleicht ist dann ja tatsächlich etwas dran an dem, was sie kritisieren?! Das ist nicht anders als in jeder Gruppe von Menschen, die zusammenkommen oder zusammenleben. Hinzu kommt eben nur die gemeinsame Basis einer ähnlichen Weltanschauung und Lebensausrichtung. Und eben diese ähnliche Lebensausrichtung ist in kaum einem anderen Zentrum in dieser geballten Konzentration zu finden als in dem, in dem ich lebe. Alle, die im und in der Nähe des internationalen buddhistischen Zentrums leben, haben auf diese oder jene Weise die bewusste und folgenreiche Entscheidung gefällt, ihr Leben quasi Vollzeit dem Buddhismus widmen zu wollen. Viele von ihnen sind seit vielen Jahren »im Dharma« – also Buddhist – und sind jeder und jede für sich faszinierende Persönlichkeiten und häufig starke Paare, von denen man eine Menge lernen kann. Und so fühlte ich mich so schnell wie noch nie in meinem Leben, in dem ich ja schon als Kind genügend Umzüge erlebt hatte, zuhause.

Monatelang im Etagenbett eines Mehrbettzimmers zu schlafen machte mir nichts mehr aus. Das hätte ich sicherlich wenige Jahre zuvor alles andere als zumutbar gefunden – unter vier Sternen ging bei Hotels während meiner Ehe gar nichts! Mein Bett im Zentrum stand direkt am Fenster, von dem man einen wunderschönen Blick über den See hatte, der bald taute und sich in einen türkisfarbenen Spiegel verwandelte – umgeben von einem gelben Blumenmeer aus Löwenzahn, der den Schnee auf den umgebenden Bergen abgelöst hatte. Da das Gut wie gesagt hoch über dem See liegt, kann man bis weit ins Allgäu hinein schauen. Eine Postkarte könnte schöner nicht sein.

Das internationale Zentrum liegt im Voralpengebiet auf eine Höhe von 850 m über dem Meeresspiegel. Das alte Gut mit seiner hochherrschaftlichen Villa liegt weithin sichtbar oberhalb des schönen Bergsees. Der nächstgelegene Ort ist zehn Autominuten entfernt. Alle Gebäude ließ vor ungefähr 100 Jahren eine Industriellenfamilie im damals ultramodernen Jugendstil bauen. Das Landgut versorgte sich selbst, alle Lebensmittel – Gemüse, Milch und Fleisch – wurden hier erzeugt. Das Gebäude galt als so ambitionierte und gelungene zeitgenössische Architektur, dass es sogar in Kunst- und Architekturzeitschriften besprochen wurde. Diese Gebäude haben in dieser Form beide Weltkriege überstanden und sind seit dem Bau nicht mehr grundlegend verändert worden. Daher steht das Gut heute unter Denkmalschutz, und die Renovierung muss stilgerecht und nach bestimmten Regeln durchgeführt werden. Selbst dafür haben sich ehrenamtlich arbeitende Experten gefunden, die sich um die Restauration von Möbeln, Textilien, Gemälden und Holz kümmern – meine Mitbewohnerin ist gelernte Domrestauratorin. Das ist die höchste Qualifikationsstufe, die man als Restaurator erreichen kann. Und nun hat sie sich die Instandsetzung und Erhaltung des Gutes sozusagen als ehrenamtliches Lebenswerk ausgesucht – und ich bin voller Bewunderung für das, was sie tut – es ist sicherlich die größte Geduldsprobe ihres Lebens. Wie oft sie wohl schon um Fassung ringen musste, wenn mal eben wieder ein paar fröhliche Gäste vergaßen, ihre schneebedeckten Schuhe vor der Tür des denkmalgeschützten Hauses mit dem empfindlichem antiken

Eichenparkett auszuziehen? Die Frau hat in diesem Haus wahrscheinlich schon soviel Geduld und Mitgefühl gelernt wie sonst keiner der Bewohner!

Und wie sieht nun das Leben in diesem Zentrum aus? Dadurch, dass quasi ständig andere Leute da sind und das Programm jeden Tag wechselt, ist jeder Tag anders und spannend. Es ist alles andere als beschauliches Landleben – das rege Treiben erinnert besonders an den Wochenenden, wenn viele Gäste aus aller Welt da sind, eher an den Betrieb auf einen Flughafen oder in einem Eventhotel. Und wegen genau dieser Abwechslung war ich ja auch hergezogen. Drinnen oder draußen – irgendetwas ist auf so einem großen Anwesen, dass gleichzeitig auch noch ein internationales buddhistisches Zentrum ist, immer zu tun. Am Gebäude und im umliegenden Wald wird jeden Tag irgendetwas gearbeitet – Bäume werden gefällt, neue werden gepflanzt, die Straße wird ausgebessert oder mehrmals pro Tag vom Schnee geräumt oder der Garten von seinem Wildwuchs befreit. Irgendwer ist immer auf der Suche nach irgendeinem Werkzeug oder anderen verschollenen Gegenständen, ankommende und abreisende Gäste werden den Berg rauf und runter zum Bahnhof gefahren. Das Küchenteam bestückt dreimal am Tag das Büffet für Bewohner und Gäste, andere waschen hinterher ab, die antiken Holzarmaturen und Vitrinen ziehen den Staub scheinbar magisch an, so dass für Gäste mit Putzbedürfnis immer etwas zu tun ist. Meistens ist irgendwo – draußen auf der Seeterrasse oder in einem der wunderschön möblierten Räume – ein Meeting irgendeines Teams – das Eventmanagement plant die Organisation der nächsten Veranstaltung, die Architekten brüten über den Plänen für den Erweiterungsbau, internationale Teams tauschen ihre Erfahrungen aus oder das Bauteam analysiert und plant die Restauration des Daches der Villa.

Das Zentrum lebt davon, dass jeder, der dort wohnt oder zu Besuch ist, sich aktiv daran beteiligt, es am Laufen zu halten. Wenn Leute, die nicht selbst Buddhisten sind, zu Besuch kommen, sind sie meist schwer beeindruckt davon, dass ein so riesiges Anwesen mit vielen Veranstaltungen und einem Kommen und Gehen, das dem auf einem Flughafen kaum nachsteht, tatsächlich ausschließlich ehrenamtlich am Laufen gehalten werden kann – und die gute Laune der Leute auch noch irgendwie proportional zur Menge der Arbeit zu steigen scheint. Es gibt wirklich immer etwas zu tun.

Ob man da nicht irgendwann an die Grenze eines Burnout-Syndroms gerät, werde ich manchmal gefragt. Die Antwort: es ist völlig abhängig von der Motivation, die hinter dieser Arbeit steckt. Wenn man darauf wartet, irgendetwas für die Arbeit zu bekommen, wird man früher oder später enttäuscht und frustriert sein – und schlimmstenfalls tatsächlich ausbrennen. Selbst Lob bleibt oft aus. Warum? Wie einfach so viele Leute an einem Platz so beeindruckend viel Arbeit wegschaffen, dass man Tag und Nacht nur noch damit beschäftigt wäre, Lob zu verteilen, wenn man jeden angemessen loben würde für all das, was sie tun. Wenn dahinter aber der tiefe Wunsch steckt, einfach so vielen Wesen wie möglich so gut wie möglich nützen zu können, dann gibt es nur noch spannende Aufgaben, an denen man selbst wachsen und mit denen man zudem endlos viele Pluspunkte auf seinem Karmakonto sammelt. Das schönste daran – dann braucht man auch das Lob von anderen plötzlich gar nicht mehr, weil es einfach so erfüllend und schön ist, nach und nach zu verstehen, wie unendlich viel man schon mit wenig Aufwand für das Glück Anderer tun kann – und wie glücklich, frei und innerlich reich es einen selbst macht. Und lustigerweise kommt das Lob meist dann, wenn man gerade aufgehört hat, es zu erwarten. Und dann ist es umso schöner! Noch schöner – statt selbst etwas zu erwarten einfach so oft wie möglich andere zu loben und zu sehen, wie gut es jedem von uns tut und wie viel Mut es einem gibt, über sich selbst hinauszuwachsen!

ein Lama reist pro Jahr zweimal um die Welt, fast jeden Tag in eine andere Stadt oder ein anderes Land. Wenn ich kann, reise ich mit und arbeite von unterwegs aus. Meine Arbeit als freiberufliche Grafikdesignerin ist der wahre Segen für meine ehrenamtlichen Tätigkeiten! Die Kommunikation findet zu 99 Prozent übers Internet oder manchmal noch per Telefon statt und macht mich dadurch örtlich unabhängig. Solange ich Laptop, Internet und Telefon dabei habe, ist es eigentlich völlig egal, wo auf dem Planeten ich mich gerade befinde. Manche meiner Kunden haben sogar schon herausgefunden, dass es ja superpraktisch für sie ist, wenn ich gerade in Australien bin. Denn dann können sie mir dank der extremen Zeitverschiebung abends Arbeitsaufträge schicken, die sie am nächsten Morgen schon fertig bearbeitet in ihrer Mailbox haben!

Da mir der persönliche Kontakt zu meinen Kunden für die Qualität meiner Arbeit aber schon wichtig ist, rufe ich sie zumindest an, wenn ich in München oder Hamburg bin. Wenn man es dann tatsächlich schafft, sich zumindest auf einen Kaffee im Verlag zu treffen, kreisen die Themen gar nicht mal so häufig um die gerade laufenden Projekte. Häufig werde ich auch gefragt, wie ich denn das mache mit dem vielen Reisen und wie diese Reisen denn überhaupt genau aussehen.

Gute Frage. Das ist für Nichtbuddhisten manchmal schwer nachzuvollziehen, wenn sie hören, dass ich noch nicht mal eine Sightseeing Tour gemacht habe, sondern womöglich Tage am Stück ausschließlich in Kongresszentren, Sporthallen oder Hotels verbracht habe – und das dann auch noch großartig finde! Während ich allerdings das hier gerade schreibe fahren wir in einem Reisebus durch die atemberaubende Landschaft Kaliforniens. Wir sind auf dem Weg zu einem wunderschönen, völlig abgelegenen Stück Land in den Bergen zwischen Los Angeles und San Francisco, dass eines der abgelegensten Meditationsstellen im Westen ist, inmitten von wunderschöner Natur. Über uns ist seit einer halben Stunde ein doppelter Regenbogen um die Sonne herum zu sehen – was unter Buddhisten als sehr gutes Zeichen und als glückbringend gilt. Vor uns liegt die schier unendliche Weite der amerikanischen Steppenlandschaft. Was für ein Kontrast zu der reizüberfluteten Glitzerwelt von Las Vegas und Los Angeles zwei Tage zuvor!

Metropolen, in denen viele Menschen so besessen sind von der Idee, materiellem und vergänglichen Glück hinterherzulaufen – nur um das Geld oft wieder zu verlieren oder die mühsam erarbeitete und erkaufte äußere Schönheit und Fitness früher oder später wieder gegen unvermeidliche Alterserscheinungen wie Falten und Speckröllchen eintauschen zu müssen. Hier in Kalifornien dagegen – jede Menge Weite und Ruhe – sowohl in der Landschaft als auch im eigenen Geist beim Meditieren. Ein Traum für Yogis, dieses Retreatland! Eine Retreat- oder Zurückziehungsstelle ist ein Ort, an dem man ungestört und weit weg vom Trubel des Alltags seine Meditationspraxis vertiefen kann. Ob in Westeuropa, Amerika oder beispielsweise Russland – meist sind es wunderschöne Grundstücke in der Mitte von Nirgendwo. Beim Meditieren hilft die Weite der Landschaft, auch mehr Raum und Ruhe im Geist zu haben. In einsamen Felsenhöhlen wie in Tibet wird heute in der westlichen Welt nur noch selten meditiert. Man kann ein Meditationsretreat zusammen mit anderen oder allein machen, für ein Wochenende oder für mehrere Wochen, das ist jedem individuell überlassen.

Obwohl ich in meinem Alltag meist von vielen Menschen umgeben bin und ich mich auch gern mit ihnen unterhalte, fällt es mir zum Beispiel überhaupt nicht schwer, zwei bis drei Mal im Jahr für zwei bis drei Wochen im geschlossenen Retreat zu meditieren. Geschlossenes Retreat bedeutet, dass man tatsächlich für die Dauer der Zurückziehung mit niemandem oder nur mit einer einzigen Ansprechperson redet, die einem meist auch das Essen vor die Tür stellt. »Aber kannst Du das???« werde ich oft gefragt, »So lange niemanden sehen und mit niemandem reden und nur meditieren den ganzen Tag?« Ja, kann ich. Für mich ist es ein wunderbarer Ausgleich zu meinem turbulenten Leben im internationalen buddhistischen Zentrum und ein großes Geschenk, dass mein Beruf es tatsächlich auch zulässt, so etwas überhaupt in den Kalender zu schreiben.

Sicherlich hilft es auch sehr, dass man sich für ein geschlossenes Retreat üblicherweise an einen Tagesplan hält, den man sich vorher selbst überlegt hat. Wie kleinen Kindern kann es auch uns Erwachsenen durchaus helfen, ein festes Raster zu haben, an dem wir uns orientieren können. Die Arbeit mit dem Geist bei soviel Meditieren kann durchaus auch mal zu ungewöhnlichen Stimmungen oder aufkeimenden Gefühlsausbrüchen führen – da ist es eigentlich ganz praktisch, wenn man sich dann am nächsten Punkt auf dem Tagesplan orientieren kann, statt den »Weißen Mäusen« im Kopf ausgeliefert zu sein. Mir persönlich hilft's eher dabei, mich zu disziplinieren, auch wirklich das Pensum, das ich mir vorgenommen habe, zu schaffen. Mein Zeitplan sieht meistens so aus, dass ich um 4 Uhr morgens aufstehe, den bewegungsintensiven Teil des Tages mit Sport, körperlich anspruchsvollen Meditationsübungen und wenn möglich einige »Spazierrunden« um den Stupa vor dem Duschen absolviere, so dass ich auf dem Weg zum Badezimmer oder in die Vorratskammer niemanden treffe, weil alle noch schlafen. Natürlich gehe ich dann auch entsprechend früh abends zu Bett. Die Zeit dazwischen besteht ausschließlich aus ein bis drei Stunden langen Meditationssessions, Zeit zum Lesen buddhistischer Literatur und Essen. Nach den ersten drei Tagen Rhythmusumstellung, die sich wie ein Jetlag anfühlen kann, klappt das meist super. Zumal man schnell merkt, dass man weniger Schlaf braucht, wenn man viel meditiert.

Nichts desto trotz ist das Meditieren in Zurückziehung dazu gedacht, Impulse und Inspiration für die alltägliche Meditationspraxis zu geben, und ist im Buddhismus in unserer modernen Welt eher die Ausnahme. Die Hauptpraxis ist das Anwenden der buddhistischen Sichtweise in allen Situationen des Alltags – und um diese Reine Sicht halten zu können, meditiert man am besten täglich, um einen gesunden Abstand zu den Geschehnissen halten und so besser den eigenen Geist »in action« beobachten zu können.

Die meisten meiner Reisen führen mich nach Australien, Amerika oder quer durch Europa. Dadurch, dass man auf der ganzen Welt Freunde hat, ist es wie nach Hause kommen. Egal auf welchem Flughafen gibt es herzliche Willkommensszenen und Freunde, die einem mit großer Freude das eigene Haus öffnen und sich rührend kümmern.

Da ja der Lama im Vajrayana-Buddhismus als Spiegel des eigenen Geistes fungiert, ist es natürlich äußerst sinnvoll, so viel Zeit wie möglich mit ihm zu verbringen. Lama Ole Nydahl reist pro Jahr mehrfach um den Globus – da ist es gut, ab und zu mitzureisen, um direkt von ihm lernen zu können. Man sagt, dass erst drei Jahre lang der Schüler den Lehrer auf Herz und Nieren prüft, ob man ihm vertrauen kann, und dann drei Jahre lang der Lehrer den Schüler, wie er sich in welchen Situationen verhält und wie er am Besten von ihm lernen kann. Aber letztenendes kommt es auf die Qualität der Unterweisungen, nicht auf die Quantität der direkten Begegnungen mit dem Lehrer an. Im Alten Tibet sah man seinen Lehrer aufgrund der schwierigen Reisebedingungen oft nur wenige Male in einem Leben – da haben wir es heute doch deutlich einfacher, ihm oder ihr hinterherzureisen und direkt zu fragen, wenn Fragen auftauchen.

Ich kenne viele, die sagen, dass das Reisen mit ihrem Lama ihre Zweifel an seiner Authentizität völlig aufgelöst haben. Und wie das? Ganz einfach. Wenn man die Möglichkeit hat, eine Person quasi rund um die Uhr über Tage und Wochen zu beobachten, dann kann man die Zweifel ausräumen, dass sie sich verstellt. Wenn jemand über Wochen bei bester Laune vier Stunden pro Nacht schläft und den Rest des Tages und der Nacht unermüdlich jede Minute nutzt, um den Menschen zu helfen – dann ist das ein extrem überzeugendes Beispiel von Authentizität – und mehr noch – von einem hohen Grad der Verwirklichung. Ein guter Lehrer sagt, was er tut, und tut, was er sagt. Wie meiner immer gern scherzend sagt: »Wenn ich anfangen würde zu lügen! Bei der Menge an Schülern und Gesprächen pro Tag könnte ich mir ja gar nicht merken, was ich wem erzählt habe und binnen kürzester Zeit würden meine Lügen aufgedeckt werden!«

Reisen mit dem Lama ist nichts, was man gleich zu Beginn seiner buddhistischen »Karriere« tut. Das kommt später – denn es erfordert doch auch einiges an Durchhaltevermögen und man kann die wertvolle Reisezeit viel besser nutzen, wenn man schon über ein gewisses buddhistisches Grundwissen und Meditationserfahrung verfügt. Als erstes stehen immer das Sammeln von Übertragung und Informationen durch Vorträge auf Meditationskursen, das Studieren buddhistischer Schriften, und das Anwenden des Gelernten im gewohnten Alltag. Nach und nach, mit dem Eintauchen in die eigene Meditationspraxis, dem Austausch mit Anderen im buddhistischen Zentrum und der Aneignung von Wissen, entsteht die Offenheit und Stabilität, die das Reisen dann viel ergiebiger macht.

Super sind solchen Reisen auch, um den Stand der eigenen Enwicklung mal unter die Lupe zu nehmen. Wir reden hier ja nicht vom Abhängen am Hotelpool unter Palmen mit Fußmassage. Zwar gibt es diese Traumdestinationen wie die am Anfang dieses Buches erwähnte Gold Coast von Australien, aber außer Sonne, Sand und Meer haben die Tage meist wenig mit einem all-inclusive Urlaub gemein. Zumindest ist das nicht ihr Sinn und Zweck. Sinnvoll wird es dadurch, in fremde Kulturen einzutauchen, mit den Einheimischen Erfahrungen auszutauschen, Vorträge anzuhören und gemeinsam zu meditieren. Und vor allem ist man eher selten an einem Ort länger als zwei Tage.

Eine Tour durch Australien zum Beispiel umfasst gerne mal diverse Flüge vom einen Ende des Kontinents zum nächsten und wieder halb zurück, mit fünf öffentlichen Vorträgen in fünf unterschiedlichen Städten wie z.B. Perth, Brisbane, Melbourne, Canberra und Sydney in einer Woche und dann einigen Tagen Meditationsretreat an einem Ort. Da die buddhistischen Zentren in Australien im Vergleich zu europäischen eher klein sind, gibt es hier selten Unterbringungsmöglichkeiten. Da findet man sich dann halt je nach Budget auch mal in einem Hostel, das ansonsten in erster Linie von britischen Teenagern auf Backpackertour zu einem Zweck genutzt wird: Sich gnadenlos und jeden Abend königlich zu betrinken und sich danach tagsüber wieder im Bett davon zu erholen. Für mich als 5-Sterne Hotel verwöhnte ehemalige Hamburger Schickse war das schon eine – sagen wir mal – interessante Erfahrung!

Eine US-Tour ist häufig eine Kombination aus Flügen, Bustour und fahrten mit gemieteten Vans. Die Meditationskurse finden meist auf den wunderschön gelegenen Retreatlands statt. Nach Vorbild der vielen Meditationskurse in Europa braucht man dort eigentlich nur drei Dinge für die kuschelige Unterkunft: Zelt, Isomatte und Schlafsack! Meistens gibt es dann noch ein großes Zelt fürs gemeinsame Kochen und Essen, und das »Gompa«-Zelt für die Meditationen und Vorträge. Wenn man sich dann einen Abend später plötzlich vor dem Vortragssaal mitten auf dem glitzernden Broadway New York Citys wiederfindet und einen weiteren Abend später in einer kleinen Privatwohnung von Freunden in Oregon oder auf einer Farm in der kanadischen Wildnis, dann kann einem das die bisherigen Ideen von Komfort und Flexibilität schon ganz gewaltig – uhmmm... ausdehnen!

Wie sagen nicht nur Buddhisten so schön – Persönlichkeitsentwicklung findet außerhalb der Komfortzone statt. Und das ist auch der Ort, an dem man am Allerbesten checken kann, wie viel entspannter und souveräner man durch Meditation tatsächlich geworden ist – egal was die Situation bringt.

Wenn einem dafür die anderen Touren und Kurse noch nicht genug sind, dann kann man sich einer wahren Herausforderung für den Geist stellen: der alljährlichen Wintertour durch Russland! Drei Wochen, 6000 Kilometer, tagelange Zugfahrten durch die endlose Weite der Taiga mit der Transsibirischen Eisenbahn in garantiert entweder eiskalten oder völlig überheizten Zugabteilen, Fußmärschen bei -20 bis -40 Grad zu sogenannten Hotels, die von der Einrichtung und vom Hygienestandard her in Deutschland noch nicht einmal eine Betriebsgenehmigung bekämen. Aber es ist die Wärme und Tiefe der Menschen in Russland, die das alles plötzlich nicht mehr so wichtig erscheinen lassen. Was man hat, das wird von Herzen mit jedem Gast geteilt – und wenn es noch so wenig zum Leben ist. In den Augen einiger von der Kälte gegerbten russichen Gesichter kann man lesen, durch wieviel man in so einem russichen Leben häufig gehen muss. Doch bei allem, was viele dieser Menschen an Armut, Unterdrückung und Kälte erlebt haben, können wir Westeuropäer uns von der Herzenswärme dieser Menschen noch eine Menge abschneiden. Auf der langen Fahrt mit der Transsibirischen Eisenbahn kann man diese Wärme und Großzügigkeit wunderbar erleben. Wagt man sich durch die vom eisigen Fahrtwind mit Eis bedeckten Verbindungsteile der Waggons in die nächsten, in denen es sich die vielen mitreisenden Buddhisten für die Tage und Nächte der Fahrt so gemütlich wie möglich machen, bietet jedes Abteil mit sechs Liegen und einem kleinen Tischchen ein anderes Bild. Aber wo man auch hereinschaut oder grüßt, laden die Menschen einen ein, sich ein wenig dazuzusetzen – auf ein Glas Tee aus dem Samowar, ein Schnittchen mit Käse oder Lachs, oder ein Glas

Vodka mit Kaviar. In manchen Abteilen wird gemeinsam meditiert, in anderen Geschichten erzählt, sich besser kennengelernt und sehr, sehr viel gelacht.

Selbst die ruppigste der unglaublich taffen Schaffnerinnen, die im Kasernenhofton die ihnen zugeteilten Waggons der Transibirischen Eisenbahn Tag und Nacht bewachen, wird irgendwann bezaubernd, wenn man nur lange, höflich und vorsichtig genug gräbt und Respekt zeigt. Diese Frauen haben den härtsten Job, den ich jemals eine Frau habe machen sehen. Bei durchschnittlich 40 Grad minus sitzen sie tags- und nachtsüber in der winzigen Schaffnerkabine ihres Waggons und sorgen dafür, dass die Fahrgäste in ihren Betten und Abteilen sich ordentlich benehmen und kochendheißes Wasser als Grundversorgung für die tagelange Zugfahrt im Samowar haben. Wenn die Heizung gerade mal wieder ausgefallen ist und alle Passagiere sich längst möglichst weit weg vom innen mit Eis bedeckten

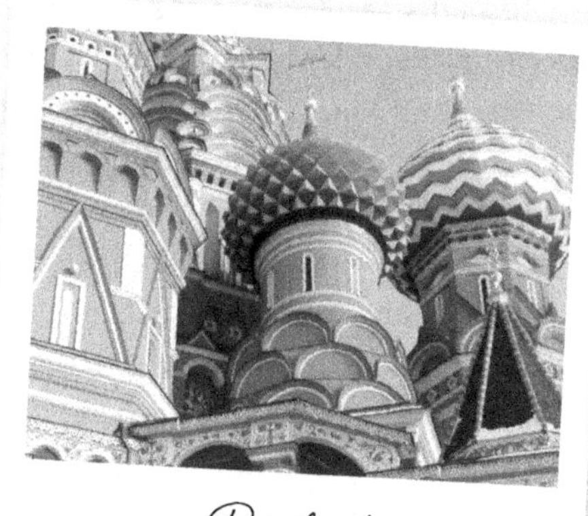

Fenster unter die Decken kuscheln, dann steigen die Damen immer noch mitten in der Nacht an jedem Bahnhof auf den Bahnsteig, um mit Eisenstangen die während der Fahrt entstandenen dicken Eisblöcke von den Abflüssen des Waggons zu schlagen. Eine Knochenarbeit. Ihre Familien sehen sie tage- und wochenlang nicht, und aus dem Fenster schauend bietet sich über Tausende von Kilometern der gleiche Anblick: unendliche Birkenwälder und die Weite der Taiga, nur ab und zu unterbrochen von Dörfern und Städten mit ihren türkisgrünen Holzhäuschen.

Zweifellos sind diese Touren in andere Kulturen für uns Westeuropäer schon allein deswegen so gesund, weil sie einem den Kopf gewaltig zurecht rücken. Wer einmal live egal ob in Russland, Indien oder sonstwo gesehen hat, unter welchen Lebensumständen mehr als 80 Prozent der Weltbevölkerung leben, der sollte es wirklich leicht haben, nach Hause zu kommen und einfach nur sehr dankbar zu sein. Und sich danach wenigstens einmal am Tag zu fragen, ob man sich jetzt wirklich über welche Banalität auch immer beschweren möchte – oder vielleicht doch lieber das genießt, was man hat und andere sich so sehr wünschen würden. Wir denken ja meistens noch nicht einmal mehr darüber nach, was für ein Riesenluxus schon allein die Dinge sind, die wir für völlig selbstverständlich nehmen und die uns tagein, tagaus umgeben: ein Dach über dem Kopf, ein sauberes, trockenes und warmes Bett in einem Land, in dem man jederzeit auf die Straße gehen kann, ohne sein Leben zu gefährden, drei oder mehr warme, gesunde und leckere Mahlzeiten am Tag, Geschäfte und Internet, die jeden Wunsch erfüllen, genug Geld und eine bezahlte Beschäftigung oder ein Sozialsystem, das einen bei Arbeitslosigkeit oder Krankheit davor bewahrt, den gesellschaftlichen Abgrund hinunter zu fallen… um nur einige zu nennen.

Zurück zur Wintertour. Lama Ole Nydahl liebt die Russen und ihr großes Herz – und sie lieben ihn. Spätestens auf den langen Zugfahrten durch Sibirien wird jedem westeuropäischen Schüler klar, was für ein Glück er hat. Aufgrund der Dichte der buddhistischen Zentren in Deutschland ist es hier sehr einfach, buddhistische Belehrungen und gute Bedingungen zum Erlernen von Meditation zu finden. Lama Ole verbringt aufgrund der hohen Zahl von Schülern und Zentren viel Zeit hier. Besonders in den östlichen Teilen Russlands ist das völlig anders. Während der 60 Stunden langen Fahrt durch Sibirien springt er auch mitten in der Nacht vom Zug auf den Bahnsteig. An vielen kleinen Bahnhöfen harren russische Mütterlein in bemerkenswerter Hingabe und Verehrung stundenlang in der eisigen Kälte aus, um den Lama ein einziges Mal in zwei oder drei Jahren zu sehen und einen Segen zu bekommen. Manchmal gibt es in den Orten auch eine etablierte Meditationsgruppe, die dann zum Bahnhof kommt, an dem der Zug eine halbe Stunde Aufenthalt hat. Was dann passiert, brennt sich jedem Wintertour Teilnehmer tief ins Gedächtnis ein.

Schon geraume Zeit bevor der Zug hält, machen sich Lama und die häufig mehr als 300 Leute umfassende Tourgruppe aussteigebereit – es dauert seine Zeit, die vielen gegen die sibirischen Temperaturen schützenden Kleiderschichten übereinander zu ziehen. Sobald die Schaffnerin die Zugtür öffnet, geht es los, die Uhr läuft: die riesige Tourgruppe der Lama und seine einheimischen auf dem Bahnsteig wartenden Schüler rennen so schnell sie nur können zum Bahnhofsgebäude, in dem dann zum Erstaunen der zufällig anwesenden Einheimischen eine kurze aber sehr fokussierte und intensive Meditation auf den 16. Karmapa stattfindet –im Stehen, dicht aneinander gedrängt. Und wenn nicht genug Zeit für das Bahnhofsgebäude ist, dann findet das eben direkt auf dem Bahnsteig bei -40 Grad statt. Für die lokale Sangha ist es häufig das einzige Mal in Jahren, das sie mit ihrem Lama meditieren können. Die russische Polizei findet solche spontanen Ansammlungen an öffentlichen Plätzen natürlich überhaupt nicht lustig. Meistens ist aber alles vorbei, bevor sie überhaupt zu einem Entschluss gekommen sind, was sie jetzt mit den vielen meditierenden Buddhisten machen wollen. Denn der Zug wartet nicht – auch nicht auf 300 fehlende Passagiere. Und so rennen alle in allerletzter Minute wieder zurück zum Bahnsteig und springen auf den auch schon mal bereits anfahrenden Zug – aber nicht, ohne dass der Lama nicht vorher jedem einzelnen noch einen Segen gegeben hätte.

Die inoffizielle Krönung jeder Wintertour ist der Sprung in den eisigen Baikalsee. Ja, richtig gelesen. Einer zugegebenermaßen verrückten Tradition folgend, springen jedes Jahr Hunderte von Buddhisten bei extremsten Minusgraden an einer wegen der Bewegung eines Zuflusses eisfreien Stelle des riesigen Sees. Raus aus den Kleiderschichten, einen Meter vom Ufer entfernt, da die Füße sonst sofort auf den Eischollen kleben bleiben würden, reinrennen oder springen, und sofort wieder raus. Es ist so kalt, dass man von anderen rausgezogen und sofort abgetrocknet und wieder angezogen werden muss, denn der Körper ist von dem Temperatursturz so geschockt, dass es sich erst einmal gar nicht mehr selbst bewegen kann, geschweige denn das die Finger etwas wie einen Knopf selbst schließen könnten. Es ist faszinierend, wie schnell und geschickt der Körper reagiert und gegensteuert –

alles fängt an zu brizzeln auf der Haut, und man spürt, wie sich die sofort zusätzlich produzierte Körperwärme von innen nach außen ausbreitet. Nach fünf Minuten inklusive An- und Ausziehen ist es schon vorbei. Die ganz Harten springen sogar ein zweites Mal. Sobald man wieder angezogen ist, hilft man den Nächsten, aus dem Wasser auf die Eisschollen zu gelangen und wieder in ihre Kleider zu schlüpfen, bis alle die möchten, einmal gesprungen sind. Hinterher geht's mit dem Bus einen Kilometer weiter zu einem einfachen Imbiss, in dem man sich von innen wieder aufwärmen kann. Heiße Schokolade und fette Räuchermakrele haben mir ganz bestimmt in meinem ganzen Leben noch nie so gut geschmeckt! Aber das Allerbeste in diesem Imbiss sind die vielen strahlenden Gesichter um einen herum. »Wir haben es wirklich getan, hurra!«.

Und warum bitte springt man freiwillig und nicht das kleinste bisschen lebensmüde bei weniger als 20 Grad minus und beißendem, eiskaltem Wind von wackeligen Eisschollen in den von Trockeneis nebeligen Baikalsee, um sich hinterher noch nicht mal mehr bewegen zu können?

Weil es ein Moment ist, in dem man versteht, dass man nicht sein Körper ist, sondern ihn hat. Und das man mit dem eigenen Geist viel mehr Kontrolle über ihn hat, als man normalerweise denkt. Diese Erkenntnis macht furchtlos, und wir kennen alle das fantastische Gefühl, über die eigenen vermeintlichen Grenzen gegangen zu sein. Weniger Komfortzone als der Baikalsee im Winter ist schwer zu finden – und hinterher weiß man, dass sich so ein vermeintlich negatives Erlebnis in ein wunderbares verwandeln lässt. Es ist diese tiefe, aus sich selbst entstehende Freude aus der Ahnung oder Erkenntnis heraus, dass unser Geist unzerstörbar und von Natur aus freudvoll, furchtlos und mitfühlend ist. Denn mehr als das Springen selbst war zumindest für mich die Erfahrung, sich gegenseitig diese Erfahrung ermöglichen zu können – denn ohne jemanden, der einen aus dem Wasser zieht und wieder in die Kleidung, die Wollsocken und die Fellstiefel stellt, wäre man schlicht verloren nach diesem Sprung ins Eis.

Letztenendes kann man sich aber noch so große Mühe geben zu beschreiben, warum diese Erfahrung so großartig war – aber genau wie bei Meditationserlebnissen oder gutem Sex kann keine noch so gute Beschreibung mit Worten so überzeugend sein wie diese Erfahrung selbst!

Nach drei Wochen Fahrt von der schmucklosen, einst geheimen Militärhafenstadt Vladivostok nahe der chinesischen Grenze durch die sibirische Einöde bis ins historische, immens prunkvolle St. Petersburg mit all seinem Gold und Mamor waren viele meiner bisherigen Vorstellungen davon, was möglich ist und wie die Dinge sein sollten, gesprengt. Ich hatte Hunderte von wunderbaren Menschen kennengelernt, die auch unter extremen Bedingungen ihren Lehrern so dankbar für die gegebenen Belehrungen über Meditation und Sichtweise waren, dass sie beeindruckend viel Überschuss für andere mit großer Gastfreundschaft, Freude und Großzügigkeit hatten und so ein tolles Beispiel dafür waren, wie wirksam diese Mittel sind.

Eine andere unvergessliche Reise führte mich zu den Wurzeln des Buddhismus – direkt an die Stelle, an der Siddharta Gautama vor mehr als 250 Jahren Erleuchtung erlangte: dem heutigen Bodhgaya in Indien. Auf dieser Reise wurde mir klar, dass es diesen Mann wirklich gegeben hat und er wirklich die wahre Natur des Geistes durch Meditation verwirklichte, also Erleuchtung erlangte. Ihm folgten viele andere Menschen, die danach fragten, was hinter allem, das wir erleben, steckt, und sich sogar in einem Leben zur Erleuchtung meditierten. Deren Leben ist in Asien historisch so gut dokumentiert wie das von Julius Caesar oder Karl dem Großen in Europa – und dann wird es plötzlich greifbar. Es gibt in Bhutan, Tibet, Nepal und Indien unzählige Stellen, an denen buddhistische Meister jahrzehntelang meditierten und sichtbare Zeichen ihrer durch Meditation erreichten Geisteskräfte in Form von Hand- oder Fußabdrücken im Felsen hinterließen. Die Erfahrungen an solchen Stellen sind individuell sehr unterschiedlich – aber nur Wenige geraten nicht in den Bann der Kraftfelder dieser Orte oder nehmen diese Energie zumindest nicht bewusst wahr.

Ich hatte zum Beispiel eines dieser Schlüsselerlebnisse, als ich in einem Kloster in Bhutan vom Meditationsraum durch einen circa zwei Meter langen Durchgang in den Altarraum ging. In dem Moment, in dem ich über die Schwelle in diesem Zwischenraum ging, durchfuhr meinen ganzen Körper von oben ein Gefühl wie Donnerschlag und Erdbeben gleichzeitig. Mein Herz machte einen Riesensatz und mir jagten Schauer über den ganzen Körper. Dann war ich auch schon durch den Durchgang hindurch im Altarraum angekommen. Ich erzählte niemandem von diesem Zwischenfall. Unsere Reiseleiterin erzählte uns Wissenswertes über die Statuen und Reliquien in dem Schrein, und fügte nach ein paar Minuten noch hinzu: »Ach ja, und dort oben auf der Plattform über dem Durchgang, durch den wir eben hineingekommen sind, hat Guru Rinpoche zwei Jahre lang meditiert!«. Aha. Da war sie, die unerwartete Erklärung für mein Erlebnis. Meditierende Menschen bauen an den Stellen, an denen sie in Vertiefung gehen, Kraftfelder auf, die manchmal auf unterschiedliche Weisen deutlich spürbar sind. Guru Rinpoche oder Padmasambhava gilt in Bhutan als der Zweite Buddha. Er brachte den Vajrayana Buddhismus von Tibet nach Bhutan, das heute das einzige Land der Welt ist, in dem Vajrayana-Buddhismus Staatsreligion ist.

Bhutan ist ein Traum. Leider auch einer, der vielleicht schon bald der Vergangenheit angehören wird. Nach Jahrhunderten der Abschottung von der modernen Zivilisation mit all ihren Ablenkungen öffnete sich das kleine unabhängige Königreich, eingepfercht zwischen den Giganten China und Indien, erst in den letzten Jahrzehnten dem Westen und der sogenannten Zivilisation. 1999 wurde das Fernsehen und Internet eingeführt. Wuchsen die Eltern noch in einem von Landwirtschaft und Buddhismus geprägten Alltag auf, zieht es die Jugend heute in die Städte oder ins Ausland – in die glitzernde fremde Welt, die sie in Internet und TV gesehen haben. Nicht von ungefähr ist die königliche Familie von Bhutan, die sehr engen Kontakt zum 16. und heute zum 17. Karmapa Trinley Thaye Dorje unterhält, sehr darauf bedacht, die wunderschöne Himalaya Landschaft mit ihren riesigen Wäldern und Bergen und die buddhistisch geprägte Kultur des Landes bestmöglich vor der fortschreitenden Modernisierung und Industrialisierung zu schützen. Doch es wird kreative Ansätze brauchen, um die verführerische neue Welt mit all ihren vergänglichen Reizen erfolgreich mit einem Erhalt des tief in Bhutan verwurzelten Vajrayana-Buddhismus zu verbinden. Die Königsfamilie setzt Impulse in die richtige Richtung: bereits mehrfach hat sie Lama Ole eingeladen, in Bhutans Hauptstadt Timphu Vorträge über Buddhismus, wie wir ihn im Westen praktizieren, zu geben – unter anderem vor hohen Regierungs- und Oppositionsvertretern oder Schulklassen. In diesen Vorträgen wird deutlich, was die große Herausforderung ist. Praktizierender Buddhist in Bhutan zu sein ist vielleicht vergleichbar mit der Art, wie der Durchschnitt der westeuropäischen Christen ihre Religion ausüben: man geht am Wochenende ins Kloster oder in die Kirche, bittet den Lama oder Pfarrer um gute Wünsche und Segen, und im Alltag wendet man bestmöglich die richtige Sichtweise an und verhält sich dementsprechend. Regelmäßig meditieren tun in Bhutan in erster Linie die Mönche – der durchschnittliche Bhutanese hat vielleicht noch seine Mala, seine Mantrakette, in der Hand und nutzt das Mantra »Om Mani Peme Hung« des Bodhisattva »Liebevolle Augen«, um das Mitgefühl zu stärken.

In Bhutan habe ich endlich verstanden, warum mein westlicher Lama von Laien-Buddhismus und von seinen Schülern als Yogis spricht. Tatsächlich ist es ein riesiges Geschenk, das der 16. Karmapa über ihn und seine Frau in den Westen gebracht hat: wir leben unsere modernen Leben, aber unsere Praxis beschränkt sich nicht auf das Anwenden der richtigen Sichtweise, sondern wir setzen uns tatsächlich so oft wie möglich hin, um zu meditieren und können so selbst leicht tiefe meditative Erfahrungen machen. Diese Art von Buddhismus könnte auch einer sein, der für die neuen Generationen in Bhutan funktionieren könnte. Er schließt nichts aus und bleibt weg von Extremen. Es ist diesem Land sehr zu wünschen, dass es einen Weg findet, seine wertvolle Tradition mit der Moderne zu verbinden.

Die Lamas und Mönche in den Klöstern Bhutans beeindruckt es offenbar sehr, dass wir die Disziplin und Hingabe aufbringen, unsere eigene Meditationspraxis regelmäßig auszuführen. Dass unsere Reisegruppe einen der wunderschönen Altarräume der berühmten Tsongs in Bhutan betrat und sich alle traditionsgemäß erst dreimal in Richtung des Throns des Lamas und dann dreimal in Richtung des Altars verbeugten, öffnete uns viele Türen, die den meisten westlichen Touristen verschlossen bleiben. Es schien für sie das Zeichen zu sein,

Taktsang – das Tigernest in Bhutan

dass wir ernsthaft praktizierende Buddhisten sind, denen man vertrauen und die heiligsten Räume öffnen konnte.

Ein wunderbares Erlebnis hatte ich mit zwei Freunden beim Besuch des weltberühmten Tigernestes, »Taktsang« – der wichtigsten Stelle, von der Guru Rinpoche den Buddhismus in Bhutan schützte und verbreitete. Wir hatten eine Stunde vor dem Hauptteil der Reisegruppe mit Lama Ole und unserem bhutanesischen Tourguide den steilen zweistündigen Aufstieg zum Tigernest absolviert. Wie die anderen großen Heiligtümer Bhutans ist auch das Taktsang von der Polizei bewacht und man darf es nur mit vorher registrierten Reiseführern als Gruppe besuchen. Und so brauchten wir zehn Minuten, bis uns endlich gestattet wurde, mit einem anderen Tourguide und einer Dame, die er herumführen sollte, hinein zu gehen.

Es gibt zwei Meditationshöhlen mit Schreinen im Taktsang, in denen Guru Rinpoche meditierte. Als wir in die zweite der Höhlen geführt wurden, uns verbeugten und sofort hinsetzten, um an diesem Ort zumindest ein paar Minuten innezuhalten, wurden wir von einem Lama, der gerade einen jungen Mönch unterrichtete, beobachtet und gefragt, woher wie kämen. Ich erzählte ihm, dass mein Lama 72 Jahre alt und gerade mit seinen Schülern auf dem Weg hinauf sei und erwähnte, dass er und seine Frau Schüler des 16. Karmapa und von Lopön Tsechu Rinpoche gewesen seien und viele buddhistische Zentren im Westen gegründet haben. Als er das hörte und ich ihm ein Bild von Lopön Tsechu Rinpoche zeigte, der nicht nur ein hoch angesehener Lama aus Bhutan war, sondern auch der Onkel der vier Königsmütter, leuchteten seine Augen auf und er lächelte. Zu unserem schon nervös auf der Stelle trippelnden Tourguide sagte er, wir drei sollten bei ihm hier in der Höhle bleiben und meditieren dürfen, bis unser Lama ankäme. Der Tourguide wandte ein, dass die Polizei das auf gar keinen Fall erlauben und er Ärger bekommen würde, da er versproche hatte, uns innerhalb von 20 Minuten wieder zurück zum Ausgang zu bringen. Doch der Lama bat ihn, der Polizei Grüße und Dank von ihm auszurichten – und dass er darauf bestehe, dass wir bleiben und meditieren können, bis unser Lehrer mit der Tourgruppe in der Höhle ankäme und wir gemeinsam das Bodhisattva-Versprechen und viele gute Wünsche machen könnten. Es waren sehr ergreifende Momente, die mir Tränen der Dankbarkeit in die Augen trieben.

Auf unserer Pilgerreise zu den heiligsten Stätten in Nepal, Bhutan und schließlich Indien gab es noch beeindruckendere Momente, in denen deutlich wurden, wieviel Respekt und Unterstützung Lama Ole für seine Arbeit im Westen von den höchsten Lamas der vier großen Schulen entgegengebracht wird. Die Krönung dieser Reise war zweifellos der jährlich stattfindende Kagyü Mönlam direkt unter dem berühmten Bodhi-Baum in Bodhgaya, unter dem Buddha Erleuchtung erlangte.

Die Tradition reicht zurück zu Buddha selbst – zurück zu seiner Anregung, dass die buddhistische Gemeinschaft, die Sangha, für einige Tage zusammenkommen solle, um an der kraftvollen und glückverheißenden Stelle in Bodhgaya gemeinsam zu meditieren und Wünsche zum Besten aller Wesen zu machen. Die höchsten Lamas aller buddhistischen Linien kommen daher jedes Jahr für den Mönlam nach Bodhgaya. Nachdem sein Terminkalender jahrelang schlicht zu voll gewesen war, konnte Lama Ole 2012 endlich der Einladung des 17. Karmapa folgen und an den Wunschgebeten teilzunehmen. Gyalwa Karmapa schenkte ihm zu diesem Anlass eine traditionell tibetische goldene Robe – die seines Schützers. Ein sehr großzügiges Geschenk, dass Gyalwa Karmapas Wertschätzung für seine Arbeit deutlich machte. Tagelang saß Lama Ole in einer Linie mit den höchsten Lamas der Karma Kagyu Linie inmitten eines Meeres von burgunderroten Mönchsroben und segnete Buddhisten aus aller Welt. Es war ein wunderbares Zeichen dafür, wie die buddhistische Gemeinde in Ost und West zusammenwächst – zum Großteil dank der unermüdlichen Arbeit von Lama Ole Nydahl.

s ist faszinierend zu sehen, wie der Buddhismus überall in der freien westlichen Welt aufblüht und den Menschen einen Weg zeigt, wie sie dauerhaftes Glück in einer von Materialismus geprägten Welt finden. Gleichzeitig stehen sie mit beiden Beinen im modernen Leben und können es dadurch sogar noch mehr genießen. Es wäre den Menschen in Asien zu wünschen, dass auch sie bald wieder die Bedingungen haben werden, den Buddhismus in ihr Leben integrieren zu können.

Heute kann ich mir kein schöneres Leben mehr vorstellen als mein jetziges. Glücklicher könnte ich kaum sein. Und das liegt nicht in erster Linie daran, dass ich mehr reise als die meisten Menschen und in einem wunderschönen Haus mit postkartentauglichem Ausblick wohne. Jeder Tag ist auf andere Weise erfüllend und immer einer, der mich – abends zurückblickend – in irgendeiner Weise in meiner Entwicklung weitergebracht hat – auf dem Weg zu dauerhaftem weil unbedingten und unbegrenztem Glück, dass ich auch Ihnen von ganzem Herzen wünsche!

Über die Autorin

 Meike Herzog wurde 1974 auf der Nordseeinsel Sylt als Tochter eines Marineoffiziers und einer Erzieherin geboren. Kindheit und Jugend verbrachte sie in Norddeutschland und in den Vereinigten Staaten. Nach Schule und Ausbildung zog sie nach Hamburg und arbeitete dort über 10 Jahre erfolgreich als Grafikerin und Art Director für große Zeitschriftenverlage.

Chefsessel im Verlag, Geld für Traumurlaube, schicke Wohnung, Prinzessinnenhochzeit... – dauerhaft glücklich machte sie das aber alles irgendwie nicht. Es fehlte die Tiefe. Der berühmte Sinn des Lebens und eine Art Glück, das ihr keiner mehr würde nehmen können.

Nach einer Zeit, die sie beruflich durch die Krise in der Verlagsbranche und privat durch Trennung von ihrem Mann und einer missglückten Schwangerschaft stark beanspruchte, startete sie durch: Sie lernte Snowboarden, holte auf allen Ebenen ausgiebig nach, was sie während ihrer langjähriger Beziehung vernachlässigt und vermisst hatte – und traf dabei »aus Versehen« auf den Tibetischen Buddhismus in seiner modernen, westlichen Form: nicht für Nonnen und Mönche, sondern für Menschen wie sie selbst, die bleibende Werte und Sinn mit ihrem Leben in der modernen westlichen Gesellschaft verbinden möchten. Die Begegnung mit dem Buddhismus ließ sie auf ganz alltagstaugliche, pragmatische Weise erkennen, dass Glück völlig unabhängig ist von all den Dingen, hinter denen wir unser Leben lang herlaufen.

Meike Herzog krempelte ihr Leben um. Sie trennte sich von Ihrer schicken Wohnung in Hamburg Winterhude – und tauschte sie ein gegen ein Leben im idyllischen Oberallgäu. Von beschaulichem Landleben kann dort allerdings kaum die Rede sein. Wenn sie nicht gerade durch die Welt reist, um an Meditationskursen teilzunehmen oder Vortragsreisen ihres buddhistischen Lehrers mitzuorganisieren, baut sie im Allgäu ehrenamtlich ein internationales buddhistisches Begegnungszentrum mit auf, das weltweit über 600 buddhistische Zentren und Meditationsgruppen mit Tausenden von Mitgliedern verknüpft. Eventkoordination von Veranstaltungen mit Hunderten und Tausenden von Menschen, Präsentationen und Interviews, Betreuung von Gästen aus aller Welt – und natürlich Meditation prägen ihren Alltag. Jeder Tag ist anders, mit neuen Herausforderungen.

„Heute weiß ich, dass man mir alles wegnehmen oder mich an jeden Ort schicken könnte – ich kann trotzdem glücklich leben. Diese Gewissheit macht unglaublich zufrieden und frei – und es ist so einfach!"

»On the road« zu arbeiten ist für Meike Herzog Alltag – egal ob im Flieger irgendwo in den Staaten oder im Vortragssaal in Australien - Ihre Tätigkeit als freiberufliche Designerin für Hamburger und Münchener Verlage und andere Kunden macht sie ortsunabhängig und ermöglicht ihr, den Großteil ihrer Zeit dem Buddhismus und ihrer ehrenamtlichen Tätigkeit zu widmen. Sie ist Herausgeberin bzw. Autorin diverser Buchprojekte, die sich dem künstlerischen Aspekt des Buddhismus widmen.

Danksagung

S.H. 16. Karmapa Rangjung Rigpe Dorje
S.H. 14. Shamarpa Mipham Chokyi Lodro
S.H. 17. Karmapa Trinley Thaye Dorje
Lama Ole und Hannah Nydahl

Ohne ihre selbstlose Großzügigkeit und ihre Arbeit
mit unendlicher Ausdauer und Kraft zum Besten aller Wesen
gäbe es im Westen heute nicht diese einzigartige Möglichkeit,
die sich mir und Tausenden anderen bisher geboten hat,
um den Buddhismus kennenzulernen und zu praktizieren.

Großen Dank auch meinen Eltern, meiner Familie und Freunden.
Ohne ihre unendliche Geduld mit mir und ohne all das,
was sie mir mit auf den Weg gegeben haben,
hätte ich diesen Weg nie finden können.

Und ohne all die Vielen, die an diesem Buch mitgewirkt
oder die Arbeit an ihm inspiriert haben,
würde ich das hier jetzt nicht schreiben können.

Hier ist bei Weitem nicht genügend Platz um allen,
die mich inspiriert, fasziniert, bereichert und beschützt haben
und von denen ich fürs Leben lernen durfte, zu danken.

Von ganzem Herzen – danke!

Mögen alle dadurch entstandenen guten Eindrücke
millionenfach zu Euch zurückkehren.

Weiterführende Literatur

Wie die Dinge sind:
Eine zeitgemäße Einführung in die Lehre Buddhas

Autor: Lama Ole Nydahl · Knaur MensSana Taschenbuch · ISBN 978-3426873380

EIne Einführung in den Buddhismus, die sich besonders an westliche Leser richtet. Die Lehre Buddhas wird präzise und für unseren Kulturkreis verständlih und anwendbar dargestellt. Tiefe, unverfälschte Weisheit frei von Mythen und kulturellem Ballast.

Buddha und die Liebe

Autor: Lama Ole Nydahl
Knaur MensSana Taschenbuch (1. Juni 2007) · ISBN 978-3426872345

„Buddha und die Liebe" zeigt anschaulich, wie man erreicht, wovon viele träumen: eine harmonische Beziehung und ein dauerhaft glückliches Leben. Das Buch vermittelt fundiertes buddhistisches Grundwissen – anwendbar für Menschen im Westen, die mit beiden Beinen im Leben stehen.

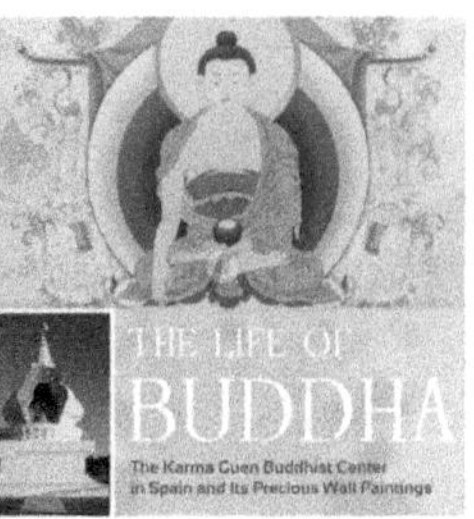

The Life of Buddha – the Karma Guen Buddhist Center
in Spain and Its Precious Wall Paintings

Herausgegeber: Meike Herzog; Fundacion Karma Guen Karma Kagyu Camino del Diamante · ISBN 978-84-616-9880-6 (1st edition, 2014)
Englisch, 108 Seiten vollfarbig illustriert, 24x24 cm

Anhand der prachtvollen Wandmalereien des Thangka-Meisters Dawa Lhadripa erklärt dieses Buch die zeitlose Weisheit anhand von Buddhas Lebensgeschichte und dem Vajrayana-Buddhismus. Ideal für Kunst- und Buddhismus-Interessierte.

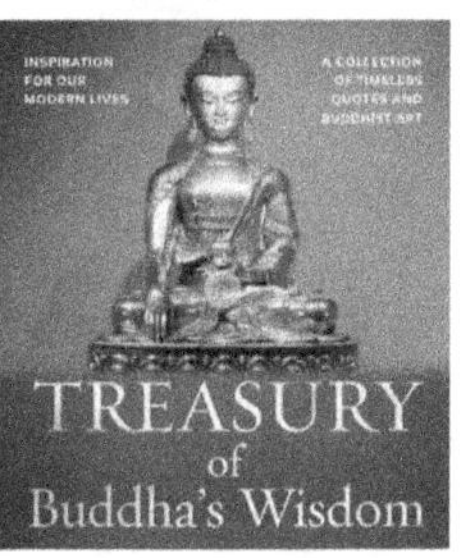

Treasury of Buddha's Wisdom –
A Collection of Timeless Quotes And Buddhist Art

Herausgegeben von Meike Herzog u.a.
Voraussichtl. Erscheinungsdatum: Sommer 2015 · Englisch

Eine Schatztruhe der Weisheit Buddhas – buddhistische Kunst von Statuen und Thangka-Malereien bis zu moderner Fotografie und Zitate großer buddhistischer Meister, präsentiert in einem opulent gestalteten, vollfarbigen Bildband. Ein Erlebnis für Auge und Geist, und ein perfektes Geschenk!

ALLE BÜCHER ERHÄLTLICH UNTER WWW.LOGOSBOOKS.COM